Mosaik
bei GOLDMANN

Buch

Seit über zwanzig Jahren befaßt sich Dr. John Gray erfolgreich mit der Beratung von Paaren. Und immer wieder stellt er fest: Männer und Frauen können sich einfach nicht verstehen. Aber nicht nur deshalb, weil sie vollkommen unterschiedliche Sprachen sprechen. John Gray ist nach langer Zeit der erste Autor, der Frauen und Männern zugesteht, so verschieden zu sein, wie sie nun einmal sind. Mit brillantem Wissen, tiefem Verständnis und Humor dringt der erfahrene Paar- und Familientherapeut in die Vielschichtigkeit des Geschlechterkampfes ein und beschreibt anschaulich, woran es liegt, daß Männer und Frauen einander immer wieder schmerzhafte Verletzungen zufügen.

Autor

Dr. John Gray ist ein weit über die USA hinaus bekannter Paar- und Familientherapeut, der außerdem auch als Autor einen hervorragenden Ruf genießt. Seine langjährige praxiserprobte Theorie ist, daß Akzeptanz und Toleranz der Geschlechterverschiedenheit die Grundvoraussetzung für eine dauerhafte Partnerschaft sind. Der Erfolg seiner Arbeit untermauert diese Anschauung.

John Gray lebt mit seiner Familie in Mill Valley, Kalifornien.

Im Goldmann Verlag erschienen außerdem:

Mars, Venus und Eros (13936/16126)
auseinander geliebt (14114)
Mars, Venus und Partnerschaft (16134)
Mars liebt Venus. Venus liebt Mars. (16167)
Mars und Venus (16194/16400)
Mars sucht Venus. Venus sucht Mars. (30764/15082)
Jeden Tag mehr Liebe (16245)
Männer sind vom Mars (16403)
Frauen sind von der Venus (16405)
Mars & Venus neu verliebt (30810)
So bekommst du, was du willst, und willst, was du hast (30879)
Kinder sind vom Himmel (30876)
Mars & Venus im siebten Himmel (30936)
Leidenschaft lebendig halten (16411)

JOHN GRAY

Männer sind anders. Frauen auch.

**Männer sind vom Mars.
Frauen von der Venus.**

Aus dem Amerikanischen übersetzt
von Matthias Schossig

bei GOLDMANN

Dieses Buch ist bereits
als Goldmann Taschenbuch Nr. 12487 erschienen.

Vollständige Taschenbuchausgabe Mai 1998
© 1992 der deutschsprachigen Ausgabe
Wilhelm Goldmann Verlag, München,
in der Verlagsgruppe Bertelsmann GmbH
Published by arrangement with John Gray
Originalverlag: HarperCollins, New York
Originaltitel: Men are from Mars; Women are from Venus
Umschlaggestaltung: Design Team München
unter Verwendung folgender Fotos:
Umschlag: Bavaria/TCL
Umschlaginnenseiten: Mauritius-AGE
Druck: Elsnerdruck, Berlin
Verlagsnummer: 16107
Kö · Herstellung: Sebastian Strohmaier
Made in Germany
ISBN 3-442-16107-X
www.goldmann-verlag.de

15 17 19 20 18 16

Meiner Frau Bonnie, in tiefer Liebe und Zuneigung.
Ihre Liebe, ihre Offenheit, Weisheit und Stärke
haben mich inspiriert,
mein Bestes zu geben
und hier zu beschreiben, was wir gemeinsam gelernt haben.

Inhalt

Danksagung

Ich danke meiner Frau Bonnie dafür, daß sie die Reise mit mir unternommen hat, die zu diesem Buch geführt hat. Ich danke ihr dafür, daß sie mir gestattet hat, unsere Geschichte zu erzählen, und ganz besonders dafür, daß sie mein Verständnis der weiblichen Perspektive und die Fähigkeit, sie entsprechend darzustellen, erweitert hat.

Ich danke unseren drei Töchtern Shannon, Julie und Lauren für ihre nicht nachlassende Liebe und Dankbarkeit. Die Herausforderung, die damit verbunden ist, Kinder zu haben, hat mich dazu geführt, die Schwierigkeiten besser zu verstehen, die meine Eltern gehabt haben, und sie noch mehr zu lieben. Selbst Vater zu sein hat mir besonders geholfen, meinen Vater zu verstehen und zu lieben.

Ich danke meinem Vater und meiner Mutter für ihre liebevolle Fürsorge um ihre neunköpfige Familie. Ich danke meinem ältesten Bruder David für das Verständnis, das er meinen Gefühlen und Gedanken entgegengebracht hat. Ich danke meinem Bruder William dafür, daß er mich zu höheren Leistungen angespornt hat. Ich danke meinem Bruder Robert für die langen interessanten Gespräche bis zum Morgengrauen und für seine glänzenden Ideen, aus denen ich immer großen Nutzen gezogen habe. Ich danke meinem Bruder Tom für seine Ermutigung und seine positive Einstellung. Ich danke meiner Schwester Virginia, weil sie an mich geglaubt und meine Seminare begleitet hat. Ich danke meinem verstorbenen Bruder Jimmy für seine Liebe und Bewunderung, die mir in schwierigen Zeiten noch immer eine Stütze ist.

Ich danke meiner Agentin Patti Breitman, deren Hilfe, brillante Kreativität und Begeisterung dieses Buch von seinen allerersten Anfängen bis zu seiner Fertigstellung begleitet hat. Ich danke Susan Moldow und Nancy Peskie für ihre qualifizierten Hinweise und Anregungen. Ich danke den Mitarbeitern bei Harper/Collins für ihre geduldige Unterstützung.

Ich danke den vielen, vielen Teilnehmern meiner Beziehungsseminare, die mir ihre Geschichte erzählt und mich ermutigt haben, dieses Buch zu schreiben. Ihre positiven und liebevollen Reaktionen haben mir geholfen, ein so kompliziertes Thema auf so einfache Weise darzustellen.

Ich danke meinen Klienten, die mir tiefe Einblicke in ihre persönlichen Schwierigkeiten gewährten und sich auf ihrem Weg meiner Unterstützung anvertraut haben.

Ich danke Steve Matineau für seinen Scharfsinn und seinen Einfluß, der sich wie ein roter Faden durch dieses Buch zieht.

Ich danke allen Helfern, die mit Leib und Seele dabei waren, wenn die Beziehungsseminare organisiert wurden, in denen dieses Material ausprobiert, getestet und entwickelt wurde: Elley und Ian Coren in Santa Cruz, Debra Mud, Gary und Helen Francel in Honolulu, Bill und Judy Elbring in San Francisco, David Obstfield und Fred Kilner in Washington D. C., Elizabeth Kling in Baltimore, Clark und Dottie Bartell in Seattle, Michael Najarian in Phoenix, Gloria Manchester in Los Angeles, Sandee Mac in Houston, Earlene Carillo in Las Vegas, David Farlow in San Diego, Bart und Merril Jacobs in Dallas sowie Ove Johansson und Ewa Martensson in Stockholm.

Ich danke Richard Cohen und Cindy Black von Beyond Words Publishing für ihre liebevolle und herzliche Unterstützung bei meinem letzten Buch »Men, Women und Relationships« (»auseinander geliebt«), in dem die Ideen dieses Buches ihren Anfang genommen haben.

Ich danke John Vestman von den Trianon Studios für seine hervorragenden Audioaufnahmen meines vollständigen Seminars und Dave Mortenson und den Mitarbeitern von Cassette Express für die sorgfältige Behandlung des Materials.

Ich danke den Mitgliedern meiner Männergruppe dafür, daß sie ihre Geschichte mit mir geteilt haben, besonders Lenney Eiger, Charles Wood, Jaques Early, David Placek und Chris Johns, die mir beim Verbessern des Manuskripts wertvolle Hinweise gegeben haben.

Ich danke meiner Sekretärin Ariana für ihre effiziente und verantwortliche Übernahme meines Büros, während ich mit diesem Buch beschäftigt war.

Ich danke meinem Anwalt (und adoptierten Großvater meiner Kinder) Jerry Refold dafür, daß er immer für mich da war.

Ich danke Clifford McGuire für seine feste Freundschaft seit 20 Jahren. Ich könnte mir keinen besseren Freund und Resonanzboden für meine Ideen vorstellen.

Einleitung

Eine Woche nach der Geburt unserer Tochter Lauren waren meine Frau Bonnie und ich völlig erschöpft. Jede Nacht weckte Lauren uns viele Male auf. Bonnie hatte eine schwere Geburt gehabt und mußte noch schmerzstillende Mittel nehmen. Sie konnte kaum laufen. Nach fünf Tagen schien es ihr etwas besser zu gehen. Ich konnte sie allein lassen und wieder zur Arbeit gehen.

Während ich im Büro war, gingen ihr die Schmerztabletten aus. Anstatt mich anzurufen, bat sie meinen Bruder, der gerade zu Besuch war, ihr welche mitzubringen. Sie mußte jedoch den ganzen Tag warten, bis mein Bruder mit den Tabletten zurückkam. Dabei mußte sie sich trotz ihrer Schmerzen die ganze Zeit auch noch um das Baby kümmern.

Ich hatte keine Ahnung, daß sie einen so schlimmen Tag gehabt hatte. Als ich nach Hause kam, war sie sehr ärgerlich. Ich mißdeutete den Grund ihrers Ärgers und dachte, daß sie mich dafür verantwortlich machen wollte.

Sie sagte: »Den ganzen Tag habe ich schreckliche Schmerzen gehabt. Ich hatte keine Tabletten mehr. Ich bin ans Bett gefesselt, und niemand kümmert sich um mich!«

Sofort brachte ich zu meiner Verteidigung vor: »Warum hast du mich dann nicht angerufen?«

Sie sagte: »Ich habe ja deinen Bruder gebeten, mir Tabletten zu bringen, aber er hat es vergessen. Den ganzen Tag habe ich auf ihn gewartet. Was soll ich denn tun? Ich kann kaum laufen. Ich fühle mich so elend.«

An diesem Punkt explodierte ich. Ich hatte ohnehin an dem

Tag ein etwas dünnes Fell. Ich wurde schrecklich wütend darüber, daß sie mich nicht angerufen hatte. Ich tobte, weil sie mich für alles verantwortlich machte, obwohl ich noch nicht einmal wußte, daß ihr die Tabletten fehlten. Ein Wort zog das andere nach sich, und schließlich ging ich hinaus. Ich war müde, gereizt und hatte genug. Wir waren beide an den Grenzen unserer Belastbarkeit angelangt.

Dann geschah etwas, das mein Leben veränderte.

Bonnie sagte: »Halt! Bitte geh nicht fort. Gerade jetzt brauche ich dich am meisten. Ich habe Schmerzen. Ich habe seit Tagen nicht mehr geschlafen. Bitte hör mich an.«

Ich hielt einen Moment inne und hörte ihr zu.

Sie sagte: »John Gray, du bist ein Schönwetterfreund. Solange ich die liebe kleine Bonnie bin, bist du immer für mich da, aber wenn es einmal schwierig wird, läufst du gleich fort.«

Sie stockte, und ihre Augen füllten sich mit Tränen. »Jetzt zum Beispiel: Mir tut alles weh, und ich habe dir nichts zu bieten. Bitte komm doch her und nimm mich in die Arme. Du brauchst gar nichts zu sagen. Ich möchte nur deine Arme um mich spüren. Bitte geh nicht fort.«

Ich ging zu ihr und nahm sie schweigend in die Arme. Sie fing an, leise zu weinen. Nach ein paar Minuten dankte sie mir, daß ich nicht weggegangen war, und sagte, wie gut es ihr getan hatte, von mir gehalten zu werden.

In diesem Moment ging mir auf, was es wirklich heißt zu lieben – ohne Bedingungen und Vorbehalte. Ich hatte mich immer für einen liebevollen Menschen gehalten, aber Bonnie hatte recht. Ich war ein Schönwetterfreund. Solange sie glücklich und freundlich war, erwiderte ich ihre Liebe. Aber wenn sie einmal unglücklich oder ärgerlich war, fühlte ich mich schuldig und fing an zu streiten oder mich zu distanzieren.

An diesem Tag ließ ich sie jedoch nicht im Stich – zum allerersten Mal. Ich blieb, und es war wunderbar. Ich war fähig, ihr in dem Moment etwas zu geben, in dem sie es wirklich brauchte. Ich hatte das Gefühl, das ist die wahre Liebe: sich wirklich um jemanden zu kümmern, auf die gemeinsame Liebe zu vertrauen, in der Stunde der Not füreinander da zu sein. Ich konnte es nicht fassen, wie einfach es für mich war, sie zu unterstützen, wenn mir erst einmal gezeigt worden war *wie*.

Wie konnte mir das die ganze Zeit entgangen sein? Sie brauchte nichts anderes, als von mir im Arm gehalten zu werden. Eine Frau hätte instinktiv gewußt, was in diesem Augenblick angebracht gewesen wäre. Als Mann jedoch wußte ich nicht, daß eine Berührung, ein Festhalten und Zuhören ihr so wichtig waren. Indem ich diese Unterschiede erkannte, bekam meine Beziehung zu meiner Frau einen vollkommen neuen Stellenwert. Ich hatte nicht gewußt, daß es so leicht war, einen Konflikt zwischen uns beizulegen.

Früher war es für mich normal, daß ich in schwierigen Zeiten einer Beziehung desinteressiert und gefühllos wurde, einfach weil ich es nicht besser wußte. Aus diesem Grund war meine erste Ehe sehr schmerzvoll und schwierig gewesen. Erst durch den Vorfall mit Bonnie wurde mir klar, wie ich mein Verhalten ändern konnte.

Das inspirierte die sieben Jahre Forschung und Entwicklung von Einsichten in das Wesen von Mann und Frau, die in diesem Buch dargelegt werden. Indem ich lernte, wie sich Mann und Frau ganz praktisch und spezifisch unterscheiden, machte ich die Erfahrung, daß meine Ehe kein ständiger Kampf zu sein brauchte. In diesem neuen Bewußtsein für unsere Unterschiede konnten Bonnie und ich unsere Kommunikation dramatisch verbessern. Wir lernten neu, uns aneinander und miteinander zu freuen.

Durch die ständige Suche nach dem Erkennen unserer Unterschiede haben wir neue Möglichkeiten entdeckt, auch unsere übrigen Beziehungen zu verbessern. Wir haben Dinge gelernt, die unsere Eltern niemals für möglich gehalten hätten, geschweige denn, uns hätten lehren können. Als ich begann, meine Erfahrungen auch mit meinen Klienten zu teilen, besserten sich auch bei ihnen die Beziehungen.

Auch heute, sieben Jahre später, erhalte ich immer noch Dankesbriefe von Paaren und Einzelpersonen, die von meinen

Seminaren profitiert haben. Ich erhalte Bilder von glücklichen Familien mit Kindern und Briefe, in denen sie mir dafür danken, daß ich ihre Ehe gerettet habe. Natürlich war es ihre eigene Liebe, die die Beziehung gerettet hat. Doch ohne ein tieferes Verständnis des anderen Geschlechts wären sie längst geschieden.

Susan und Jim waren seit neun Jahren verheiratet. Wie bei den meisten Paaren begann ihre Beziehung voller Liebe. Aber nach Jahren wachsender Frustration und Enttäuschung verloren sie ihre Leidenschaft füreinander und entschlossen sich aufzugeben. Bevor sie jedoch den letzten Schritt machten und sich scheiden ließen, kamen sie in eines meiner Wochenendseminare. Susan sagte: »Wir haben alles versucht, aber in unserer Beziehung geht nichts mehr. Wir sind einfach zu verschieden.«

Während des Seminars waren sie erstaunt festzustellen, daß ihre Unterschiede nicht nur völlig normal waren, sondern daß man sich geradezu auf sie verlassen konnte. Es beruhigte sie zu hören, daß auch andere Paare dieselben Verhaltensmuster erlebt hatten. In nur zwei Tagen lernten Susan und Jim ein völlig neues Verständnis des Wesens von Mann und Frau kennen.

Sie verliebten sich aufs neue. Ihre Beziehung veränderte sich wie durch ein Wunder. Scheidung war überhaupt kein Thema mehr, vielmehr freuten sie sich darauf, den Rest ihres Lebens gemeinsam zu verbringen. Jim sagte: »Was ich jetzt über unsere Unterschiede gelernt habe, hat mir meine Frau zurückgegeben. Das ist für mich das größte Geschenk. Wir lieben uns wieder.«

Sechs Jahre später liebten sie sich noch immer. Kürzlich bekam ich von ihnen eine Einladung, ihr neues Haus und ihre Familie zu besuchen. Sie dankten mir, daß ich ihnen geholfen hatte, einander zu verstehen und zusammenzubleiben.

Kaum jemand würde widersprechen, wenn man behauptet, daß Männer und Frauen verschieden sind. Die meisten jedoch wüßten nicht, **wie** genau sie diesen Unterschied definieren sollten. In den letzten Jahren sind viele Bücher erschienen, die sich mit dem berühmten »kleinen Unterschied« befaßt und ihn zu beschreiben versucht haben. Sicher sind auf diesem Gebiet viele Fortschritte gemacht worden. Leider jedoch vergrößern viele Bücher zu diesem Thema das Mißtrauen der Geschlechter gegeneinander. Oft wird ein Geschlecht als das Opfer des anderen dargestellt. Was uns bisher fehlte, war ein Handbuch zum Verständnis für die Unterschiedlichkeit *gesunder* Männer und Frauen.

Um die Beziehungen zwischen Mann und Frau zu verbessern, muß zunächst das Verständnis für ihre Unterschiede hergestellt werden. Gesundes Selbstbewußtsein und Gefühl für die eigene Würde sowie gegenseitiges Vertrauen, Verantwortungsgefühl und mehr Liebe folgen beinahe automatisch aus diesem Verständnis. Ich habe im Laufe meiner Praxis mehr als 25 000 Klienten in Beziehungsseminaren über ihre diesbezüglichen Erfahrungen befragt. Dadurch war es mir möglich, in *positiven* Begriffen zu definieren, wie Männer und Frauen sich unterscheiden. Während Sie diese Unterschiede beim Lesen dieses Buches erkunden, werden Sie erleben, wie auch bei Ihnen die Mauern von Mißverständnis und Mißtrauen zu bröckeln beginnen.

Wenn Herzen sich öffnen, wird Verzeihen möglich. Wir werden wieder motiviert, Liebe und Fürsorge zu geben und anzunehmen. Ich hoffe, daß Sie Ihren Partner mit neuen Augen sehen werden. Dann wachsen Sie über die Anregungen, die in diesem Buch gegeben werden, hinaus und werden eigene Wege finden, mit dem anderen Geschlecht auf liebevolle Weise umzugehen.

Alle Regeln, die in diesem Buch aufgestellt, und alle Anregungen, die gegeben werden, sind vielfach getestet und erprobt. Über 90 Prozent der befragten 25 000 Seminarteilnehmer haben mit Entschiedenheit bestätigen können, daß sie sich in den beschriebenen Beispielen wiederfinden konnten. Wenn Sie beim Lesen des Buches merken, wie Sie an bestimmten Stellen mit dem Kopf nicken und denken: »Das bin ja ich!«, dann sind Sie nicht der einzige, dem es so geht. Genau wie die vielen anderen können auch Sie diese Einsichten nutzen, indem Sie sie in Ihrem Leben anwenden.

»Männer sind anders. Frauen auch.« zeigt neue Strategien, wie wir in unseren Beziehungen Spannungen abbauen und Liebe erzeugen können, indem wir erst einmal in allen Einzelheiten erkennen, wie verschieden wir sind. Anschließend werden praktische Anregungen gegeben, um Frustrationen und Enttäuschungen zu reduzieren und sich statt dessen gegenseitig Glück und menschliche Nähe zu schenken. Beziehungen müssen nicht immer zu einer »Kiste« werden. Nur wenn wir uns nicht oder falsch verstehen, gibt es Spannungen, Gefühllosigkeit und Konflikt.

Sehr viele Menschen sind von ihren Beziehungen enttäuscht, obwohl sie ihre Partner lieben. Sobald es Spannungen, Enttäuschungen und Ärger gibt, wissen sie nicht, wie sie es anstellen sollen, die Dinge wieder ins Lot zu bringen. Indem Sie verstehen, wie unterschiedlich Männer und Frauen sind, werden Sie neue Wege kennenlernen, mit dem anderen Geschlecht umzugehen, ihm zuzuhören und es zu unterstützen. Sie werden lernen, die Liebe, die Ihnen zusteht, selbst zu erzeugen. Vielleicht werden Sie sich beim Lesen dieses Buches wundern, wie überhaupt jemand eine erfolgreiche Beziehung haben kann, ohne vorher diese Dinge zur Kenntnis genommen zu haben.

»Männer sind anders. Frauen auch.« ist, davon bin ich überzeugt, *das* Handbuch für liebevolle Liebesbeziehungen in den neunziger Jahren. Anhand dieses Handbuches können wir lernen, wie wir uns als Männer und Frauen auf allen Gebieten unseres Lebens unterscheiden. Männer und Frauen haben nicht nur eine unterschiedliche Art, sich verständlich zu machen, sondern sie denken, fühlen, reagieren, lieben und freuen sich anders. Außerdem nehmen sie ihre Umwelt grundverschieden wahr und haben völlig unterschiedliche Bedürfnisse. Es ist, als kämen sie von zwei verschiedenen Planeten, sprächen verschiedene Sprachen und würden sich unterschiedlich ernähren.

Durch ein neues, weitergehendes Verständnis der Unterschiede zwischen Männer und Frauen wird vielen Frustrationen im Umgang mit dem anderen Geschlecht der Boden entzogen. Mißverständnisse können rasch beseitigt oder von vornherein vermieden werden. Falsche Erwartungen können leicht korrigiert werden. Wenn Sie daran denken, daß Ihr Partner völlig anders ist als Sie – so als käme er von einem anderen Planeten –, können Sie sich viel leichter entspannen und mit seiner Andersartigkeit abfinden, anstatt zu versuchen, ihn zu ändern.

Das Wichtigste an diesem Buch ist jedoch, daß Sie praktische Methoden erlernen werden, die Probleme, die aus den Unterschieden zwischen Mann und Frau entstehen, zu lösen. Es ist nicht nur eine theoretische Analyse psychologischer Differenzen, sondern ein praktisches Handbuch für erfolgreiche und liebevolle Beziehungen.

Die dargestellten Prinzipien sind offensichtlich. Sie können sie sofort in Ihrem eigenen Erfahrungsbereich verifizieren. Anhand zahlreicher Beispiele wird auf einfache und deutliche Weise das zum Ausdruck gebracht, was Sie intuitiv schon immer geahnt haben. Es wird Ihnen allmählich immer leichter fallen, wirklich Sie selbst zu sein und sich nicht in Ihren Beziehungen zu verlieren.

Männer sagen gewöhnlich, wenn sie diese neuen Einsichten gewonnen haben: »Endlich bin ich ich selbst. Wie haben Sie das nur gewußt? Endlich habe ich nicht mehr das Gefühl, daß mit mir etwas nicht stimmt.«

Frauen sagen: »Endlich hört mein Mann auf mich. Ich muß nicht mehr um Anerkennung kämpfen. Seitdem Sie unsere Unterschiede erklärt haben, versteht mich mein Mann. Vielen Dank.«

Dies sind nur zwei von vielen spontanen Reaktionen, die mir entgegengebracht wurden, wenn die Teilnehmer an meinen Seminaren begriffen hatten, daß Männer tatsächlich vom Mars und Frauen von der Venus kommen. Die Wirkung dieses Lernprogramms zum Verständnis des anderen Geschlechts ist nicht nur dramatisch und direkt, sondern auch lang anhaltend.

Sicherlich kann der Weg zu einer liebevollen Beziehung manchmal recht steinig sein. Alle Beziehungen haben ihre Probleme. Es kommt lediglich darauf an, wie man mit ihnen umgeht. Probleme können zu Ablehnung und Streit führen, aber auch als Gelegenheiten dienen, um Nähe und Liebe, Fürsorge und Vertrauen in einer Beziehung zu stärken. Die in diesem Buch vermittelten Einsichten sollen keine »Schnellreparatur« sein, die alle Probleme beseitigt. Sie sollen vielmehr ein neues Denken unterstützen und Sie in die Lage versetzen, in Ihrer Beziehung die Kraft zu finden, um die Probleme Ihres Lebens zu meistern und verletzenden Streit im Keim zu ersticken. Mit diesem neuen Bewußtsein haben Sie ein Werkzeug zur Hand, um die Liebe, die Sie verdient haben, auch zu bekommen, und Ihrem Partner die Liebe und Unterstützung zu geben, die er verdient.

Ich bin mir darüber im klaren, daß in meinem Buch viele Verallgemeinerungen über Männer und Frauen zu finden sind. Sie werden sich mit einigen der Rollenbeschreibungen sicherlich weniger identifizieren können als mit anderen. Dafür sind wir einfach zu unterschiedlich. In meinen Seminaren kommt es sogar vor, daß Männer sich in den Beispielen für Frauen und Frauen in denen für Männer wiederfinden. Ich nenne das einen »Rollentausch«.

Wenn Sie merken, daß Sie in Ihrem Leben diesen »Rollentausch« ganz oder teilweise vollzogen haben, ist das völlig in Ordnung. Falls Sie mit einigen Teilen dieses Buches nichts anfangen können, überspringen Sie sie einfach und lesen Sie im nächsten Abschnitt weiter – oder schauen Sie tiefer in sich hinein. Viele Männer versagen sich bestimmte Aspekte ihrer Männlichkeit, um liebevoller und fürsorglicher sein zu können. Entsprechend verneinen viele Frauen einige ihrer weiblichen Eigenarten, um ihren »Mann im Leben« zu stehen und in Bereichen erfolgreich zu sein, die normalerweise die Domäne der Männer sind. Falls das bei Ihnen der Fall ist, wird das Lesen dieses Buches und die Anwendung der Übungen, Strategien und Techniken Ihre Beziehungen nicht nur mit neuer Leidenschaft erfüllen, sondern Sie werden den männlichen und weiblichen Aspekt Ihrer Persönlichkeit immer besser ausbalancieren lernen.

Ich gehe in diesem Buch nicht auf die Frage ein, *warum* Männer und Frauen anders sind. Dies ist eine äußerst komplizierte Frage, auf die es vielfältige Antworten gibt, von biologischen Differenzen über elterliche Einflüsse, Erziehung, Geburtsfolge, kulturelle Konditionierungen innerhalb der Gesellschaft, bis zu Einflüssen von Medien und Geschichte. Ich habe diese Thematik erschöpfend behandelt in meinem vorangegangenen Buch »*Men, Women und Relationships: Making Peace with the Opposite Sex*« (Männer, Frauen und Beziehungen: Frieden schaffen mit dem anderen Geschlecht).

Der Nutzen, den sie aus den in diesem Buch vermittelten Einsichten ziehen können, ist zwar unmittelbar wirksam, aber es kann keine Therapie und kein persönliches Beratungsgespräch ersetzen, besonders wenn es sich um Opfer von Beziehungskrisen und gestörten Familienverhältnissen handelt. Sogar gesunde Menschen können in schwierigen Zeiten eine Therapie oder ein Beratungsgespräch gut gebrauchen. Ich bin fest davon überzeugt, daß die allmähliche Transformation, die in Therapie, Eheberatung und in Gruppensitzungen stattfindet, unschätzbaren Nutzen für uns und unsere Beziehungen bringen kann.

Dennoch haben mir immer wieder Teilnehmer meiner Seminare zu verstehen gegeben, daß sie mehr aus einem neuen Verständnis der Unterschiede von Mann und Frau gelernt haben als in Jahren der Therapie. Ich bin jedoch der Meinung, daß es oft erst die jahrelange Therapie war, die es ihnen ermöglicht hat, die neuen Einsichten erfolgreich in ihrem Leben und in ihren Beziehungen umzusetzen.

Wenn wir ungelöste Gefühle aus unserer Vergangenheit mit uns herumtragen, brauchen wir – selbst nach jahrelangen Bemühungen in Gruppen- und Einzeltherapien – eine positive Vorstellung davon, wie eine gesunde Beziehung aussehen kann. In diesem Buch wird eine solche Vision vermittelt. Auf der anderen Seite können neue Ansätze im Verhältnis der Geschlechter zueinander auch dann notwendig werden, wenn unsere Vergangenheit sehr harmonisch und liebevoll verlaufen ist, denn die Zeiten wandeln sich. Es ist von zentraler Bedeutung, neue und gesunde Wege zu lernen, wie man miteinander umgehen und sich verständigen kann.

Ich bin davon überzeugt, daß jeder aus den Einsichten, die in diesem Buch vermittelt werden, Nutzen ziehen kann. Die einzige negative Reaktion, die ich jemals von den Teilnehmern meiner Seminare gehört habe ist: »Ich wünschte, mir hätte das schon vor Jahren jemand gesagt.«

Es ist jedoch nie zu spät, mehr Liebe in Ihr Leben zu bringen. Sie müssen nur den ersten Schritt tun. Wenn Sie in Ihrem Leben befriedigendere Beziehungen mit dem anderen Geschlecht eingehen wollen, dann ist dieses Buch das richtige für Sie, ganz gleich, ob Sie sich in einer Therapie befinden oder nicht.

Es ist mir eine Freude, dieses Wissen mit Ihnen zu teilen. Ich wünsche Ihnen, daß Sie nie aufhören, an Weisheit und Liebe zu wachsen. Ich wünsche uns allen, daß wir uns weniger trennen und in stabileren Beziehungen und Ehen zusammenbleiben. Unsere Kinder haben eine bessere Welt verdient.

John Gray
15. November 1991
Mill Valley, Kalifornien

ERSTES KAPITEL

Männer stammen vom Mars, Frauen von der Venus

Stellen Sie sich vor, Mars war einmal der Planet der Männer und Venus der Planet der Frauen ... Eines schönen Tages schauten die Marsmänner durch ihr Teleskop und entdeckten die Venusfrauen. Ein einziger Blick rief bei ihnen Gefühle hervor, die sie noch nie verspürt hatten. Sie verliebten sich unsterblich. Schnell erfanden sie ein Raumschiff und flogen zur Venus. Die Venusfrauen empfingen die Marsmänner mit offenen Armen. Sie hatten intuitiv gespürt, daß dieser Tag einmal kommen würde. Ihre Herzen weiteten sich, und sie verspürten eine Liebe, derart, wie sie es nie zuvor erlebt hatten. Ihre Liebe war wie ein Zauber. Sie erfreuten sich aneinander und teilten alles. Sie hatten ein königliches Vergnügen daran, sich gegenseitig die Unterschiede ihrer verschiedenen Welten klarzumachen. Viele Monate verbrachten sie damit, voneinander zu lernen, ihre Bedürfnisse, Vorlieben und Verhaltensweisen zu erforschen und zu achten. Viele Jahre lebten sie zusammen in Liebe und Harmonie.

Dann entschlossen sie sich, gemeinsam die Erde zu bevölkern. Am Anfang verlief alles sehr harmonisch. Eines Morgens jedoch wachten sie auf, und die Welt war über Nacht eine andere geworden. Die Erdatmosphäre hatte ihre Wirkung auf sie ausgeübt, und alle verfielen in einen seltsamen Schlaf des Vergessens. An bestimmte Dinge konnten sie sich einfach nicht mehr erinnern. Sie hatten beispielsweise vergessen, daß sie von verschiedenen Planeten stammten. Sie hatten vergessen, daß sie verschieden sein *sollten*. An einem einzigen Tag war ihnen alles, was sie in den vergangenen Jahren über ihre Unterschiede gelernt hatten, wieder entfallen. Von diesem Tag an lebten Männer und Frauen im Streit miteinander.

Ohne das Bewußtsein dafür, daß Männer und Frauen unterschiedlich sind und sein sollen, sind Streit und Zwietracht in einer Beziehung vorprogrammiert. Wenn wir ärgerlich oder enttäuscht sind, liegt das meistens daran, daß wir diese wichtige Wahrheit aus den Augen verloren haben. Wir möchten statt dessen, daß unsere Partner vom anderen Geschlecht wollen, was wir wollen und fühlen, was wir fühlen.

Wir gehen davon aus, daß sich unsere Partner, wenn sie uns lieben, auf eine ganz bestimmte Weise verhalten müssen, nämlich so, wie wir es tun würden, wenn *wir* jemanden lieben. Mit dieser Einstellung ist Enttäuschung vorprogrammiert, und sie hält uns überdies davon ab, daß wir uns die notwendige Zeit nehmen, um uns liebevoll über unsere Unterschiede zu verständigen.

Männer irren, wenn sie meinen, daß Frauen auf dieselbe Weise fühlen, kommunizieren und reagieren wie sie selbst. Den Frauen geht es jedoch nicht anders. Es ist in Vergessenheit geraten, daß Männer und Frauen das Recht haben, anders zu sein. Folglich sind unsere Beziehungen voller unnötiger Reibungen und Konflikte.

Machen wir uns diese Unterschiede bewußt und akzeptieren sie, dann tragen wir erheblich zur Klarheit in unseren Beziehungen zum anderen Geschlecht bei. Es gibt für alles eine Lösung, wenn Sie nicht vergessen, daß Männer vom Mars und Frauen von der Venus stammen.

Im Verlauf dieses Buches werden wir die Unterschiede zwischen Mann und Frau in allen Einzelheiten erläutern.

In jedem Kapitel von »*Männer sind anders. Frauen auch.*« werden Sie neue Geheimnisse kennenlernen, wie Sie liebevolle und dauerhafte Beziehungen eingehen und pflegen können. Jede Neuentdeckung wird Ihre Fähigkeit erhöhen, befriedigende Beziehungen zu haben.

Der Zauber der Liebe

Immer wenn wir uns verlieben, fühlen wir uns wie verzaubert. Wir können uns nicht vorstellen, daß es einmal zuende gehen soll. Wir sehen alles durch eine rosarote Brille und meinen, daß die Probleme, die unsere Eltern miteinander hatten, für uns keine Rolle mehr spielen. Wir glauben, daß unsere Liebe niemals sterben wird und wir dazu bestimmt sind, bis ans Ende der Welt glücklich zusammen zu leben.

Wir fühlen uns genau wie unsere Vorfahren, die Marsmänner. Als ihre Raumschiffe auf der Venus landeten, öffneten sich die Herzen der Venusfrauen weit und hießen die Marsmänner willkommen. Die Marsmänner fühlten, wie ihr Körper von einer neuen Kraft durchströmt wurde. Beim Anblick der Venusfrauen spürten sie Bewunderung und großen Respekt. Das ging so weit, daß sie auf die Knie fielen, um den Venusianerinnen ihre Liebe zu bezeugen. Wie die edlen Ritter der Tafelrunde gelobten sie, die Venusianerinnen mit all ihrer Energie und Macht zu schützen und ihnen zu dienen. Ihre Herzen waren voll freudiger Erwartung, nun diese wunderschönen Wesen zufriedenzustellen. Sie fühlten sich geliebt, angenommen und bewundert. Noch nie hatte man ihnen solches Vertrauen entgegengebracht und sie auf diese offene Weise angenommen.

Auch die Venusfrauen hatten sich noch nie zuvor so geliebt, verwöhnt und angebetet gefühlt. Sie waren dankbar und fühlten sich als etwas Besonderes. Sie hatten das Gefühl, gleichzeitig frei und beschützt zu sein. Deshalb strahlten sie vor Glück, innerer Gelassenheit und Freude. Tief in ihrem Herzen fühlten sie sich voller Vertrauen und waren sich ihrer Sache sicher. Es war für sie völlig natürlich, all die Liebe, Fürsorge und den Respekt zu spüren, die ihnen entgegengebracht wurden. Durch die liebevolle Gegenwart der Marsmänner fühlten sie sich bestätigt, geschätzt und anerkannt. Die langersehnte Hilfe war schließlich eingetroffen, und sie hatten sie verdient.

Venusfrauen und Marsmänner lebten im Idealzustand. Die

Marsmänner nahmen die Gelegenheit wahr und dienten den Venusfrauen, während die Venusfrauen sich endlich entspannen und beschenken lassen konnten. Beide erfreuten sich daran, endlich zusammen zu sein und alles miteinander zu teilen. Sie lernten sich kennen, erforschten einander monatelang und erfreuten sich ihrer Unterschiede. Es war ihre erklärte Absicht, sich gegenseitig in ihrer Andersartigkeit zu respektieren. Jahrelang lebten sie in Liebe und Wohlstand zusammen, bis sie schließlich gemeinsam die Erde bevölkerten und vergaßen, daß sie von verschiedenen Planeten stammten.

Der Zauber der Liebe zerbrach. Das Wunder ihrer Zuneigung ging verloren. Ihre Liebe war verschwunden.

Guter Wille allein ist nicht genug!

Die Probleme, mit denen Mann und Frau heute konfrontiert sind, nehmen ihren Anfang, sobald sie vergessen, daß sie in ihrem Wesen verschieden sind. *Männer erwarten immer noch von Frauen, daß sie denken und reagieren wie Männer. Frauen erwarten von Männern, daß sie sich benehmen wie Frauen.* Ohne ein klares Bewußtsein für unsere Andersartigkeit können wir uns niemals dafür öffnen, einander zu verstehen und zu respektieren. Statt dessen sind wir fordernd, zurückweisend, kritisch und intolerant.

Immer wieder stirbt die Liebe, trotz der besten und liebevollsten Absichten. Irgendwie schleichen sich die Probleme ein. Ressentiments bauen sich auf. Die Kommunikation bricht zusammen. Das Mißtrauen wird größer. Ablehnung und Unterdrückung sind die Folge. Der Zauber der Liebe hat sich verflüchtigt. Wie kann das passieren? Warum muß es so weit kommen?

Um diese Fragen zu beantworten, wurden komplizierte Philosophien und psychologische Modelle entwickelt. Dennoch geschieht es immer wieder nach dem gleichen Schema. Die Liebe stirbt. Tatsächlich hat fast jeder das schon erlebt.

Täglich sind Millionen auf der Suche nach einem Partner, mit dem sie das besondere Gefühl der Liebe erleben können. Millionen Menschen tun sich jedes Jahr zusammen, weil sie sich lieben, und müssen schon bald ihre Beziehungen wieder beenden, weil sie das Gefühl füreinander verloren haben. Von denjenigen, welchen es gelingt, ihre Liebe so lange lebendig zu halten, daß sie schließlich heiraten oder eine dauerhafte Beziehung eingehen, läßt sich die Hälfte irgendwann wieder scheiden und geht auseinander. Von denen, die zusammenbleiben, bleibt wiederum die Hälfte in ihrer Beziehung unbefriedigt. Sie bleiben zusammen, weil sie einander verpflichtet fühlen oder Angst haben, noch einmal von vorn anzufangen und wieder zu scheitern.

Tatsächlich sind nur sehr wenige Menschen in der Lage, mit ihrer Liebe zu wachsen. Es ist jedoch möglich. *Wenn Männer und Frauen in der Lage sind, sich gegenseitig zu respektieren und ihre Unterschiede anzunehmen, hat die Liebe eine Chance.*

Indem wir die verborgenen Unterschiede des anderen Geschlechts verstehen, können wir unsere Herzen öffnen und Liebe sowohl geben als auch annehmen. Indem wir unsere Unterschiede akzeptieren und achten, können wir kreative Lösungen entdecken, durch die wir schließlich das bekommen, wonach wir uns sehnen. Das Wichtigste jedoch ist, daß wir lernen, wie wir unseren Partner lieben und unterstützen können.

Liebe ist etwas Wunderbares, und sie kann von Dauer sein, wenn wir nicht vergessen, daß wir verschieden sind.

ZWEITES KAPITEL

Männliche Lösungsmodelle und weibliche Verbesserungsvorschläge

Daß Männer nicht zuhören können, ist die wichtigste und häufigste Klage, die Frauen über ihre Partner vorzubringen haben. Ein Mann hört einer Frau ein paar Minuten zu, stellt fest, worüber sie sich aufregt, setzt dann stolz seine Heimwerkermütze auf und bietet ihr eine Lösung an. Natürlich erwartet er, daß sie sich gleich viel besser fühlt. Er ist völlig perplex, wenn er merkt, daß sie seinen Liebesbeweis nicht schätzt. Ganz gleich, wie oft sie ihm auch sagt, daß er doch erst einmal zuhören soll, er versteht es nicht. Immer wieder tritt er in dasselbe Fettnäpfchen. Sie will Mitgefühl, und er meint, sie braucht Lösungen.

Daß Frauen dauernd versuchen, ihren Partner zu ändern, ist die wichtigste und häufigste Klage, die Männer über Frauen vorzubringen haben. Wenn eine Frau einen Mann liebt, fühlt sie sich verantwortlich, ihm bei seiner Entwicklung behilflich zu sein, und sie fühlt sich daher verpflichtet, ihm zu sagen, was er alles besser machen kann. Sie bildet ein häusliches Verbesserungskomitee und macht ihn zum Hauptgegenstand ihrer Bemühungen. Er kann sich ihrer Hilfe so sehr widersetzen, wie er will, sie bleibt stark. Keine Gelegenheit, ihm zu helfen oder ihm zu sagen, was er tun soll, läßt sie sich entgehen. Sie meint, sie ist fürsorglich, aber der Mann fühlt sich kontrolliert. Er hätte viel lieber, daß sie ihn so akzeptiert, wie er ist.

Beide Probleme können endgültig gelöst werden, indem man zuerst einmal versteht, *warum* Männer Lösungen anbieten und Frauen versuchen, die Männer zu verbessern. Stellen wir uns vor, wir machen eine Zeitreise in die ferne Vergangenheit und beobachten das Leben auf dem Mars und auf der Venus, um einige Beobachtungen über Männer und Frauen anzustellen.

Eigenheiten der Marsianer

Männer schätzen es, Macht zu haben, kompetent zu sein, effizient zu arbeiten und etwas zu leisten. Sie machen ständig etwas, um sich selbst zu beweisen, daß sie etwas können, und entwickeln dabei ihre Fertigkeiten und ihre Kraft. *Männliches Selbstverständnis definiert sich durch die Fähigkeit, etwas Greifbares hervorzubringen.* Erfüllung finden Sie in erster Linie im Erfolg.

Alles auf dem Mars war auf diese Werte ausgerichtet. Selbst die Kleidung der Marsmänner reflektierte Fähigkeiten und Kompetenz ihrer Träger. Polizisten, Soldaten, Wissenschaftler, Chauffeure, Ingenieure, Köche und viele andere kleideten sich in Uniformen als Zeichen ihrer Kompetenz und Macht. Jeder mußte eine Uniform tragen, damit seine speziellen Fertigkeiten und seine Kompetenz offen zur Schau gestellt wurden.

Niemals lasen sie Magazine wie »Psychologie heute« oder interessierten sich in irgendeiner Weise für das Seelenleben ihrer Mitmenschen. Sie hatten nur Äußerlichkeiten im Kopf wie Jagen, Angeln und Autorennen. Sie interessierten sich für die Nachrichten, den Wetterbericht und die Sportschau. Mit Liebesromanen oder Selbsthilfebüchern konnte man keinen von ihnen hinter dem Ofen hervorlocken. Die Leidenschaft der Marsmänner galt Gegenständen und Dingen, nicht etwa Menschen und Gefühlen.

Auch heute noch phantasieren Männer lieber über starke Autos, noch schnellere Computer, technische Spielereien und alle möglichen Hightech-Entwicklungen. Männer haben vorwiegend Sachen im Kopf, mit denen sie ihre Macht zum Ausdruck bringen, Dinge zu bewegen und ihre Ziele durchzusetzen.

Das Erreichen von Zielen ist für einen Mann sehr wichtig, denn es ist seine beste Möglichkeit, seine Kompetenz unter

Beweis zu stellen und sein Selbstwertgefühl zu zeigen. Wenn ihm jemand etwas abnimmt, hat er kein gutes Gefühl dabei. *Marsianer sind stolz darauf, Dinge ganz allein zu tun. Autonomie ist für sie ein Symbol von Effizienz, Macht und Kompetenz.*

Diese Eigenheit der Marsianer zu verstehen, kann einer Frau begreifen helfen, warum ein Mann sich widersetzt, sobald sie ihn verbessern will oder ihm sagt, was er tun soll. Einem Mann ungefragt einen Ratschlag erteilen heißt, davon auszugehen, daß er nicht weiß, was er tun soll, oder nicht mehr allein weiterkommt. Für Männer ist das ein wunder Punkt, denn kompetent zu sein ist für sie das Allerwichtigste.

Weil ein Marsianer seine Probleme allein bewältigt, spricht er auch nicht oft über sie, es sei denn, er benötigt einen fachkundigen Rat. Er denkt sich: »Warum jemand anders einbeziehen, wenn ich allein damit fertigwerde?« Er behält seine Probleme für sich, es sei denn, er bittet absichtlich jemanden um Rat. Es wird als Schwäche empfunden, wenn man etwas nicht allein tun kann.

Wenn er jedoch einmal wirklich Hilfe braucht, ist es ein Zeichen von Klugheit, sie auch einzuholen. In diesem Fall wird er jemanden finden, den er respektiert, und dann über sein Problem sprechen. Auf dem Mars gilt es als Einladung für einen Ratschlag, wenn man anfängt, über ein Problem zu sprechen. Ein Marsianer fühlt sich durch eine solche Gelegenheit sehr geehrt. Automatisch setzt er seine Heimwerkermütze auf, hört sich den Problemfall eine Weile an und gibt dann seinen kostbaren Ratschlag zum besten.

Diese marsianische Sitte ist einer der Gründe, warum Männer instinktiv Lösungen anbieten, wenn Frauen über ihre Probleme reden. Wenn eine Frau nichtsahnend ihrem Ärger Luft macht oder laut über ihre alltäglichen Probleme nachdenkt, geht der Mann irrtümlicherweise davon aus, daß sie um fachkundigen Rat nachsucht. Er setzt seine Heimwerkermütze auf und fängt an, Ratschläge zu erteilen. Das ist *seine* Art, Liebe und Hilfsbereitschaft zu zeigen. Er möchte ihr helfen, sich besser zu fühlen, indem er ihre Probleme für sie löst. Er möchte sich für sie nützlich machen. Er meint, sich ihrer Liebe würdig zu erweisen, wenn er seine Fähigkeiten zur Verfügung stellt, um ihre Probleme zu lösen.

Wenn er dann seine Lösung vorgeschlagen hat und sie dennoch fortfährt, von ihren Problemen zu sprechen, ist es für ihn fast unmöglich, weiter zuzuhören, indem sie seine Lösung ablehnt, fühlt er sich zunehmend nutzloser. Er hat keine Ahnung, daß er seine Unterstützung am besten zeigen könnte, wenn er mit Einfühlungsvermögen und Interesse *zuhört*. Er weiß nicht, daß es auf der Venus nicht als Einladung zu einem Ratschlag gilt, wenn man über seine Probleme redet.

Eigenheiten der Venusianerinnen

Frauen haben andere Prioritäten. Sie schätzen Liebe, Kommunikation, Schönheit und Beziehungen. Sie verbringen einen Großteil ihrer Zeit, indem sie einander helfen und pflegen. *Das weibliche Selbstbewußtsein definiert sich durch Gefühle und die Qualität von Beziehungen.* Frauen erleben Erfüllung durch Teilen und Mitteilen.

Alles auf der Venus war auf diese Werte ausgerichtet. Statt Autobahnen und große Häuser zu bauen, waren die Venusfrauen eher darum bemüht, in Harmonie, Gemeinschaft und liebevoller Hingabe zusammenzuleben. Beziehungen waren ihnen wichtiger als Arbeit und Technik. In vielfacher Hinsicht war ihre Welt das genaue Gegenteil der Welt der Marsmänner.

Sie kleideten sich nicht in Uniformen wie die Marsmänner, sondern hatten vielmehr ein himmlisches Vergnügen daran, jeden Tag ein anderes Kleid zu tragen, je nachdem, wie sie sich gerade fühlten. Der Ausdruck der individuellen Persönlichkeit, insbesondere ihrer Gefühle, war für sie sehr wichtig. Manchmal wechselten sie sogar mehrmals täglich das Kleid, je nach ihrer Stimmung.

Kommunikation war für sie von vorrangiger Bedeutung. Ihre

persönlichen Gefühle mitzuteilen, war viel wichtiger für sie als aller Erfolg und das Durchsetzen ihrer Ziele. Anteilnahme und Verständnis stellten ihre Quelle der Befriedigung dar.

Das ist für einen Mann schwer zu verstehen. Er kann die Erfahrung von Anteilnahme und Verständnis, die eine Frau hat, am ehesten begreifen, wenn er sie mit der Befriedigung vergleicht, die er spürt, wenn er einen Wettbewerb gewinnt, ein Ziel erreicht oder ein Problem löst.

Statt zielbewußt zu sein, sind Frauen eher beziehungsbewußt. Für sie ist es wichtig, ihrer Güte, ihrer Liebe und ihrer Fürsorge Ausdruck zu verleihen. Wenn ein Marsianer essen geht, tut er das, um ein Projekt oder ein Geschäft zu besprechen. Er hat immer ein Problem zu lösen. Natürlich ist es auch eine wesentlich effizientere Art zu essen: kein Einkaufen, kein Kochen und kein Spülen. Für Venusianerinnen hingegen ist es eine Gelegenheit, eine Beziehung zu pflegen, einen Freund zu unterstützen und von ihm Unterstützung zu erhalten. Die Unterhaltung mit einer Frau beim Essen kommt einem Gespräch beim Therapeuten sehr nahe.

Auf der Venus war Psychologie Pflichtfach in der Schule, und jede Venusfrau verfügt über Qualifikationen als Psychotherapeutin. Venusianerinnen beschäftigen sich vorzugsweise mit persönlicher Entwicklung, Spiritualität und allem, was Leben, Heilung und Wachstum fördert. Der ganze Planet war voller Parks, Biotope, Einkaufszentren und Restaurants.

Frauen sind sehr intuitiv. Sie haben diese Fähigkeit über die Jahrhunderte entwickelt, um ihren Mitmenschen die Wünsche »von den Augen abzulesen«. Sie sind besonders stolz darauf, auf die Bedürfnisse und Gefühle ihrer Mitmenschen Rücksicht zu nehmen. Es gilt als Zeichen großer Zuneigung, unaufgefordert einer anderen Venusianerin Hilfe und Unterstützung anzubieten.

Weil es auf der Venus nicht so wichtig war, die eigene Kompetenz unter Beweis zu stellen, gilt es auch nicht als Beleidigung, Hilfe anzubieten. Es ist auch kein Zeichen für Schwäche, Hilfe in Anspruch zu nehmen. *Ein Mann hingegen kann sich durch das Hilfsangebot einer Frau angegriffen fühlen, weil er das Gefühl hat, sie traut ihm nicht zu, daß er allein damit fertig wird.*

Eine Frau hat kaum Verständnis für diese männliche Empfindlichkeit, denn für sie wäre es ein Kompliment, wenn ihr jemand seine Hilfe anböte. Sie fühlt sich dadurch geliebt. Ein Mann würde sich in der gleichen Situation inkompetent, schwach und sogar ungeliebt fühlen.

Venusianerinnen glauben fest daran, daß alles noch besser funktionieren kann, selbst wenn es schon gut funktioniert. Es liegt in ihrem Wesen, Dinge zu verbessern. Wenn sie sich etwas aus jemandem machen, nehmen sie kein Blatt vor den Mund, sagen, was ihrer Meinung nach noch besser werden könnte, und schlagen Verbesserungsmöglichkeiten vor. *Rat und konstruktive Kritik sind für Frauen ein Liebesbeweis.*

Marsianer dagegen sind ergebnisorientiert. Wenn etwas funktioniert, ist die oberste Grundregel, es nicht zu verändern. Instinktiv lassen Marsianer alles in Ruhe, was funktioniert. »Repariere nie etwas, was funktioniert!« hieß es auf dem Mars.

Wenn eine Frau versucht, einen Mann zu verbessern, hat er das Gefühl, sie versucht, ihn zu reparieren. Er meint also, sie gibt ihm dadurch zu verstehen, daß er kaputt ist. Sie sieht nicht, daß ihre fürsorglichen Versuche, ihm zu helfen, ihm ein Gefühl von Erniedrigung vermitteln. Sie irrt, wenn sie denkt, sie hilft ihm nur, sich zu entwickeln.

Hören Sie auf, Männern Ratschläge zu erteilen!

Wenn eine Frau diese Wesenszüge des Mannes nicht kennt, kann es sein, daß sie gerade den Mann, den sie liebt, zutiefst verletzt und beleidigt.

Tom und Mary zum Beispiel wollten abends ausgehen. Tom saß am Steuer. Nachdem sie innerhalb von 20 Minuten schon zum drittenmal an derselben Stelle vorbeigekommen waren, wußte Mary, er hatte sich verfahren. Sie schlug vor, anzuhalten, um nach dem Weg zu fragen. Tom wurde ganz still, umklammerte das Lenkrad noch ein wenig fester und fuhr weiter. Schließlich kamen sie irgendwann doch noch auf der Party an, aber die Spannung, die im Auto geherrscht hatte, blieb den ganzen Abend über bestehen. Mary hatte keine Ahnung, warum er so ärgerlich war.

Aus ihrer Perspektive hatte sie nichts weiter getan, als ihm zu verstehen zu geben: »Ich liebe dich und sorge mich um dich, also biete ich dir meine Mithilfe an.«

Aus seiner Perspektive jedoch war das ein Affront. Was er hörte, war: »Ich habe kein Vertrauen in deine Fahrkünste. Du findest noch nicht einmal den richtigen Weg.«

Ohne die Lebensverhältnisse auf dem Mars zu kennen, konnte Mary überhaupt nicht wissen, wie wichtig es für Tom war, sein Ziel ohne fremde Hilfe zu erreichen. Daß sie ihm in diesem Moment einen guten Ratschlag gab, war für ihn wie eine Ohrfeige. Die Höflichkeit auf dem Mars gebietet es, *immer* davon auszugehen, daß jemand seine Probleme selbst lösen kann, es sei denn, er bittet *ausdrücklich* um Hilfe.

Mary wußte nicht, daß der Moment, in dem Tom sich verfahren hatte, für sie eine besondere Gelegenheit war, ihm ihre Liebe und Unterstützung zu beweisen. In diesem Augenblick war er besonders verletzlich und brauchte eine Extraportion Liebe und Aufmerksamkeit. Sie ihm zukommen zu lassen, indem sie ihm *keinen* Ratschlag erteilt, wäre ein Geschenk für ihn gewesen, vergleichbar mit einem großen, schönen Blumenstrauß.

Als Mary von Marsianern und Venusianerinnen hörte, lernte sie, wie sie Tom in solch schwierigen Situationen unterstützen konnte. Das nächstemal, als er sich verfahren hatte, wußte sie, wie sie ihn wirklich unterstützen konnte. Sie hielt sich zurück, holte tief Luft, entspannte sich und war von Herzen dafür dankbar, was Tom für sie zu tun versuchte. Tom seinerseits war ihr für dieses Geschenk zu großem Dank verpflichtet.

Generell kann man davon ausgehen, daß eine Frau, wenn sie einem Mann ungebeten ihre Hilfe anbietet, keine Ahnung hat, wie kritisch und lieblos sie ihm erscheinen kann. Selbst wenn ihre Absicht liebevoll ist, können ihre Ratschläge beleidigend und verletzend wirken. Seine Reaktion kann heftig sein, besonders wenn er als Kind häufig kritisiert worden ist oder erlebt hat, wie sein Vater von seiner Mutter zurechtgewiesen wurde.

Für viele Männer ist es sehr wichtig zu beweisen, daß sie selbständig ihr Ziel erreichen können, selbst wenn es nur darum geht, ins Restaurant oder auf eine Party zu fahren. Merkwürdigerweise ist er oft viel empfindlicher, wenn es um kleine Dinge geht. Er hat dann das Gefühl: »Wenn sie mir nicht einmal so eine kleine Sache zutraut, wird sie mir in großen Dingen erst recht nicht vertrauen.« Genau wie ihre Vorfahren vom Mars sind Männer stolz darauf, Experten zu sein, besonders wenn es um mechanische Dinge, Reparaturen, das Finden von Orten oder das Lösen von Problemen geht. Dies sind die Zeiten, in denen er ihre liebevolle Akzeptanz am meisten braucht und nicht etwa ihren Rat oder ihre Kritik.

Lernen Sie zuzuhören!

Ebenso kann es Männern ohne das Wissen um die Unterschiede von Mann und Frau leicht passieren, daß sie, wenn sie meinen zu helfen, die Dinge nur noch schlimmer machen. Männer sollten nicht vergessen, daß Frauen über Probleme sprechen, um jemandem nahe zu sein, und nicht unbedingt, um eine Lösung zu finden.

Oft will eine Frau nichts anderes als ihrem Partner mitteilen, was sie den Tag über alles getan hat. Der Mann jedoch, in der Annahme, daß er ihr helfen muß, unterbricht sie ständig, indem er sie mit guten Ratschlägen überhäuft. Er hat keine Ahnung, daß er dadurch alles nur noch schlimmer macht.

Mary zum Beispiel kommt nach einem anstrengenden Tag nach Hause. Alles, was sie jetzt wirklich braucht, ist jemand, dem sie ihre Gefühle mitteilen kann.

Mary: »Es gibt soviel zu tun. Ich habe gar keine Zeit für mich selbst.«

Tom: »Du solltest einfach kündigen. Ich finde es nicht gut, daß du so schwer arbeitest. Suche dir eine Arbeit, die dir Spaß macht!«

Mary: »Aber ich liebe doch meinen Beruf! Sie wollen immer, daß ich auf den letzten Drücker alles nochmal ändere.«

Tom: »Hör nicht auf sie. Tu einfach dein Bestes.«

Mary: »Aber das tue ich ja. Dabei habe ich heute völlig vergessen, meine Tante anzurufen.«

Tom: »Das macht nichts. Sie wird sicher Verständnis dafür haben.«

Mary: »Meiner Tante geht es gerade nicht gut. Ich glaube, sie braucht mich.«

Tom: »Du machst dir zu viele Gedanken. Deshalb bist du immer so unglücklich.«

Mary (wütend): »Ich bin gar nicht immer unglücklich! Warum kannst du mir denn nicht einfach mal zuhören?«

Tom: »Aber ich höre dir doch zu!«

Mary: »Warum rege ich mich dann überhaupt auf?«

Nach diesem Gespräch war Mary noch frustrierter als zuvor. Dabei hatte sie gehofft, zu Hause Freundschaft, menschliche Nähe und Verständnis zu finden. Auch Tom war enttäuscht. Er hatte keine Vorstellung davon, was er falsch gemacht haben könnte. Er wollte doch nur helfen, aber seine Problemlösungsstrategie hatte nicht funktioniert.

Ohne die Eigenheiten der Venusfrauen zu kennen, konnte Tom gar nicht verstehen, wie wichtig es ist, einfach zuzuhören, ohne Lösungsvorschläge zu machen. Seine Lösungen machten alles nur noch schlimmer. Auf der Venus hätte man niemals eine Lösung angeboten, wenn jemand über seine Probleme sprach. *Höfliche Venusianerinnen hören einander geduldig und voller Anteilnahme zu und bemühen sich, ihre Gefühle zu verstehen.*

Tom wußte nicht, daß Mary sich wünschte, daß er einfach mit Verständnis und Anteilnahme zuhört und welche Entlastung und Befriedigung dies für sie gewesen wäre. Als Tom von den Venusfrauen und ihrem Redebedürfnis erfuhr, lernte er allmählich zuzuhören.

Mittlerweile hörte es sich ganz anders an, wenn Mary nach einem schweren Tag müde und erschöpft nach Hause kommt:

Mary: »Es gibt soviel zu tun. Ich habe gar keine Zeit für mich selbst.«

Tom (atmet tief durch und entspannt sich): »Hört sich an, als hättest du einen schweren Tag hinter dir.«

Mary: »Sie wollen immer, daß ich auf den letzten Drükker alles nochmal ändere. Ich weiß gar nicht, was ich tun soll.«

(Pause) Tom: »Hm.«

Mary: »Ich habe in all dem Trubel sogar vergessen, meine Tante anzurufen.«

Tom (mit leicht gekräuselter Stirn): »O nein!«

Mary: »Dabei braucht sie mich im Moment so sehr. Ich habe ein richtig schlechtes Gewissen.«

Tom: »Du bist so ein guter Mensch. Komm her, laß dich umarmen.«

Tom nimmt Mary in die Arme, sie entspannt sich und stößt einen tiefen Seufzer der Erleichterung aus. Dann sagt sie: »Es ist so schön, mit dir zu sprechen. Du machst mich richtig froh. Vielen Dank, daß du mir so geduldig zuhörst. Ich fühle mich schon viel besser.«

Nicht nur Mary fühlte sich besser, sondern auch Tom. Es erstaunte ihn, wieviel glücklicher seine Frau war, als er endlich gelernt hatte zuzuhören ohne ständig Lösungen anzubieten. Mary ihrerseits war nun fähig, die Dinge sich selbst zu überlassen und ihren Partner zu akzeptieren, ohne ungefragt Ratschläge zu erteilen.

Wenn wir die zwei häufigsten Fehler, die wir in Beziehungen machen, zusammenfassen, können wir sagen:

▷ Der Mann versucht, die Gefühle einer Frau, wenn sie sich ärgert, zu ändern, indem er seine Heimwerker-Pose einnimmt und ihr Lösungen anbietet oder ihre Gefühle herabmindert.

▷ Die Frau versucht, das Verhalten eines Mannes, wenn er Fehler macht, zu ändern, indem sie ihm Verbesserungsvorschläge macht und ihm ungefragt Rat oder Kritik erteilt.

Wie man mit liebenswerten Eigenheiten kreativ umgehen kann

Der Hervorhebung dieser beiden Hauptfehler folgt nicht, daß Venusfrauen und Marsmänner auf ihre herkunftsbedingten Eigenheiten verzichten müssen. Verbesserungsvorschläge zu machen und Lösungsmodelle zu entwickeln, sind wertvolle Fähigkeiten. Der Fehler liegt im Timing und in der Art, wie man sich ausdrückt.

Eine Frau weiß den Heimwerker in ihrem Mann wohl zu schätzen, solange er nicht ausgerechnet dann hervorkommt, wenn sie sich gerade über irgend etwas ärgert. Männer sollten daran denken, daß es nicht angebracht ist, einer Frau Lösungen anzubieten, wenn sie verärgert scheint und über Probleme spricht. Statt dessen sollte er sie anhören. Nur dann wird sie sich allmählich ganz von selbst besser fühlen. Sie braucht niemanden, der sie repariert.

Auch ein Mann weiß das Verbesserungskomitee in seiner Partnerin sehr wohl zu schätzen, solange es sich nicht direkt mit ihm beschäftigt. Frauen sollten daran denken, daß ungefragte Ratschläge und Kritik ihn befürchten lassen, er werde nicht mehr geliebt, und man wolle ihn kontrollieren. Er braucht ihre Akzeptanz. Nur dann wird er aus seinen Fehlern lernen. Er braucht niemanden, der ihn verbessert. Er kann es ganz alleine.

Wenn wir diese Unterschiede einsehen, wird es auch leichter, die Empfindlichkeiten unseres Partners zu verstehen und ihn besser zu unterstützen. Darüber hinaus hilft es uns bei der

Erkenntnis, daß wir im Timing oder in der Art unseres Vorgehens wahrscheinlich einen Fehler gemacht haben, wenn unser Partner sich uns widersetzt.

Wenn eine Frau sich den Lösungen eines Mannes widersetzt, hat er das Gefühl, seine Kompetenz wird in Frage gestellt. Die Folge ist, er fühlt sich mißtraut und mißachtet. Wahrscheinlich wird er daraufhin sein Bemühen einstellen. Seine Bereitschaft zuzuhören nimmt verständlicherweise ab.

Wenn das passiert, kann ein Mann, statt sich zurückzuziehen, Verständnis dafür zeigen, daß sie sich seinen Lösungsvorschlägen widersetzt, indem er sich an ihre herkunftsbedingte Andersartigkeit erinnert. Er kann sich darüber Gedanken machen, daß er wahrscheinlich einen Fehler gemacht hat, als er in dem Moment Lösungen anbot, wo eigentlich Anteilnahme und Fürsorge gefragt waren.

Hier sind einige kurze Beispiele, wie ein Mann unwissentlich die Gefühle einer Frau herabmindern oder unerwünschte Lösungsvorschläge machen kann. Versuchen Sie bei jedem Beispiel zu sagen, warum sie sich widersetzt:

▷ »Du solltest dir nicht so viele Sorgen machen.«
▷ »Das ist doch nicht so schlimm!«
▷ »Gut, es tut mir leid. Schwamm drüber.«
▷ »Warum tust du es nicht einfach?«
▷ »Aber wir reden doch!«
▷ »Stell dich nicht so an. So habe ich es doch gar nicht gemeint.«
▷ »Wie konntest du das sagen? Vorige Woche habe ich einen ganzen Tag mit dir verbracht. Es war doch wunderbar!«
▷ »Natürlich mache ich mir etwas aus dir. Das ist doch lächerlich!«
▷ »Würdest du jetzt mal zur Sache kommen?«
▷ »Wir müssen nichts weiter tun als...«
▷ »In Wirklichkeit hat es sich ganz anders abgespielt.«

Jeder dieser Sätze mindert entweder die Gefühle der Frau herab, versucht sie zu erklären oder bietet eine Lösung an, die ihre negativen Gefühle plötzlich in positive verwandeln soll. Der erste Schritt, den ein Mann tun kann, um dieses Fehlverhalten zu ändern, besteht darin, sich dieser Bemerkungen zu enthalten. Später werden wir dieses Thema ausführlich behandeln. Es ist schon ein großer Schritt, wenn man anfängt zuzuhören, ohne herabmindernde Kommentare oder Lösungsvorschläge.

Wenn der Mann versteht, daß es seine Wahl des Zeitpunkts und sein Ton ist, die von der Frau abgelehnt werden, und nicht seine Lösungen an sich, wird er viel besser mit dem Widerstand der Frau umgehen können. Er wird es nicht so persönlich nehmen. Indem er das Zuhören lernt, wird er erleben, wie sie ihn in wachsendem Maße schätzt, auch wenn sie sich vorher über ihn geärgert hat.

Wenn ein Mann sich den Anregungen einer Frau widersetzt, hat sie das Gefühl, er macht sich nichts aus ihr und respektiert ihre Bedürfnisse nicht. Die Folge ist, daß sie sich alleingelassen fühlt und ihr Vertrauen verliert.

Wenn das passiert, sollte sie lieber zu verstehen versuchen, warum er sich ihr widersetzt, indem sie sich an die herkunftsbedingte Andersartigkeit der Männer erinnert. Sie kann darüber nachdenken und merken, daß sie ihm wahrscheinlich ungebetene Ratschläge oder Kritik erteilt hat, anstatt einfach nur ihre Bedürfnisse mitzuteilen, ihm Informationen zukommen zu lassen oder ihn um etwas zu bitten.

Hier sind einige kurze Beispiele, wie eine Frau unwissentlich einen Mann ärgern kann, indem sie ihm einen Rat gibt oder ihn auf scheinbar harmlose Weise kritisiert. Während Sie diese Liste durchgehen, denken Sie daran, daß sich viele kleine Dinge addieren und schließlich eine riesige Mauer der Ablehnung bilden. Versuchen Sie, bei jedem dieser Sätze zu erkennen, warum er sich kontrolliert fühlt:

▷ »Diese Teller sind immer noch naß. Sie werden nach dem Trocknen Flecken haben.«

▷ »Deine Haare sind schon wieder ganz schön lang.« ·

▷ »Da drüben ist ein Parkplatz, dreh doch einfach um.«

▷ »Du willst mit deinen Freunden zusammen sein, und was ist mit mir?«

▷ »Du solltest einen Klempner bestellen. Der wird genau wissen, was er zu tun hat.«

▷ »Warum warten wir eigentlich auf einen Tisch? Hast du uns keinen reserviert?«

▷ »Du solltest mehr Zeit mit den Kindern verbringen. Sie vermissen dich.«

▷ »Du hast schon wieder vergessen, es mitzubringen. Vielleicht solltest du es an eine bestimmte Stelle legen, damit du es nicht vergißt?«

▷ »Du fährst zu schnell. Fahr lieber langsamer, sonst bekommst du noch einen Strafzettel.«

▷ »Du nimmst dir nicht genügend Zeit.«

▷ »Du solltest mich vorher anrufen. Ich kann nicht einfach alles stehen und liegen lassen und mit dir zum Mittagessen gehen.«

Wenn eine Frau nicht weiß, wie sie einen Mann direkt um Unterstützung bitten oder auf konstruktive Weise eine Meinungsverschiedenheit austragen kann, fühlt sie sich vielleicht völlig machtlos. Sie weiß nicht, daß sie bekommen kann, was sie braucht, wenn sie weder ungefragte Ratschläge noch Kritik äußert. In den folgenden Kapiteln werden wir auf diese Thematik noch weiter eingehen. Es ist jedoch ein großer Schritt, einem Mann das Gefühl zu geben, er wird akzeptiert, anstatt ihn zu kritisieren und zu verbessern.

Wenn sie erkennt, daß nicht ihre Bedürfnisse, sondern nur die Art, wie sie sie vorbringt, abgelehnt werden, kann sie es weniger persönlich nehmen und kooperative Möglichkeiten ausloten, sie vorzubringen. Allmählich wird sie erleben, daß ein Mann durchaus zu Verbesserungen bereit ist, wenn er das

Gefühl hat, daß sie in ihm die Lösung eines Problems sieht und nicht das Problem selbst.

Sind Sie eine Frau, so empfehle ich Ihnen, sich von heute an eine Woche lang darin zu üben, sich *jeglicher* ungebetener Ratschläge oder Kritik zu enthalten. Sie werden merken, daß die Männer, mit denen Sie zu tun haben, das zu schätzen wissen. Sie werden weitaus aufmerksamer sein und besser auf Sie reagieren.

Sind Sie ein Mann, so schlage ich vor, sich darin zu üben, *immer*, wenn eine Frau zu Ihnen spricht, ihr zuzuhören und zwar einzig und allein um zu verstehen und zu respektieren, was sie gerade durchmacht. Verkneifen Sie es sich, einen Lösungsvorschlag zu machen oder ihre Gefühle ändern zu wollen. Sie werden erstaunt sein, wie sehr sie das zu schätzen weiß.

DRITTES KAPITEL

Die geheimen Mittel gegen den Streß

Einer der größten Unterschiede zwischen Männern und Frauen besteht in ihrem Umgang mit Streß. Männer ziehen sich in die Konzentration zurück, während Frauen sich zunehmend emotional mitteilen wollen. Zu solchen Zeiten braucht ein Mann, um sich wohlzufühlen, etwas ganz anderes als eine Frau. Er fühlt sich besser, wenn er Probleme lösen kann, während sie sich besser fühlt, wenn sie über sie reden kann. Wenn wir das verstehen, können wir unnötige Reibungen in unseren Beziehungen vermeiden. Schauen wir uns ein typisches Beispiel an:

Wenn Tom nach Hause kommt, will er sich entspannen und erholen, indem er die Zeitung liest. Er ist durch die ungelösten Probleme des Tages gestreßt und findet Erleichterung, indem er sie vergißt. Seine Frau Mary möchte sich ebenfalls von ihrem gestreßten Tag entspannen. Sie sucht jedoch Erleichterung, indem sie über die Probleme ihres Tages spricht. Allmählich bildet sich zwischen ihnen eine Spannung, die sich schließlich zu einem regelrechten Haß entwickeln kann. Tom denkt insgeheim, daß Mary zuviel redet. Mary hingegen fühlt sich ignoriert. Ohne ihre Unterschiedlichkeit zu verstehen, werden sie sich immer weiter auseinanderentwickeln.

Diese Situation kommt ihnen sicher bekannt vor. Das ist jedoch nur eins von vielen Beispielen, bei denen Männer und Frauen im Streit miteinander liegen. Es ist nicht nur Toms und Marys Problem, sondern in fast jeder Beziehung zu finden.

Damit Tom und Mary dieses Problem lösen könnten, ist es nicht so sehr die Frage, ob sie sich lieben, sondern vielmehr, wie gut sie das andere Geschlecht verstehen.

Ohne zu wissen, daß Frauen tatsächlich über Probleme sprechen müssen, um sich besser zu fühlen, würde Tom immer weiter denken, daß Mary zuviel redet, und ihr nicht mehr zuhören. Ohne zu wissen, daß Tom die Zeitung liest, um sich besser zu fühlen, würde Mary sich ignoriert und vernachlässigt fühlen. Sie würde weiterhin darauf bestehen, daß er mit ihr redet, auch wenn er es gar nicht will.

Diese unterschiedlichen Auffassungen können gelöst werden, indem wir in allen Einzelheiten verstehen, wie Männer und Frauen unterschiedlich mit Streß umgehen.

Auf dem Mars sprach ein Mann, wenn er sich aufregte, niemals über das, was ihn ärgerte. Er hätte niemals einen anderen Marsmann mit seinen Problemen belastet, es sei denn, er brauchte den Beistand eines Freundes, um sein Problem zu lösen. Statt dessen wurde er sehr schweigsam, zog sich in seine private Höhle zurück und dachte über sein Problem nach. Hier konnte er sich in aller Ruhe den Kopf zerbrechen und eine Lösung suchen. Wenn er sie schließlich gefunden hatte, fühlte er sich gleich viel besser und kam wieder aus seiner Höhle heraus. Wenn es ihm nicht gelang, eine Lösung zu finden, unternahm er alles mögliche, um sein Problem zu vergessen. Er suchte Ablenkung, indem er die Zeitung las oder ein Spiel spielte. Indem er seine Gedanken zerstreute, konnte er sich allmählich wieder entspannen. Wenn sein Streß wirklich groß war, mußte auch seine Ablenkung etwas Herausforderndes haben. Er fuhr dann mit seinem Auto bei einer Rallye mit oder kletterte auf einen Berg.

Auf der Venus suchte sich eine Frau, die sich aufregte oder durch ihren Tagesablauf gestreßt war, eine Person, der sie vertraute und sprach dann in allen Einzelheiten über die Probleme des Tages. So fand sie Erleichterung. Auf der Venus war es kein Zeichen von Respektlosigkeit, jemanden mit den eigenen Problemen zu belasten. Es galt vielmehr als Zeichen von Liebe und Vertrauen. Venusianerinnen schämten sich ihrer Probleme nicht. Ihr Ich war nicht davon abhängig, einen kompetenten Eindruck zu machen, sondern gründete sich auf liebevolle Beziehungen. Sie zeigten offen ihre Gefühle, wenn sie überlastet, verwirrt, hoffnungslos und erschöpft waren.

Frauen fühlen sich wohl, wenn sie liebe Freunde um sich haben, denen sie ihre Gefühle und Probleme mitteilen können. Männer fühlen sich wohl, wenn sie ihre Probleme allein in ihrer Höhle lösen können. Diese geheimen Mittel, um sich wohlzufühlen, sind auch heute noch wirksam.

Die Höhle als Zufluchtsort

Wenn ein Mann gestreßt ist, zieht er sich in die Höhle seiner Gedanken zurück und konzentriert sich auf die Lösung eines Problems. Normalerweise nimmt er das dringendste oder das schwierigste Problem. Er ist dann so auf dieses eine Problem konzentriert, daß er zeitweise alles um sich herum vergißt. Andere Probleme oder Verantwortlichkeiten treten in den Hintergrund.

Zu solchen Zeiten ist er in seinen Beziehungen distanzierter. Er neigt zu Vergeßlichkeit, scheint verantwortungslos und voreingenommen. Wenn die Frau sich mit ihm unterhalten will, ist er nur mit fünf Prozent seiner Gedanken bei der Sache. Die restlichen 95 Prozent beschäftigen sich mit der Lösung seines Problems. Er ist in allem unkonzentriert, weil er gleichzeitig noch immer über seinem Problem brütet und auf eine Lösung hofft. Je gestreßter er in seinem Alltag ist, desto mehr wird er von seinem Problem gefangengenommen.

Zu solchen Zeiten ist er nicht in der Lage, einer Frau die Aufmerksamkeit und Gefühle zukommen zu lassen, die sie unter normalen Umständen erhält. Seine Gedanken sind abwesend, und er kann nichts daran ändern. Gelingt es ihm jedoch, sich eine Lösung auszudenken, dann wird er sich plötzlich viel besser fühlen, aus seiner Höhle herauskommen und sofort wieder für seine Beziehung zur Verfügung stehen.

Findet er jedoch keine Lösung, dann bleibt er in seiner Höhle stecken. Um aus dieser verfahrenen Situation wieder herauszukommen, wird er versuchen, kleine Probleme zu lösen, indem er die Zeitung liest, fernsieht, mit dem Auto fährt, sich körperlich betätigt, ein Fußballspiel anschaut, selbst auf den Sportplatz geht oder irgend etwas anderes unternimmt. Jede Aktivität, die ihn fordert, aber zunächst nicht mehr als fünf Prozent seiner Gedanken beansprucht, kann ihm helfen, seine Probleme zu vergessen und sich aus seiner verfahrenen Lage in der Höhle wieder zu befreien. Am nächsten Tag kann er sich dann wieder mit größerem Erfolg auf sein Problem konzentrieren.

Jim zum Beispiel liest häufig die Zeitung, um seine Probleme zu vergessen. Beim Lesen ist er nicht mehr mit den Problemen des Tages konfrontiert. Mit den fünf Prozent seiner Gedanken, die sich nicht mit den Problemen seiner Arbeit beschäftigen, fängt er an, sich eine Meinung zu bilden und globale politische Lösungen auszudenken. Allmählich beschäftigen sich seine Gedanken immer mehr mit den tagespolitischen Ereignissen in der Zeitung. So verlegt er seine Konzentration von seinen eigenen Problemen auf die vielen Probleme des Lebens und steht wieder für seine Beziehung zur Verfügung.

Anders Tom. Er schaut sich ein Fußballspiel an, um sich von seinem Streß zu befreien und zu entspannen. Er läßt seine Gedanken von der Lösung seiner Probleme zu seiner Lieblingsmannschaft abschweifen. Wenn er ein Spiel sieht, steht das Spiel stellvertretend für seine Probleme. Wenn seine Mannschaft ein Tor schießt oder gewinnt, freut er sich an ihrem Erfolg, als wäre es sein eigener. Wenn sie verliert, empfindet er ihren Verlust als seinen eigenen. Ganz gleich, wie das Spiel ausgeht, immer sind seine Gedanken dem Zugriff seiner wirklichen Probleme entzogen.

Für Tom, Jim und viele andere Männer ist die Spannung eines Sportereignisses, einer Meldung in den Nachrichten oder ein Spielfilm und die zwangsläufige Auflösung der Spannung am Ende des Ereignisses ein Ersatz für die Spannung, die sie in ihrem Leben spüren. Die Zeitung zu lesen oder fernzusehen, kann ihnen helfen, Streß abzubauen.

Wenn ein Mann in seiner Höhle steckt, ist er nicht in der Lage, seiner Partnerin die Aufmerksamkeit zukommen zu lassen, die ihr zusteht. Es ist nicht leicht für sie, ihn in diesen Zeiten zu ertragen, denn sie weiß nicht, wie sehr er unter Streß steht. Wenn er nach Hause kommen und über seine Probleme reden könnte, hätte sie die Möglichkeit, sich auf ihn einzustellen und ihm ihr Mitgefühl zu zeigen. Statt dessen schweigt er, und sie hat das Gefühl, er ignoriert sie. Sie merkt genau, daß etwas mit ihm nicht stimmt, und macht den Fehler, die Ursache für sein Schweigen bei sich zu suchen.

Frauen verstehen gewöhnlich nicht, wie Männer mit Streß umgehen. Sie erwarten, daß der Mann sich öffnet und über alle Schwierigkeiten spricht, so, wie sie es machen würden. Wenn ein Mann in seiner Höhle steckt, ärgert sich die Frau meistens darüber, daß er nicht offen sein kann. Sie fühlt sich verletzt, wenn er die Nachrichten einschaltet oder am Sonntag auf den Fußballplatz geht.

Es ist ebenso unrealistisch, von einem Mann zu erwarten, daß er sich sofort wieder offen, freundlich und liebevoll zeigt, wenn er aus seiner Höhle kommt, wie von einer Frau, daß sie sofort wieder ruhig und vernünftig ist, wenn sie eben noch wütend war. Die Erwartung, daß ein Mann jederzeit seine liebevollen Gefühle zeigen kann, ist genauso falsch wie die Hoffnung, daß die Gefühle einer Frau jederzeit rational und logisch sind.

Wenn Marsianer in ihre Höhle gehen, vergessen sie leicht, daß sie nicht die einzigen auf der Welt sind, die Probleme haben. Instinktiv sagen sie sich: »Bevor du jemand anders helfen kannst, mußt du zuerst einmal dir selbst helfen.«

Eine Frau lehnt diese Reaktion ab und kann den Mann nicht mehr leiden. Wenn sie ihn zu einem solchen Zeitpunkt um seine Unterstützung bittet, tut sie das vielleicht in einem fordernden Ton, so, als müsse sie mit einem rücksichtslosen Mann um ihre Rechte kämpfen. Erinnert sie sich jedoch an die Andersartigkeit von Männern, dann kann sie seine Streßreaktion richtig deuten. Es ist eben seine Art, mit Streß fertigzuwerden, und bedeutet keineswegs, daß er sie nicht mehr mag. Sie kann versuchen, ihn zu unterstützen, anstatt sich ihm zu widersetzen, und auf diesem Weg das erhalten, was sie braucht.

Auf der anderen Seite ist es den Männern meistens wenig bewußt, wie distanziert sie sind, wenn sie sich in ihre Höhle zurückziehen. Indem ein Mann erkennt, wie betroffen sein Rückzug eine Frau machen kann, entwickelt er Mitgefühl, wenn sie sich vernachlässigt fühlt. Er kann sich erinnern, daß Frauen von der Venus kommen und so mehr Verständnis und Respekt für ihre Reaktionen und Gefühle zeigen. Ohne Verständnis für die Berechtigung ihrer Reaktionen neigt der Mann dazu, in die Defensive zu gehen, und der Streit kann beginnen.

Hier sind fünf der häufigsten Mißverständnisse:

▷ Wenn sie sagt: »Du hörst mir überhaupt nicht zu«, und er entgegnet: »Natürlich höre ich dir zu! Ich kann alles, was du gesagt hast, Wort für Wort wiederholen.«
Steckt ein Mann in seiner Höhle, kann er zwar mit den fünf Prozent seiner Gedanken, die zuhören, alles, was sie sagt, registrieren. Darauf kommt es jedoch überhaupt nicht an. Was sie möchte, ist seine volle, ungeteilte Aufmerksamkeit.

▷ Wenn sie sagt: »Ich habe das Gefühl, du bist gar nicht richtig da!« und er entgegnet: »Was soll das heißen, ich bin nicht richtig da! Natürlich bin ich da! Oder siehst du mich etwa nicht?«
Er denkt sich, wenn sein Körper vor ihr steht, dürfte sie nicht sagen, daß er nicht da ist. Was sie meint, ist, daß sein Körper zwar da ist, aber sie nicht seine volle Präsenz spüren kann.

▷ Wenn sie sagt: »Du sorgst dich nicht um mich!« und er entgegnet: »Natürlich sorge ich mich um dich! Schließlich versuche ich die ganze Zeit, dieses Problem für dich zu lösen.«
Er meint, wenn er damit beschäftigt ist, ein Problem zu lösen, das in irgendeiner Weise mit ihr zu tun hat, sollte sie merken, daß er sich um sie sorgt. Sie hat jedoch das Bedürfnis, seine

direkte Aufmerksamkeit und Fürsorge zu spüren. Darauf kommt es ihr an.

▷ Wenn sie sagt: »Ich habe das Gefühl, ich bin dir nicht wichtig«, und er entgegnet: »Das ist doch lächerlich! Natürlich bist du mir wichtig.«

Er empfindet ihre Gefühle als falsch, weil er versucht Probleme zu lösen, auch um ihr zu helfen. Er merkt nicht, daß jede Frau diese Reaktion zeigt, wenn sich der Mann nur auf ein bestimmtes Problem konzentriert und all die anderen Probleme, die sie hat, ignoriert. Jede Frau nimmt das persönlich und fühlt sich nicht ernst genommen.

▷ Wenn sie sagt: »Du hast kein Herz. Du bist ein reiner Kopfmensch«, und er entgegnet: »Was meinst du, wie ich sonst dieses Problem lösen könnte?«

Er findet, sie sei zu kritisch und anspruchsvoll, wo er doch etwas tut, was für ihn wesentlich zur Problemlösung beiträgt. Er fühlt sich nicht entsprechend gewürdigt. Außerdem erkennt er nicht, daß ihre Gefühle durchaus berechtigt sind. Männer merken oft gar nicht, wie schnell ihre Haltung umschlagen kann. Einen Moment sind sie noch warm und gefühlvoll, dann plötzlich hart und distanziert. In seiner Höhle ist der Mann damit beschäftigt, sein Problem zu lösen, und hat kein Gefühl dafür, wie seine unbeteiligte Haltung sich für andere anfühlt.

Um ihre Kooperation zu verbessern, müssen Männer und Frauen einander besser verstehen. Beginnt ein Mann, seine Frau zu ignorieren, ist es nicht verwunderlich, wenn sie es persönlich nimmt. Wenn sie weiß, daß dies lediglich seine Art ist, mit Streß fertigzuwerden, ist das sehr hilfreich. Trotz dieses Wissens wird sie solche Situationen manchmal als sehr schmerzhaft empfinden.

In solchen Zeiten verspürt sie vielleicht das Bedürfnis, über diese Gefühle zu sprechen. Dann ist es besonders wichtig für den Mann, ihre Emotionen ernst zu nehmen. Er muß verstehen, daß sie das Recht hat, über das Gefühl, alleingelassen und ignoriert zu werden, zu sprechen, genauso wie er das Recht hat, sich in seine Höhle zurückzuziehen und zu schweigen. Fühlt sie sich nicht verstanden, dann ist es schwer für sie, ihre Verletztheit zu überwinden.

Das befreiende Gespräch

Wenn eine Frau gestreßt ist, fühlt sie instinktiv das Bedürfnis, über ihre Gefühle und Probleme, die damit zusammenhängen, zu sprechen. Dabei ist für sie ein Problem so wichtig wie das andere. Ihr Ärger gilt Kleinigkeiten wie großen Dingen gleichermaßen. Es ist ihr anfangs gar nicht so wichtig, für ihre Probleme Lösungen zu finden. Zunächst sucht sie vielmehr Erleichterung, indem sie ihre Probleme zum Ausdruck bringt und sich verständlich macht. Indem sie wahllos über ihre Probleme spricht, baut sie allmählich ihren Ärger ab.

Ein Mann im Streß konzentriert sich eher auf ein einzelnes Problem und vergißt die anderen. Eine Frau im Streß weitet sich aus und wird von der Vielzahl ihrer Probleme erschlagen. Indem sie über alle möglichen Probleme spricht, ohne sich auf ihre Lösung zu konzentrieren, kann sie sich besser fühlen. Sie erforscht dabei ihre Gefühle, gewinnt ein besseres Bewußtsein dafür, was sie wirklich stört, und plötzlich ist sie gar nicht mehr so überwältigt.

Um sich besser zu fühlen, sprechen Frauen über vergangene und zukünftige Probleme, für die es überhaupt keine Lösung gibt. Je mehr sie sprechen und sich darüber klarwerden können, desto besser fühlen sie sich.

Wenn einer Frau das Wasser bis zum Hals steht, findet sie Erleichterung, indem sie in allen Einzelheiten über ihre verschiedenen Schwierigkeiten spricht. Je mehr sie sich verstanden fühlt, desto schneller verschwindet ihr Streß. Sie spricht über ein bestimmtes Thema, macht eine Pause und geht über zum nächsten. Auf diese Weise kommt sie auf alles zu sprechen, auf ihre Probleme, Sorgen, Enttäuschungen und Frustrationen. Dabei gibt es keine bestimmte Reihenfolge oder keinen logischen Zusammenhang. Fühlt sie sich unverstanden, kann es passieren, daß sie vom Hundertsten ins Tausendste kommt und sich immer mehr aufregt.

Genauso wie ein Mann, der in seiner Höhle steckt, kleine Probleme gut gebrauchen kann, um sich abzulenken, muß eine Frau, wenn sie sich nicht verstanden fühlt, über andere, weniger dringende Probleme sprechen, um Erleichterung zu spüren. Um ihre eigenen schmerzlichen Probleme zu vergessen, läßt sie sich lieber emotional in die Probleme anderer verwickeln. Sie erfährt Erleichterung darin, über die Probleme ihrer Freunde, Verwandten und Bekannten zu sprechen. Gleich, ob sie über ihre eigenen Probleme oder über die anderer spricht: Kommunikation ist für sie eine natürliche und gesunde Reaktion auf Streß.

Männer können nichts damit anfangen, wie Frauen mit Streß umgehen. Spricht sie von ihren Problemen, dann meint er, sie wolle ihn für sie verantwortlich machen. Je mehr Probleme, desto mehr fühlt er sich auf der Anklagebank. Er merkt nicht, daß sie nur redet, um sich besser zu fühlen. Er weiß nicht, daß er ihr den größten Gefallen tun kann, wenn er einfach zuhört.

Es gibt nur zwei Gründe, aus denen ein Marsianer über Probleme spricht. Entweder er will jemanden dafür verantwortlich machen, oder er kommt allein nicht mehr weiter und sucht Rat. Wenn eine Frau sich sehr über etwas aufregt, meint der Mann, sie will ihn dafür verantwortlich machen. Regt sie sich nur ein bißchen auf, meint er, sie fragt ihn um seinen Rat. Wenn er meint, sie braucht seinen Rat, setzt er gleich seine Heimwerkermütze auf und macht sich daran, ihre Probleme zu lösen. Wenn er meint, sie macht ihn verantwortlich, zieht er sein Schwert, um sich zu verteidigen. In beiden Fällen wird es schwierig für ihn, ihr weiter zuzuhören.

Sobald er Lösungen für ihre Probleme vorschlägt, macht sie einfach weiter und spricht über noch mehr Probleme. Nachdem er zwei oder drei Lösungen angeboten hat, erwartet er, daß sie sich besser fühlt. Das liegt daran, daß Marsianer sich besser fühlen, wenn man ihnen eine Lösung ihrer Probleme vorschlägt. Fühlt sie sich nicht besser, liegt es seiner Meinung nach daran, daß seine Lösungen nicht gut genug waren. Er fühlt sich zurückgewiesen und unter Wert gehandelt.

Fühlt er sich angegriffen, wird er nicht zögern, etwas zu seiner Verteidigung vorzubringen. Er meint, wenn er sich erklärt, wird sie aufhören, ihn verantwortlich zu machen. Je mehr er sich verteidigt, desto wütender wird sie jedoch. Er sieht nicht, daß sie alles andere als Erklärungen braucht. Sie braucht sein Verständnis für ihre Gefühle und die Freiheit, über noch mehr Probleme sprechen zu können. Ist er klug und hört einfach zu, wenn sie sich über ihn beklagt, so wird sie von selbst schon bald das Thema wechseln und auf andere Probleme zu sprechen kommen.

Es frustriert Männer besonders, wenn eine Frau über Probleme spricht, an denen sie (die Männer) nichts ändern können. Eine Frau im Streß könnte sich beispielsweise über folgendes beklagen:

»Ich bekomme für meine Arbeit viel zu wenig Geld!«

»Meine Tante Louise wird von Tag zu Tag kränker. Ich fürchte, sie wird nicht mehr lange leben.«

»Unsere Wohnung ist viel zu klein.«

»Es regnet die ganze Zeit. Und das soll ein Sommer sein?«

Indem eine Frau so klagt, drückt sie ihre Besorgnis, Enttäuschung und Frustration aus. Sie weiß vielleicht selbst, daß man nichts tun kann, um diese Probleme zu lösen. Trotzdem findet sie Erleichterung, wenn sie darüber spricht. Sie fühlt sich unterstützt, wenn der Zuhörer etwas mit ihrer Frustration und Enttäuschung anfangen kann. Es besteht jedoch die Gefahr, daß sie damit ihrem Partner die Stimmung verdirbt, es sei denn, er versteht, daß sie einfach nur darüber sprechen muß und sich danach besser fühlen wird.

Männer werden leicht ungeduldig, wenn eine Frau in allen Einzelheiten über Probleme spricht. Er glaubt, daß sie deswegen so detailliert über das Problem spricht, weil alle Einzelheiten notwendig sind, damit er eine Lösung finden kann. Auch hier erkennt er nicht, daß sie nicht nach einer Lösung sucht, sondern seine Fürsorge und sein Verständnis erwartet.

Darüber hinaus ist es für einen Mann oft schwierig, einer Frau zuzuhören, weil sie sprunghaft von einem Problem zum anderen wechselt und er vergeblich nach einer logischen Ordnung sucht. Nachdem sie so über drei oder vier verschiedene Probleme gesprochen hat, ist er vielleicht extrem frustriert und verwirrt, weil es ihm nicht gelingt, einen logischen Zusammenhang festzustellen.

Ein weiterer Grund, aus dem sich ein Mann vielleicht weigert, weiter zuzuhören, besteht darin, daß er darauf wartet, daß sie endlich einmal einen Schlußstrich zieht. Er kann nicht anfangen, seine Problemlösung zu formulieren, ehe sie nicht zum Ende gekommen ist. Je mehr Einzelheiten sie schildert, destro frustrierter wird er beim Zuhören. Er kann seine Frustration vermeiden, wenn er sich klarmacht, daß sie großen Nutzen für sich daraus ziehen kann, wenn sie auf Einzelheiten eingeht. Indem er im Hinterkopf behält, daß es ihr hilft, sich wohlzufühlen, wenn sie über Einzelheiten spricht, kann er sich entspannen und ihr zuhören. Genauso wie ein Mann Befriedigung findet, wenn er ein Problem in allen Details lösen kann, befriedigt es eine Frau, wenn sie in allen Details über ihre Probleme sprechen kann.

Eine Frau kann es einem Mann leichter machen, wenn sie ihn von vornherein wissen läßt, wie ihre Geschichte ausgeht, bevor sie auf die Einzelheiten zu sprechen kommt. Sie sollte es vermeiden, ihn auf die Folter zu spannen. Frauen haben oft großes Vergnügen daran, allmählich die Spannung zu steigern, weil es die Geschichte interessanter macht. Frauen untereinander finden das wunderbar, aber für Männer kann es sehr frustrierend sein.

Ein Mann weigert sich, einer Frau zuzuhören, wenn sie ihr Problem auf eine Weise präsentiert, die er nicht versteht. Je mehr ein Mann lernt, eine Frau zufriedenzustellen und für sie zu sorgen, desto mehr entdeckt er, daß es eigentlich gar nicht so schwierig ist, ihr zuzuhören. Sie kann ihn dabei unterstützen, indem sie ihn daran erinnert, daß es ihr nicht so sehr auf eine Lösung ankommt, sondern daß sie einfach nur darüber sprechen möchte. Er kann sich dann leichter zurücklehnen und entspannen.

Voneinander lernen

Als Marsmänner und Venusfrauen noch friedlich zusammenlebten, lag das größtenteils daran, daß sie ihre Unterschiedlichkeit anerkennen konnten. Die Marsmänner hatten gelernt zu respektieren, daß Venusfrauen sprechen mußten, um sich besser zu fühlen. Selbst wenn der Marsmann nicht viel zu sagen hatte, lernte er, sie zu unterstützen, indem er ihr einfach nur zuhörte. Und die Venusfrauen lernten, daß sie ihren Marsmännern eine große Hilfe sein konnten, wenn sie respektierten, daß diese sich bisweilen zurückziehen mußten, um mit ihrem Streß fertigzuwerden. Die Höhle war für sie kein großes Geheimnis und auch kein Grund zur Beunruhigung.

Die Marsmänner erkannten, daß selbst wenn sie angegriffen, beschuldigt oder kritisiert wurden, dies nur vorübergehend war. Schon bald würde ihre Venusfrau sich wieder besser fühlen und offen und empfänglich sein. Indem die Marsmänner zuzuhören lernten, entdeckten sie, wie Venusfrauen plötzlich aufblühten, wenn sie über Probleme sprechen konnten.

Alle Marsmänner waren überglücklich, als sie endlich verstanden hatten, daß es keineswegs bedeutete, daß sie versagt hatten, wenn eine Venusfrau anfing, über ihre Probleme zu sprechen. Sie begriffen, daß Venusfrauen aufhörten, auf ihren Problemen herumzureiten und sehr positiv wurden, wenn man ihnen zuhörte. Als sie das verstanden hatten, konnten sie ihrer Partnerin zuhören, ohne sich dafür verantwortlich zu fühlen, alle ihre Probleme zu lösen.

Viele Männer und sogar manche Frauen wissen gar nicht, wie heilsam es sein kann, über Probleme zu sprechen. Sie sind eher skeptisch. Sie haben noch nie erlebt, wie eine Frau sich plötzlich viel besser fühlen kann, wenn sie das Gefühl hat, man hört ihr zu. Mit einemmal bekommt sie eine viel positivere Sicht der Dinge. Oft liegt diese Skepsis daran, daß sie eine Frau erlebt haben (wahrscheinlich ihre Mutter), der niemand zugehört hat, und die dadurch immer weiter auf ihren Problemen herumritt. Das passiert Frauen, wenn sie sich ungeliebt und unverstanden fühlen. Das wirkliche Problem liegt dann darin, daß sie sich ungeliebt fühlt und nicht etwa, daß sie nicht aufhören kann, über ihre Probleme zu sprechen.

Nachdem die Marsmänner zuhören gelernt hatten, machten sie eine erstaunliche Entdeckung. Sie merkten, daß es ihnen tatsächlich half, wieder aus ihrer Höhle herauszukommen, wenn sie einer Venusfrau zuhörten, wie sie über Probleme sprach. Es funktioniert mindestens ebensogut, wie die Nachrichten zu sehen oder die Zeitung zu lesen.

Es wird leichter für Männer zuzuhören, wenn sie lernen, keine Schuldgefühle mehr dabei zu bekommen und sich nicht mehr für alles verantwortlich zu fühlen. Wenn ein Mann Routine im Zuhören entwickelt hat, kann das für ihn eine ausgezeichnete Methode sein, seine alltäglichen Probleme zu vergessen und gleichzeitig seiner Partnerin Zufriedenheit zu schenken. Sicherlich wird er immer noch seine Höhle brauchen, besonders an Tagen, wenn er stark unter Streß steht. Bisweilen ist er sicherlich auch noch immer auf Ablenkung durch Fernsehen und Sport angewiesen.

Auch die Venusfrauen waren überglücklich, als sie schließlich begriffen hatten, daß es nicht bedeutete, daß ein Marsmann sie nicht mehr liebt, wenn er sich in seiner Höhle zurückzog. Sie lernten, in diesen Zeiten toleranter zu sein. Immerhin stand er ja unter ziemlichem Streß.

Venusfrauen empfanden es nicht mehr als Beleidigung, wenn sich ein Marsmann leicht ablenken ließ. Wenn eine Venusfrau sprach und der Marsmann sich ablenken ließ, hörte sie sehr höflich auf zu sprechen, blieb einfach stehen und wartete, daß er davon Kenntnis nahm. Dann fing sie wieder an zu sprechen.

Sie hatte Verständnis dafür, daß es für ihn nicht leicht war, seine volle Aufmerksamkeit zu geben. Die Venusfrauen entdeckten, daß die Marsmänner ihnen liebend gern ihre Aufmerksamkeit zuwendeten, wenn sie auf entspannte und tolerante Weise darum baten.

Wenn die Marsmänner total beschäftigt in ihren Höhlen saßen, nahmen die Venusfrauen es nicht mehr persönlich. Sie merkten, daß dies keine gute Zeit für sie war, die Marsmänner in ein intimes Gespräch zu verwickeln. Statt dessen unterhielten sie sich lieber mit ihrer Freundin oder machten sich einen schönen Nachmittag, indem sie einkaufen gingen. Weil die Marsmänner sich dadurch geliebt und akzeptiert fühlten, konnten die Venusfrauen beobachten, daß sie viel schneller wieder aus ihren Höhlen herauskamen.

VIERTES KAPITEL

Wie motiviert man das andere Geschlecht?

Bevor Marsmänner und Venusfrauen zusammenkamen, hatten sie jahrhundertelang glücklich in ihren eigenen Welten gelebt. Eines Tages jedoch änderte sich ihre Welt. Nichts war so, wie es einmal gewesen war. Marsianer und Venusianerinnen verfielen auf ihren Planeten in eine tiefe Depression. Diese Depression war der Anlaß dafür, daß die Männer vom Mars und die Frauen von der Venus schließlich zusammenkamen.

Indem wir das Geheimnis dieser inneren Wandlung verstehen, können wir heute erkennen, wie Frauen und Männer auf unterschiedliche Weise motiviert werden. Mit diesem Wissen haben Sie ein Mittel zur Hand, mit dem Sie Ihren Partner besser unterstützen können und gleichzeitig die Unterstützung, die Sie in schwierigen und streßvollen Zeiten brauchen, von ihm bekommen. Was geschah damals auf Mars und Venus?

Als die Marsmänner die Depression bekamen, entvölkerten sich sämtliche Städte des Planeten, und alle verzogen sich für lange Zeit in ihre Höhlen. Dort blieben sie stecken und kamen nicht wieder heraus, bis eines Tages einer von ihnen durch sein Fernrohr eine Venusfrau erblickte. Schnell reichte er sein Fernrohr herum. Allein der Anblick dieser wundervollen Wesen gab den Marsmännern neue Inspiration. Ihre Depressionen fielen von ihnen ab. Plötzlich wußten sie, *daß sie gebraucht wurden*. Sie verließen ihre Höhlen und begannen Raumschiffe zu bauen, um auf die Venus zu gelangen.

Als die Venusfrauen in ihre Depression fielen, bildeten sie, um sich besser zu fühlen, erst einmal Gesprächskreise und fingen an, über ihr Problem zu diskutieren. Diesmal schien es jedoch nicht zu funktionieren. Sie verharrten für lange Zeit in ihrer Depression, bis sie mit Hilfe ihrer Intuition eine Vision hatten. Sie sahen starke und wundersame Wesen (die Marsmänner) quer durch das ganze Universum reisen, um sie zu lieben, ihnen zu dienen und für sie zu sorgen. Plötzlich fühlten sie sich *als etwas Besonderes*. Als sie sich gegenseitig ihre Vision mitteilten, fielen ihre Depressionen von ihnen ab und sie begannen voller Freude, sich auf die Ankunft der Marsmänner vorzubereiten.

Dieses Geheimnis der gegenseitigen Motivation gilt bis auf den heutigen Tag. *Männer fühlen sich motiviert, wenn sie merken, daß sie gebraucht werden.* Wenn ein Mann in einer Beziehung nicht das Gefühl hat, er wird gebraucht, wird er allmählich immer passiver und verliert seinen Elan. Jeden Tag bringt er ein bißchen weniger in seine Beziehung ein. Hat er jedoch das Gefühl, daß sie ihm vertraut und ihn zu schätzen weiß, dann spürt er die Kraft, mehr zu geben.

Ebenso wie die Venusfrauen wird die Frau von heute motiviert und hat viel mehr Elan, wenn sie sich liebevoll behandelt fühlt. Wenn eine Frau in einer Beziehung nicht das Gefühl hat, richtig behandelt zu werden, kann sie irgendwann gar nicht mehr anders, als sich ständig für alles verantwortlich zu fühlen. Sie wird mit der Zeit völlig erschöpft sein, weil sie in der Beziehung immer nur gibt und nichts zurückbekommt. Wenn sie sich jedoch umsorgt und respektiert fühlt, ist sie zufrieden und hat viel zu geben.

Wenn ein Mann liebt...

Verliebtsein ist für einen Mann so ähnlich wie das Gefühl des ersten Marsmannes, als er die Venusfrauen durch sein Teleskop sah. Zurückgezogen in seiner Höhle, auf der vergeblichen Suche nach dem Ursprung seiner Depression, tastete er mit seinem Fernrohr den Sternenhimmel ab. In einem einzigen wunderbaren Moment veränderte sich sein Leben für immer. Es war, als würde er vom Blitz getroffen. Er hatte die Venusianerinnen entdeckt. Sein Körper bebte vor Erregung. Als er die Venusfrauen beobachtete, empfand er zum erstenmal etwas für jemanden außerhalb seiner selbst. Ein einziger Blick, und sein Leben hatte eine neue Bedeutung. Seine Depressionen fielen von ihm ab.

Die Marsmänner hatten nämlich eine sehr einfache Philosophie: gewinnen *oder* verlieren. »*Ich* will gewinnen. Es ist mir egal, ob *du* verlierst«, dachten sie und handelten danach. Solange sich jeder auf dem Mars in erster Linie um sich selbst kümmerte, funktionierte diese Philosophie ausgezeichnet, hatte jahrhundertelang funktioniert, aber jetzt mußte sie geändert werden. Immer nur sich selbst zu versorgen war nicht mehr genug. Die Marsmänner waren verliebt. Sie wollten, daß auch die Venusfrauen auf der Gewinnerseite waren.

Die meisten modernen Sportarten heute basieren auf der alten marsianischen Einstellung des rücksichtslosen Wettbewerbs. Im Tennis beispielsweise versuchen Männer nicht nur zu gewinnen, sondern sie machen es ihrem Partner auch noch besonders schwer, indem sie ihm möglichst nur Bälle servieren, die für ihn kaum zu kriegen sind. Tatsächlich empfinden sie nicht nur Freude daran zu gewinnen, sondern auch dabei, ihren Gegner zu schlagen.

Mit dieser Gewinner-Verlierer-Philosophie ist es wie mit den meisten Einstellungen der Marsbewohner: Sie haben durchaus ihren Platz im Leben. Wenn man sich jedoch als erwachsener Mensch in seinen Beziehungen davon leiten läßt, kann es leicht verheerende Folgen haben. Wenn ich meine eigenen Bedürfnisse auf Kosten meines Partners befriedige, sind Unglück, Aversionen und Konflikte unvermeidlich. Das Geheimnis einer erfolgreichen Partnerschaft liegt darin, daß *beide* Gewinn daraus ziehen.

Nachdem der erste Marsmann sich verliebt hatte, baute er Fernrohre für alle anderen Marsmänner. Im Nu verloren alle ihre Depressionen und verliebten sich ebenfalls in die Venusbewohnerinnen. Die seltsamen und wunderschönen Wesen vom anderen Stern übten eine rätselhafte Anziehung auf die Marsbewohner aus. Gerade ihre Andersartigkeit reizte sie. Dort, wo die Marsmänner hart, eckig und kühl waren, waren die Venusianerinnen weich, rund und warm. Auf eine magische und vollkommene Weise schienen sich ihre Gegensätze gegenseitig zu ergänzen.

Die Venusbewohnerinnen sendeten einen stummen Aufschrei zu den Marsmännern: »Wir brauchen euch! Eure treusorgende Gegenwart kann uns eine nie geahnte Erfüllung bereiten. Eure Kraft und Stärke wird eine Lücke tief in unserem Wesen füllen. Zusammen können wir glücklich sein.« Diese Einladung spornte die Marsmänner an.

Viele Frauen vermitteln diese Botschaft instinktiv. Normalerweise hat ein Mann, bevor er sich einer Frau anzunähern versucht, bereits von der Frau einen kurzen Blick erhalten, der sagt: »Du kannst der Auserwählte sein, der mich glücklich macht.« Auf diese subtile Weise ist es die Frau, die eine Beziehung beginnt. Ihr Blick ermutigt ihn näherzukommen. Er gibt ihm den Anstoß, seine Angst zu überwinden und sich ihr zu nähern. Leider vergißt sie, wenn die Beziehung erst einmal ihren Lauf nimmt und die üblichen Probleme auftauchen, schon bald, wie wichtig diese Botschaft für ihn ist, und hört auf, sie zu senden.

Die Marsmänner waren sehr motiviert durch die Möglichkeit, auf der Venus etwas bewirken zu können. Die gesamte Rasse der Marsmänner war dabei, eine neue Stufe in ihrer Evolution zu erklimmen. Sie waren nicht mehr länger damit zufrieden, sich vor sich selbst zu beweisen und ihre Kräfte zu entwickeln. Sie wollten ihre Kraft und Geschicklichkeit in den Dienst anderer stellen, besonders in den der Venusianerinnen. Sie entwickelten eine neue Philosophie, bei der beide Seiten die Gewinner waren. Sie strebten nach einer Welt, in der sich jeder sowohl um sich selbst als auch um andere kümmerte.

Ein frisch verliebter Mann ist motiviert, alles zu geben, um der geliebten Person zu Diensten zu sein. Sein offenes Herz stärkt sein Selbstvertrauen derart, daß er die Bereitschaft und Fähigkeit gewinnt, größere Veränderungen in seinem Leben zu bewirken. *Wenn einem Mann die Gelegenheit gegeben wird, sein Potential unter Beweis zu stellen, wird er sein Bestes geben. Erst wenn er meint, nichts ändern zu können, fällt er in seine alten egoistischen Verhaltensweisen zurück.*

Ein verliebter Mann sorgt sich um den anderen genauso viel wie um sich selbst. Plötzlich ist er von den Fesseln seines alten Ichs befreit. Nicht mehr er selbst steht im Mittelpunkt. Er besitzt nun die Freiheit, einem anderen nicht aus Eigennutz zu geben, sondern aus dem Wunsch heraus, sich um jemanden zu sorgen. Er erlebt die Zufriedenheit seiner Partnerin so, als sei es seine eigene. Kaum etwas ist ihm zu schwer, wenn es darum geht, sie glücklich zu machen, denn ihr Glück macht ihn glücklich. Die Kämpfe seines Lebens werden leichter. Er ist voller Energie für einen höheren Zweck.

In seiner Jugend erlangt ein Mann Zufriedenheit, indem er sich ausschließlich um sein eigenes Wohlbefinden kümmert. Je reifer er wird, desto weniger befriedigt ihn die Eigenliebe. Um wirkliche Erfüllung zu finden, braucht er die Liebe als Antriebskraft für sein Leben. Die Inspiration freier und selbstloser Hingabe befreit ihn aus dem Schlaf der Selbstverliebtheit, in dem er sich um niemanden gekümmert hat außer um sich selbst. Er ist zwar immer noch darauf angewiesen, Liebe zu bekommen, aber sein größtes Bedürfnis besteht darin, Liebe zu schenken.

Die meisten Männer haben nicht nur Lust darauf, Liebe zu geben, sondern sie brauchen es wie das täglich Brot. Leider jedoch ist ihnen dieses lebensnotwendige Bedürfnis vollkommen unbewußt. Nur wenige Männer durften in ihrer Kindheit erleben, daß es ihren Vätern gelang, ihre Mütter zufriedenzustellen, indem sie frei und selbstlos gaben. Folglich wissen sie auch nicht, daß es für ihre Beziehung wichtig ist, ihrer Partnerin zu geben, was sie braucht. Wenn die Beziehung scheitert, bleibt er deprimiert in seiner Höhle stecken. Sie wird ihm immer gleichgültiger, und er weiß nicht, warum er so deprimiert ist.

Ist dieser Punkt erreicht, zieht er sich aus seiner Beziehung zurück, flieht vor der Intimität und verkriecht sich in seine Höhle. Er fragt sich dann: »Wozu soll das alles gut sein? Warum gebe ich mich überhaupt noch damit ab?« Es ist ihm nicht klar, daß er aufgehört hat, sich um sie zu sorgen, weil er das Gefühl hatte, nicht mehr gebraucht zu werden. Er sieht nicht, daß er seine Depressionen leicht loswerden und wieder motiviert werden kann, wenn er jemanden findet, der ihn braucht.

Wenn ein Mann nicht das Gefühl haben kann, etwas zu bewirken, ist es für ihn sehr schwer, sich weiterhin um jemanden zu sorgen. Um erneut motiviert zu werden, muß er wieder fühlen, daß man ihn schätzt, ihm vertraut und ihn akzeptiert. *Nicht gebraucht zu werden ist für einen Mann der schleichende Tod.*

Eine Frau, die liebt...

Verliebt sein ist für eine Frau so ähnlich wie die Vision, die die ersten Venusfrauen von den Marsmännern hatten. Sie träumten, daß eine Flotte Raumschiffe aus dem Blau des Himmels herabschweben und lauter kräftige und fürsorgliche Marsmänner aussteigen würden. Diese Wesen würden selbst keine Fürsorge brauchen, statt dessen würden sie sich liebend gern um die Venusfrauen sorgen und kümmern. Diese Marsmänner würden den Venusfrauen sehr ergeben und durch deren gepflegte Schönheit und Kultiviertheit inspiriert sein. Die Marsmänner würden erkennen, daß all ihre Macht und Kompetenz nichts wert war ohne jemanden, dem sie damit dienen konnten. Angesichts der Möglichkeiten, den Venusianerinnen zu dienen, ihnen Gutes zu tun und sie zufriedenstellen zu können, würden die wundersamen und herrlichen Wesen vom Mars unerhörte Erleichterung und Inspiration finden.

Die Gewißheit, daß Hilfe unterwegs war, verwandelte die Venusfrauen, und sie kamen aus ihrer Depression heraus.

Diese Einsicht ist auch heute noch gültig, und die meisten Männer wissen kaum, wie wichtig sie ist. *Frauen sind glücklich, wenn sie darauf vertrauen können, daß ihre Bedürfnisse erfüllt werden.* Wenn eine Frau verärgert, überlastet, verwirrt, erschöpft oder hoffnungslos ist, braucht sie zuerst einmal jemanden, der für sie da ist. Sie muß das Gefühl haben, sie ist nicht allein. Sie muß sich geliebt und umsorgt fühlen.

Mitgefühl, Verständnis und Wertschätzung können sehr viel bewirken. Männer sehen das nicht, weil ihre marsianischen Instinkte ihnen sagen, sie sollen allein sein, wenn sie verärgert sind. Wenn sie voller negativer Gefühle ist, wird er sie aus Respekt alleinlassen. Falls er dennoch bei ihr bleibt, wird er alles noch schlimmer machen, indem er versucht, ihre Probleme zu lösen. Sein Instinkt sagt ihm nicht, wie wichtig Nähe, Intimität und das Gespräch für sie sind. Was sie braucht, ist jemand, der ihr zuhört. Wenn sie ihre Gefühle mitteilen kann, spürt sie wieder, daß sie liebenswert ist und ihre Bedürfnisse erfüllt werden. Zweifel und Mißtrauen schmelzen dahin. sie merkt, daß sie es wert ist, geliebt zu werden. Sie muß ihre Liebe nicht erst verdienen, sondern kann sich entspannen, weniger geben und mehr nehmen. Es steht ihr zu.

Um mit ihren Depressionen fertig zu werden, waren die Venusfrauen eifrig damit beschäftigt, ihre Gefühle mitzuteilen und über ihre Probleme zu sprechen. Im Gespräch entdeckten sie die Ursachen ihrer Depressionen. Sie waren es satt, immer nur zu geben. Sie hatten keine Lust mehr, sich ständig füreinander verantwortlich zu fühlen. Sie wollten sich gehenlassen und auch einmal umsorgt werden. Sie mochten nicht mehr ständig alles mit anderen teilen. Sie wollten etwas Besonderes sein und etwas haben, das nur ihnen allein gehörte. Sie waren nicht mehr zufrieden damit, Märtyrer zu sein und für andere zu leben.

Die Philosophie auf der Venus war: verlieren, um den anderen gewinnen zu lassen. »Ich verliere lieber, damit du gewinnen kannst«, dachten sie und handelten danach. Solange alle auf der Venus bereit waren, für die anderen Opfer zu bringen, war das in Ordnung. Aber nach Jahrhunderten des selbstlosen Dienstes am Nächsten waren die Venusfrauen es leid, sich immer nur um die anderen zu kümmern. Sie waren bereit, ihre Einstellung zu ändern. Nicht mehr: »Ich verliere, du gewinnst«, war angesagt, sondern: »Ich gewinne, du gewinnst.«

Auch heute wollen die Frauen nicht mehr nur selbstlos geben. Sie wollen einmal frei haben. Sie wollen Zeit haben zu erfahren, wer sie eigentlich sind, und sich auch um sich selbst kümmern. Sie möchten, daß sich jemand um sie sorgt, jemand, um den sie sich nicht kümmern müssen, weil er für sich selbst sorgen kann. Die Marsmänner waren dafür ideal.

Als sie zusammentrafen, lernten die Marsmänner, wie man geben, und die Venusfrauen, wie man nehmen kann. Nach vielen Jahrhunderten hatten Venusfrauen und Marsmänner eine wichtige Stufe in ihrer Evolution erreicht. Die Venusianerinnen mußten lernen, wie man nimmt, und die Marsianer, wie man gibt.

Dieselbe innere Wandlung findet bei Männern und Frauen etwa im Alter zwischen 28 und 40 statt. In jungen Jahren ist eine Frau viel eher bereit, Opfer zu bringen und sich so zu formen, wie es den Bedürfnissen ihres Partners entspricht. Der Mann ist in seinen jungen Jahren viel mehr auf sich selbst bezogen und unsensibel für die Bedürfnisse des anderen. Wenn eine Frau reifer wird, erkennt sie, wie sehr sie sich selbst aufgegeben hat, um ihrem Partner zu gefallen. Wenn ein Mann reifer wird, erkennt er, wie er seinen Mitmenschen besser dienen und sie respektieren kann.

Wenn eine Frau merkt, daß sie zuviel gegeben hat, macht sie oft ihren Partner für ihr Unglück verantwortlich. Sie fühlt, daß es ungerecht war, mehr zu geben als zu bekommen.

Selbst wenn eine Frau nie bekommen hat, was sie verdient, muß sie, wenn sie ihre Beziehungen verbessern will, erkennen, wie sie selbst zu diesem Dilemma beigetragen hat. Wenn eine Frau zuviel gibt, ist es nicht richtig, wenn sie dafür allein ihren Partner verantwortlich macht. Ebenso falsch ist es, wenn der Mann, der weniger gibt, seiner Partnerin vorwirft, negativ oder unsensibel zu sein. In beiden Fällen nützt es gar nichts, sich gegenseitig Vorwürfe zu machen.

Seinem Partner die Schuld in die Schuhe zu schieben ist keine Lösung. Nur Verständnis, Mitgefühl, Akzeptanz und Unterstützung können etwas ausrichten. Statt seiner Partnerin vorzuwerfen, daß sie ihn zurückweist, sollte ein Mann lieber Mitgefühl zeigen und seine Unterstützung anbieten, selbst wenn er nicht darum gebeten wird. Er sollte ihr zuhören, auch wenn es sich vorerst so anhört, als wolle sie ihm Vorwürfe machen. Er sollte ihr helfen, ihm zu vertrauen und sich zu öffnen, indem er ihr kleine Gefälligkeiten erweist, die ihr zeigen, daß er sich etwas aus ihr macht.

Anstatt dem Mann vorzuwerfen, daß er zu wenig gibt, kann eine Frau ihn akzeptieren und ihm seine Unvollkommenheiten verzeihen, besonders wenn er sie enttäuscht. Sie kann darauf vertrauen, daß er den guten Willen hat, mehr zu geben, selbst wenn er seine Hilfe nicht anbietet. Indem sie ihm zeigt, daß sie dankbar ist für das, was er gibt, und ihn immer wieder um seine Unterstützung bittet, kann sie ihn ermutigen, mehr zu geben.

Es ist äußerst wichtig, daß sie erkennt, wieviel sie geben kann, ohne bei ihrem Partner auf Widerstand zu stoßen. Statt von ihm zu erwarten, die Balance zu halten, sollte sie selbst für einen Ausgleich sorgen, indem sie darauf achtet, wieviel sie gibt.

Wie man die Waage hält zwischen Geben und Nehmen

Schauen wir uns ein Beispiel an. Jim war 39 und seine Frau Susan 41, als sie zu mir in die Beratung kamen. Susan wollte sich scheiden lassen. Sie beklagte sich, daß sie seit mehr als 13

Jahren immer nur gegeben hatte und es nun nicht mehr ertragen könne. Sie warf Jim vor, lethargisch, egoistisch, herrisch und lieblos zu sein. Sie sagte, sie habe nichts mehr zu geben und sei bereit, die Beziehung zu beenden. Er hatte sie dazu überredet, in die Therapie zu kommen, aber sie hatte noch immer ihre Zweifel. In einer sechsmonatigen Therapie gelang es ihnen, die drei Schritte zu durchlaufen, die für die Heilung einer Beziehung notwendig sind. Heute sind sie glücklich verheiratet und haben drei Kinder.

Erster Schritt: Motivation

Ich erklärte Jim, daß seine Frau seit Jahren eine zunehmende Wut gegen ihn entwickelte. Ich sagte, wenn er seine Ehe retten wolle, müsse er ihr erst einmal sehr viel zuhören, um sie zu motivieren, etwas für ihre Ehe zu tun. Während der ersten sechs gemeinsamen Sitzungen ermunterte ich Susan, über ihre Gefühle zu sprechen, und unterstützte Jim dabei, Geduld und Verständnis für ihre negativen Gefühle aufzubringen. Das war der schwierigste Teil ihres Heilungsprozesses. Als er begann, ihren Schmerz und ihre unerfüllten Bedürfnisse zu verstehen, wurde er allmählich immer motivierter und auch zuversichtlicher, daß er die notwendigen Veränderungen leisten könnte, um eine liebevolle Beziehung wiederherzustellen.

Bevor Susan motiviert werden konnte, etwas für ihre Beziehung zu tun, mußte man sie erst einmal aussprechen lassen. Sie mußte erleben, wie Jim ihre Gefühle ernst nahm. Das war der erste Schritt. Nachdem Susan sich verstanden fühlte, waren beide in der Lage, zum zweiten Schritt überzugehen.

Ein Mann ist motiviert, an einer Beziehung zu arbeiten, wenn er versteht, was dazu nötig ist. Eine Frau ist motiviert, wenn man sie ausreden läßt und sie sich verstanden fühlt.

Zweiter Schritt: Verantwortung

Der zweite Schritt war, Verantwortung zu übernehmen. Jim mußte einsehen, daß er es selbst war, der versäumt hat, seine Frau zu unterstützen, und Susan mußte die Verantwortung dafür übernehmen, daß sie es versäumt hat, Grenzen zu setzen. Jim entschuldigte sich für die Verletzungen, die er ihr im Lauf der Jahre zugefügt hat. Susan sah ein, daß nicht nur er ihre Grenzen überschritten hat (durch anschreien, grummeln, ihr kleine Gefälligkeiten verweigern und ihre Gefühle verletzen), sondern sie ebenso oft versäumt hat, ihm ihre Grenzen zu zeigen. Sie brauchte sich zwar nicht zu entschuldigen, sah aber ein, daß auch sie zu ihren Problemen beigetragen hatte.

Als sie durchschaute, daß ihre Unfähigkeit, Grenzen zu setzen, und ihre Bereitschaft, zuviel zu geben, eine wesentliche Voraussetzung ihrer Probleme war, fiel es ihr allmählich nicht mehr so schwer, ihm zu verzeihen. Verantwortung für ihren Anteil zu übernehmen war unerläßlich, damit sie ihren Haß überwinden konnten. Auf diese Weise wurden sie beide motiviert, neue Verhaltensweisen zu erlernen, mit denen sie sich gegenseitig unterstützen konnten, indem sie die Grenzen des anderen respektierten.

Wenn wir verstehen, wie wir Grenzen setzen und respektieren, können wir die Verantwortung für unsere Rolle bei der Erzeugung der Probleme übernehmen, die wir in unseren Beziehungen erleben.

Dritter Schritt: Übung

Jim mußte insbesondere lernen, ihre Grenzen zu respektieren, während Susan lernen mußte, wie sie sie richtig setzt. Beide mußten lernen, wie sie auf respektvolle Weise ihre wahren Gefühle zum Ausdruck bringen. Sie trafen eine Abmachung, daß sie von nun an Erfahrung darin sammeln wollten, Grenzen zu setzen und sie zu respektieren. Sie wußten, daß sie bisweilen Fehler machen würden, und versprachen, sich diese nicht gegenseitig vorzuwerfen. Mit dieser Sicherheit im Hintergrund konnten sie ihr Ziel erreichen. Hier sind Beispiele dafür, was sie lernten und worin sie sich übten:

▷ Susan sagte: »Ich mag das nicht, wie du redest. Bitte hör auf, mich anzuschreien, oder ich verlasse den Raum.« Nachdem sie ein paarmal aus dem Zimmer gegangen war, änderte Tom seinen Ton.

▷ Wenn Tom Susan um etwas bat, bei dem sie sich später ärgern würde, wenn sie ja sagen würde, übte sie zu sagen: »Nein. Ich muß mich ausruhen.« Oder: »Nein, ich habe heute zuviel zu tun.« Sie merkte, daß er ihr gegenüber aufmerksamer wurde, weil er einsah, daß sie beschäftigt oder müde war.

▷ Susan sagte Tom, daß sie in Urlaub fahren wollte. Als er erwiderte, daß er zuviel zu tun habe, sagte sie, sie fahre allein. Plötzlich konnte er doch noch einige Termine verlegen und wollte mitfahren.

▷ Wenn sie sich unterhielten und Tom sie unterbrach, übte sie zu sagen: »Ich bin noch nicht fertig. Bitte laß mich ausreden.« Plötzlich konnte er besser zuhören und sie unterbrach weniger.

Susans schwierigste Aufgabe war es zu üben, um das zu bitten, was sie brauchte. In der Therapie sagte sie: »Warum muß ich überhaupt darum bitten, nach allem, was ich für ihn getan habe.« Ich erklärte ihr, daß es unrealistisch sei, zu erwarten, daß er ihre Wünsche kenne, und daß die Tatsache, daß sie ihm nicht klar und deutlich sage, was sie brauche, erheblich zu ihrer Beziehungsproblematik beitrug. Sie mußte selbst die Verantwortung dafür übernehmen, ihre Bedürfnisse erfüllt zu bekommen.

Toms größte Herausforderung bestand darin, ihre innere Entwicklung zu respektieren und nicht zu erwarten, daß sie genauso anpassungsfähig und anschmiegsam war wie am Anfang ihrer Beziehung. Er sah ein, daß es schwierig für sie war,

Grenzen zu setzen, genauso wie für ihn, sich auf diese Grenzen einzustellen. Er merkte, daß sie mit zunehmender Praxis immer höflicher und menschlicher miteinander umgehen lernten. *Wenn ein Mann Grenzen gesetzt bekommt, wird er motiviert, mehr zu geben.* Indem er Grenzen respektieren muß, wird er automatisch dazu angehalten, die Wirksamkeit seines Verhaltens in Frage zu stellen, und die notwendigen Veränderungen vorzunehmen. Wenn eine Frau erkennt, daß sie Grenzen setzen muß, um neue nehmen zu können, fängt sie automatisch an, ihrem Partner zu verzeihen und neue Verhaltensweisen zu entwickeln, wenn es darum geht, um Unterstützung zu bitten und sie anzunehmen. *Wenn eine Frau Grenzen setzen lernt, wird sie lockerer und kann mehr annehmen.*

Nehmen lernen

Grenzen zu setzen und etwas anzunehmen ist für eine Frau äußerst beängstigend. Sie hat Angst davor, auf andere angewiesen zu sein und dann möglicherweise zurückgewiesen und alleingelassen zu werden. Ablehnung, Verurteilung und Einsamkeit sind für sie das Schmerzlichste, denn tief in ihrem Unterbewußtsein unterliegt sie dem Irrtum, daß sie nicht wert ist, beschenkt zu werden. Dieser Irrtum hat sich in der Kindheit gebildet und jedesmal, wenn sie ihre Gefühle, Bedürfnisse oder Wünsche unterdrücken mußte, noch verstärkt.

Frauen sind besonders anfällig für die negative und unzutreffende Vorstellung: »Ich verdiene keine Liebe.« Wenn eine Frau als Kind Zeuge von Mißhandlungen war oder selbst mißhandelt wurde, ist sie noch mehr gefährdet, sich der Liebe unwürdig zu fühlen. Tief in ihrem Unterbewußtsein erzeugt dieses Gefühl der Unwürdigkeit eine Angst davor, jemanden zu brauchen. Dann ist es natürlich besonders schmerzhaft, zurückgewiesen oder alleingelassen zu werden, egal wie klein oder groß der Anlaß ist.

Es ist nicht leicht für sie, auf jemanden angewiesen zu sein und dann ignoriert, vergessen oder alleingelassen zu werden. Wer andere braucht, ist besonders verwundbar. Wenn eine Frau betrogen oder enttäuscht wird, ist das für sie besonders schmerzhaft, denn sie fühlt sich in dem Irrtum, daß sie unwürdig ist, noch bestärkt.

Jahrhundertelang hatten die Venusfrauen diese tiefsitzende Angst, unwürdig zu sein, dadurch ausgeglichen, daß sie besonders die Bedürfnisse anderer achteten. Sie gaben und gaben, aber tief in ihrem Inneren fühlten sie sich niemals wert, etwas zu bekommen. Sie hofften, daß sie durch Geben ihren Wert steigern konnten. Nach Jahrhunderten des Gebens erkannten sie schließlich, daß sie sehr wohl wert waren, geliebt und unterstützt zu werden. Sie blickten zurück und sahen, daß sie es eigentlich schon immer waren. Durch den Akt des Gebens hatten sie ihr Selbstgefühl wiedergefunden. Sie hatten anderen gegeben und gesehen, daß die Beschenkten es wert waren, daß man ihnen gab. So sahen sie, daß eigentlich jeder Mensch es verdient, geliebt zu werden. Schließlich erkannten sie, daß auch sie selbst es verdienten, das zu bekommen, was ihnen zustand.

Wenn ein kleines Mädchen sieht, wie seine Mutter Liebe bekommt, fühlt es sich automatisch auch wert, geliebt zu werden. Es wird den venusianischen Zwang, immer nur zu geben, gar nicht erst entwickeln. Es muß nicht erst seine Angst von dem Nehmen überwinden, denn es kann sich ja mit dem Vorbild der Mutter identifizieren. *Besitzt eine Mutter die Fähigkeit, Liebe nicht nur zu geben, sondern auch zu nehmen, dann lernt das kleine Mädchen sie automatisch durch Beobachtung und Gefühl von der Mutter.* Wenn die Mutter bereit ist zu nehmen, lernt es auch das Kind.

Erkennt eine Frau, daß sie wahrhaftig verdient, geliebt zu werden, so öffnet sie dem Mann die Tür, damit er ihr zu Diensten sein kann. Wenn es allerdings zehn Jahre des unablässigen Gebens in einer Ehe braucht, um zu erkennen, daß sie eigentlich etwas anderes verdient hat, kann es gut sein, daß sie ihm schließlich doch die Tür vor der Nase zuschlägt. Vielleicht möchte sie dann sagen: »Ich habe dir alles gegeben, und du hast mich ignoriert. Du hattest deine Chance. Ich habe Besseres verdient. Ich kann dir nicht mehr trauen. Ich bin es leid. Ich habe nichts mehr zu geben. Ich werde nicht zulassen, daß du mich weiterhin demütigst.«

Mehrmals, wenn das der Fall war, habe ich den betroffenen Frauen versichert, daß sie keinesfalls noch mehr geben brauchen, um ihre Beziehung zu verbessern. Im Gegenteil! Indem sie weniger geben, wird ihr Partner ihnen mehr geben. Wenn ein Mann ihre Bedürfnisse so lange ignoriert hat, dann ist das so, als hätten sie beide geschlafen. Wacht sie schließlich auf und ihr fällt ein, wie viele Bedürfnisse sie hat, wacht er ebenfalls auf und möchte ihr mehr geben.

Zwangsläufig wird ihr Partner aus seiner Passivität erwachen und viele der Veränderungen, die sie braucht, in Angriff nehmen. Wenn sie aufhört, zuviel zu geben, weil sie endlich ein gesundes Selbstwertgefühl entwickelt, wird er aus seiner Höhle kommen und anfangen, Raumschiffe zu bauen, damit er zu ihr kommen und sie glücklich machen kann. Vielleicht wird es einige Zeit dauern, bis er tatsächlich gelernt hat, mehr zu geben, aber der erste wichtige Schritt ist getan. Er ist sich dessen bewußt, daß er sie vernachlässigt hat. Er will sich ändern.

Umgekehrt funktioniert es genauso. Wenn ein Mann merkt, er ist unglücklich und braucht viel mehr Liebe und Zärtlichkeit im Leben, wird auch seine Frau anfangen, sich zu öffnen, und ihn wieder lieben. Die Mauern der Ablehnung werden zerbröckeln, und die Liebe wird wieder in ihr Leben einkehren. Vielleicht wird es eine Weile dauern, bis der angestaute Haß sich abbaut, besonders wenn sich beide Partner gegenseitig stark vernachlässigt haben. Aber nichts ist unmöglich. Später werden wir einige leichte und praktische Methoden vorstellen, wie man eine Beziehung heilen und von Haß und Ablehnung befreien kann.

Macht der eine Partner eine positive Veränderung durch, so wird er fast immer auch den anderen mitziehen. Diese berechenbare Koinzidenz ist eins der magischen Dinge im Leben. Wenn der Suchende bereit ist, erscheint der Lehrer. Wenn eine Frage gestellt wird, liegt die Antwort bereits in der Luft. Wenn wir wahrhaftig bereit sind zu empfangen, wird uns das, was wir wirklich brauchen, zuteil.

Geben lernen

Die tiefste Angst eines Mannes ist, daß er nicht gut genug oder inkompetent sein könnte. Er kompensiert diese Angst, indem er sich darauf konzentriert, seine Macht und Kompetenz zu vergrößern. Erfolg, Leistung und Effektivität sind für einen Mann das Wichtigste im Leben. Die Marsmänner waren so sehr in diesem Denken befangen, daß sie sich um überhaupt nichts und niemand anderen mehr kümmerten. Ein Mann erscheint äußerst lieblos, wenn er Angst hat.

Ebenso wie Frauen Angst vor dem Nehmen haben, sind Männer voller Angst, wenn es ums Geben geht. Sich völlig zu verausgaben, indem man anderen gibt, heißt Versagen, Zurechtweisung und Ablehnung zu riskieren. Solche Konsequenzen sind äußerst schmerzhaft für einen Mann, denn tief in seinem Unterbewußtsein unterliegt er dem Irrtum, daß er nicht gut genug ist. Dieser Irrtum hat sich in der Kindheit in ihm gebildet und verfestigt, als man von ihm erwartete, daß er mehr leistete. Wenn seine Leistungen unbemerkt blieben oder nicht anerkannt wurden, glaubte er, nicht gut genug zu sein. Männer sind besonders anfällig für diesen Irrtum. Er erzeugt in ihnen die Angst zu versagen. Sie wollen geben, haben aber vor dem möglichen Versagen Angst, also versuchen sie es gar nicht erst. Natürlich wird er, wenn seine größte Furcht seine Unzulänglichkeit ist, jedem vermeidbaren Risiko aus dem Weg gehen.

Je mehr Liebe ein Mann empfindet, desto größer ist seine Angst vor dem Versagen und desto kleiner damit auch seine

Bereitschaft zu geben. Um ein Versagen zu vermeiden, gibt er gerade denen, die er am meisten mag, am zögerndsten.

Ist ein Mann unsicher, dann gleicht er das oft dadurch aus, daß er sich um niemanden kümmert außer um sich selbst. Ein Kommentar, das den meisten Männern äußerst leicht über die Lippen kommt, ist: »Ist mir egal.« Die Marsmänner waren Meister darin. Sie machten sich aus nichts und niemandem etwas. Bis sie schließlich tatsächlich Erfolg hatten und Macht bekamen. Dann erkannten sie, daß sie gut genug waren und wirklicher Erfolg eben auch im Geben besteht. In dem Moment entdeckten sie die Venusfrauen.

Obwohl sie eigentlich schon immer gut genug waren, entwickelten sie ein richtiges Selbstwertgefühl erst dann, als sie ihre Macht unter Beweis stellen konnten. Als sie auf ihren Erfolg zurückschauen konnten, erkannten sie, daß jeder ihrer Mißerfolge notwendig war, um ihren späteren Erfolg zu ermöglichen. Jeder Fehler hatte ihnen eine wichtige Lehre erteilt, die notwendig war, um Ziele zu erreichen. Als sie das erkannt hatten, wußten sie, daß sie schon immer gut genug waren.

Der erste Schritt für einen Mann, wenn er das Geben lernt, besteht in der Bewußtwerdung, daß er keine Angst vor Fehlern zu haben braucht. Es ist nicht schlimm zu scheitern, und es wird von niemandem erwartet, daß er auf alles eine Antwort hat.

Genauso wie Frauen empfindlich reagieren und sich zurückgestoßen fühlen, wenn sie nicht die nötige Aufmerksamkeit erhalten, sind Männer äußerst leicht verletzt und haben das Gefühl, versagt zu haben, wenn in ihrer Gegenwart eine Frau anfängt, von ihren Problemen zu sprechen. Daher fällt es ihnen manchmal so schwer ihr zuzuhören. Er will ihr Held sein. Wenn *sie* enttäuscht oder unglücklich ist, fühlt *er* sich wie ein Versager. Ihr Unglücklichsein verstärkt seine tief verwurzelte Angst vor der Unzulänglichkeit. Viele Frauen heute wissen überhaupt nicht, wie verletzlich Männer eigentlich sind und wieviel Liebe sie brauchen. Liebe hilft einem Mann zu sehen, daß er gut genug ist, andere zufriedenzustellen.

Ein kleiner Junge, der das Glück hat zu sehen, wie sein Vater seine Mutter zufriedenstellt, wird als Erwachsener die seltene Gabe besitzen, Beziehungen in der Gewißheit einzugehen, seine Partnerin ebenfalls zufriedenstellen zu können. Er schreckt nicht davor zurück, sich zu binden, weil er weiß, er wird sie nicht enttäuschen. Er weiß gleichzeitig, daß er, auch wenn er es nicht schaffen sollte, trotzdem noch der Richtige ist und immer noch Liebe und Anerkennung verdient, weil er zumindest sein Bestes versucht hat. Er verurteilt sich nicht selbst. Er weiß, er ist nicht vollkommen, aber er wird immer sein Bestes geben, und sein Bestes ist gut genug. Er ist imstande, für seine Fehler geradezustehen, denn er kann erwarten, daß man ihm verzeiht und ihn trotzdem liebt und schätzt, weil er ja sein Bestes versucht hat.

Er weiß, daß jeder Fehler macht. Er hat gesehen, wie sein Vater Fehler gemacht hat und trotzdem nicht aufgehört hat, sich zu lieben. Er hat gesehen, daß seine Mutter seinen Vater geliebt und ihm alle seine Fehler vergeben hat. Er hat gemerkt, daß seine Mutter seinem Vater auch dann vertraute und ihn unterstützte, wenn er sie enttäuscht hatte.

Vielen Männern fehlt in ihrer Jugend ein erfolgreiches Vorbild. Für solche Männer ist eine Liebe zu erhalten, zu heiraten und eine Familie zu gründen, genauso schwer wie einen Jumbo-Jet zu fliegen, ohne jemals vorher einen Steuerknüppel in der Hand gehabt zu haben. Vielleicht würde er es schaffen, das Flugzeug vom Boden abheben zu lassen, aber ein Absturz wäre vorprogrammiert. Es ist nicht leicht, wieder in ein Flugzeug einzusteigen, wenn Sie bereits ein paarmal abgestürzt sind oder gesehen haben, wie Ihr Vater abgestürzt ist. Ohne eine entsprechende Ausbildung in der Pflege von Beziehungen ist es kein Wunder, warum so viele Männer und Frauen ihre Beziehungen aufgeben.

FÜNFTES KAPITEL

»Du kannst mich einfach nicht verstehen!«

Als Marsmänner und Venusfrauen zum erstenmal zusammenkamen, entdeckten sie bereits viele der Beziehungsprobleme,
die wir heute noch haben. Weil sie jedoch anerkannten, daß sie
verschieden waren, konnten sie ihre Probleme lösen. Eines der
Geheimnisse ihres Erfolges war die gute Kommunikation.

Seltsamerweise konnten sie gut miteinander kommunizieren
gerade *weil* sie verschiedene Sprachen hatten. Denn immer
wenn sie Verständigungsprobleme hatte, gingen sie zu einem
Dolmetscher. Jeder wußte, daß die Menschen von Mars und
Venus verschiedene Sprachen hatten. Kam es also zum Konflikt,
fingen sie nicht gleich an, aufeinander einzuschimpfen und den
anderen zu verurteilen, sondern holten erst einmal ihren
Sprachführer heraus, um sich besser verständigen zu können.
Wenn das nichts nützte, nahmen sie einen Dolmetscher zu Hilfe.

Die männliche und die weibliche Sprache verwenden zwar
dieselben Wörter, jedoch werden sie von Männern und Frauen
unterschiedlich in Zusammenhang gestellt und mit verschiede-
nen Bedeutungen gebraucht.

Die Ausdrucksweise von Marsmännern und Venusfrauen
war zwar sehr ähnlich, aber es gab verschiedene wichtige
sprachliche Feinheiten und emotionale Betonungen. Es war
sehr leicht, einander falsch zu verstehen. Wenn also einmal ein
Verständigungsproblem auftauchte, nahm man natürlich an,
daß es eines der üblichen sprachlichen Mißverständnisse war
und man es mit Hilfe eines Dolmetschers schon würde klären
können. Dadurch lebte man in gegenseitigem Vertrauen und
akzeptierte einander besser als wir das heute gewöhnt sind.

Gefühle ausdrücken oder Fakten vermitteln?

Auch heute hätten wir oft die Hilfe eines Dolmetschers nötig. *Nur selten meinen Männer und Frauen dasselbe, wenn sie dieselben Worte benutzen.* Wenn zum Beispiel eine Frau sagt: »Ich habe das Gefühl, du hörst mir *nie* zu!« dann erwartet sie nicht, daß man das »nie« wörtlich nimmt. Wenn sie »nie« sagt, drückt sie damit nur den Grad ihrer Frustration aus. Um ihren Gefühlen Luft zu machen, nehmen Frauen sich die dichterische Freiheit und gebrauchen verschiedene Superlative, Metaphern und Verallgemeinerungen. Männer nehmen diese Ausdrücke oft allzu wörtlich. Sie mißverstehen die beabsichtigte Bedeutung ihrer Worte und reagieren folglich wenig unterstützend. In der folgenden Tabelle werden zehn häufige Beschwerden einer Frau und die entsprechende wenig hilfreiche Reaktion des Mannes darauf vorgestellt.

Man kann unschwer erkennen, daß ein Mann, der es gewöhnt ist, nur in Fakten zu sprechen, und alles, was sie sagt, wörtlich zu nehmen, sie leicht mißverstehen kann. Wenn man dann sieht, wie die typisch männliche Reaktion auf die Äußerung aussieht, ist es klar, wie leicht aus einem solchen Wortwechsel ein Streit wird. *Unklare und lieblose Kommunikation ist das größte Problem in einer Beziehung.*

Fehlinterpretationen, die zu Mißverständnissen führen, sind nichts Ungewöhnliches. Die häufigste Beschwerde, die Frauen in einer Beziehung mit einem Mann vorbringen, ist: »Du kannst mich einfach nicht verstehen!« Und sogar das wird von den Männern häufig mißverstanden und falsch interpretiert!

Wenn ein Mann das wörtlich versteht, nimmt er ihr Gefühl nicht ernst und wird anfangen, mit ihr darüber zu streiten. Er ist der Meinung, daß er sie sehr wohl verstanden hat. Er könnte jedes einzelne Wort, das sie gesagt hat, wiederholen. Wenn eine Frau sagt: »Ich habe das Gefühl, du verstehst mich nicht!«, müßte man das für einen Mann erst einmal übersetzen. Es würde dann in etwa lauten: »Ich habe das Gefühl, du hast nicht ganz verstanden, was ich eigentlich sagen will. Ich glaube, es ist

Zehn häufige Beschwerden, die leicht mißverstanden werden

Sie sagt etwas wie:	*Er reagiert so:*
»Nie gehen wir aus!«	»Stimmt überhaupt nicht! Erst letzte Woche waren wir aus.«
»Alle ignorieren mich!«	»Einigen wirst du ganz bestimmt gefallen.«
»Ich bin so unglaublich müde. Ich kann einfach nicht mehr!«	»Das ist ja lächerlich! So schlimm kann es doch gar nicht sein!«
»Am liebsten würde ich über gar nichts mehr nachdenken müssen!«	»Wenn dir deine Arbeit zu anstrengend ist, dann mußt du dir etwas angemessenes suchen.«
»Bei uns zuhause ist immer so ein Saustall!«	»Das stimmt doch gar nicht! Meistens ist es doch ganz ordentlich.
»Nie hört mir jemand zu!«	»Natürlich höre ich dir zu!«
»Alles geht schief!«	»Ist das etwa mein Fehler?«
»Du liebst mich überhaupt nicht mehr!«	»Natürlich liebe ich dich. Sonst wäre ich ja wohl nicht mehr hier.«
»Wir sind immer so in Hetze!«	»Gar nicht wahr! Freitag abend haben wir es uns doch ganz gemütlich gemacht.«
»Ich hätte es gern mal wieder etwas romantischer!«	»Willst du etwa behaupten, ich bin nicht romantisch genug?«

dir gleich, wie ich mich fühle. Wenn du daran interessiert bist, was ich zu sagen habe, solltest du mir das deutlicher zeigen.«

Könnte ein Mann verstehen, worüber sie sich in Wirklichkeit beschweren will, würde er weniger streiten und wüßte schon bald auf positivere Weise auf sie zu reagieren. Wenn Mann und Frau kurz davor sind, sich zu streiten, mißverstehen sie sich normalerweise. Zu solchen Zeiten ist es wichtig, das Ganze noch einmal zu überdenken und zu übersetzen, was in Wirklichkeit gemeint ist.

Weil Männer selbst ihre Gefühle auf völlig andere Weise zum Ausdruck als Frauen bringen, schätzen sie die Gefühle ihrer Partnerin meistens völlig falsch ein oder nehmen sie nicht ernst. Das führt zwangsläufig zum Streit. Die alten Marsmänner wußten, daß man einem Streit aus dem Wege gehen kann, wenn man auf die Verständigung achtet. Immer wenn sich bei einer Äußerung ihrer Partnerin innerer Widerstand regt, holten sie erst einmal ihren marsianisch-venusianischen Sprachführer hervor und versuchten sie richtig zu interpretieren.

Die Sprache der Frauen

Im folgenden finden Sie eine Reihe von Auszügen aus dem venusianisch-marsianischen Sprachführer. Die weiter oben aufgezählten zehn häufigsten Beschwerden werden übersetzt, damit jeder Mann Ihre wirkliche und beabsichtigte Bedeutung verstehen kann. In jeder Übersetzung finden Sie Hinweise auf eine mögliche Reaktion, die im Sinne Ihrer Partnerin wäre.

Wenn eine Venusfrau ärgerlich war, sprach sie zwar in Verallgemeinerungen und Übertreibungen, doch gleichzeitig bat sie vor allem eine besondere Art von Hilfe. Sie tat das nicht direkt, denn auf der Venus wußte ja jeder, daß eine gewisse Dramatik in der Sprache immer ein Hilfeersuchen beinhaltete.

In den angegebenen Übersetzungen wird dieses verborgene Hilfeersuchen entschlüsselt. Wenn ein Mann, der einer Frau zuhört, ihre Anfrage »zwischen den Zeilen« versteht und entsprechend reagiert, wird sie sich verstanden fühlen.

Der Sprachführer Venusianisch/Marsianisch

Venusianisch: »Nie gehen wir aus!«

Marsianisch: »Ich habe Lust, wieder einmal auszugehen und etwas mit dir zu unternehmen. Wir haben immer soviel Spaß miteinander. Ich bin gern mit dir zusammen. Was meinst du?

Lädst du mich zum Essen ein? Es wird Zeit, daß wir mal wieder ausgehen.«

Kommentar: Ohne die Übersetzung könnte ein Mann, wenn die Frau sagt: »Nie gehen wir aus!« womöglich verstehen: »Du bist überhaupt nicht auf Draht! Was für ein Langeweiler aus dir geworden ist! Wir unternehmen nie mehr etwas zusammen! Du bist faul, unromantisch und langweilig.«

Venusianisch: »Alle Leute ignorieren mich!«

Marsianisch: »Heute habe ich das Gefühl, daß mich alle ignorieren und mich niemand erkennt. Es ist, als würde mich niemand sehen. Natürlich bin ich sicher, daß die Leute mich sehen, aber anscheinend machen sie sich nichts aus mir. Ich glaube, ich bin auch ein wenig enttäuscht, weil du in letzter Zeit so wenig Zeit für mich gehabt hast. Ich weiß es wirklich zu schätzen, daß du soviel arbeitest, aber manchmal glaube ich, ich bin dir nicht wichtig. Ich habe Angst, daß dir deine Arbeit wichtiger ist als ich. Nimm mich doch einmal in den Arm und sag mir, daß ich dir etwas bedeute!«

Kommentar: Ohne diese Übersetzung könnte ein Mann, wenn die Frau sagt: »Alle ignorieren mich!«, womöglich verstehen: »Ich bin so unglücklich! Ich schaffe es einfach nicht, die Aufmerksamkeit zu bekommen, die ich brauche. Es ist vollkommen hoffnungslos. Sogar du nimmst mich nicht mehr wahr! Dabei bist du derjenige, der mich am meisten lieben sollte, und doch du bist so lieblos. Ich würde dich niemals so behandeln.«

Venusianisch: »Ich bin unglaublich müde! Ich kann einfach nicht mehr!«

Marsianisch: »Ich hatte heute einen harten Tag. Ich muß mich erst ausruhen, bevor ich etwas anderes anfangen kann. Ich bin so froh, daß du bei mir bist. Nimm mich doch einmal in den Arm und sag mir, daß ich meine Sache gut mache und eine Ruhepause verdient habe.«

Kommentar: Ohne diese Übersetzung würde ein Mann, wenn

die Frau sagt: »Ich bin so unglaublich müde. Ich kann einfach nicht mehr«, womöglich verstehen: »Ich mache immer alles, und du machst überhaupt nichts! Du solltest mehr tun. Schließlich kann ich ja nicht alles machen! Ich fühle mich völlig hoffnungslos. Hätte ich doch einen *echten* Mann geheiratet. Daß ich dich genommen habe, war ein Fehler.«

Venusianisch: »Am liebsten würde ich über gar nichts mehr nachdenken müssen!«

Marsianisch: »Du sollst wissen, daß ich meine Arbeit und mein Leben liebe, aber heute bin ich wirklich abgespannt. Ich würde gern einmal etwas tun, was mir neue Kraft gibt, bevor ich mich wieder meinen Pflichten widmen muß. Könntest du nicht einfach fragen: ›Was ist los?‹, und dann einfühlsam zuhören, ohne mir irgendwelche Lösungen anzubieten? Ich möchte nur das Gefühl haben, du verstehst, unter welchem Druck ich stehe. Ich würde mich gleich viel besser fühlen. Es hilft mir sehr, wenn ich mich entspannen kann. Morgen werde ich wieder an die Arbeit gehen und meinen Pflichten nachkommen.«

Kommentar: Ohne diese Übersetzung würde ein Mann, wenn die Frau sagt: »Am liebsten würde ich über gar nichts mehr nachdenken« müssen!«, womöglich verstehen: »Ständig muß ich etwas tun, was ich überhaupt nicht will. Ich bin so unglücklich mit unserer Beziehung! Ich möchte einen besseren Partner, der mein Leben ausfüllen kann. Du hast leider völlig versagt.«

Venusianisch: »Bei uns zuhause ist immer so ein Saustall!«

Marsianisch: »Eigentlich würde ich mich heute viel lieber entspannen, aber in unserer Wohnung ist eine solche Unordnung. Ich bin frustriert und brauche eine Pause. Ich hoffe, du erwartest nicht, daß ich alles allein aufräume! Findest du nicht, daß es bei uns ziemlich unordentlich aussieht? Würdest du mir helfen und wenigstens ein bißchen aufräumen?«

Kommentar: Ohne diese Übersetzung würde ein Mann, wenn

die Frau sagt: »Bei uns zuhause ist immer so ein Saustall!«, womöglich verstehen: »Diese Wohnung ist nur unordentlich, weil *du* nie aufräumst! *Ich* räume ständig auf und mache sauber, und *du* kommst und hinterläßt einen Schweinestall. Du bist ein Faulpelz! Ich habe keine Lust mehr, mit dir zusammenzuleben, wenn du dich nicht änderst. Räum jetzt auf oder verschwinde!«

Venusianisch: »Nie hört mir jemand zu!«

Marsianisch: »Ich habe Angst, ich langweile dich. Anscheinend bin ich heute besonders empfindlich. Sei doch so lieb und schenk mir ein wenig extra Aufmerksamkeit. Du könntest mir damit eine große Freude machen. Ich hatte einen schweren Tag. Ich habe fast das Gefühl, niemand will hören, was ich zu sagen habe. Willst du mir nicht ein wenig zuhören und ein paar Fragen stellen wie: ›Was war eigentlich heute los?‹ ›Was gibt's Neues?‹ ›Wie fühlst du dich?‹ oder ›Was geht eigentlich in dir vor?‹ ›Du könntest mir helfen, indem du mir etwas Liebes, Anerkennendes und Bestätigendes sagst wie: ›Erzähl ruhig weiter!‹ ›Ich weiß, was du meinst!‹ oder: ›Ich verstehe dich!‹ ›Oder hör mir einfach zu und gib einen von deinen bestätigenden Lauten von dir, wie: ›Oh!‹, ›Hm...‹, ›Aha‹ oder ›Soso.‹« Anmerkung: Die Marsianer hatten vor ihrer Ankunft auf der Venus noch nie einen dieser Laute gehört.

Kommentar: Ohne diese Übersetzung würde ein Mann, wenn die Frau sagt: »Nie hört mir jemand zu!«, womöglich verstehen: »Ich schenke dir meine Aufmerksamkeit, und du hörst mir nicht zu! Früher hast du mir immer zugehört. Du bist richtig langweilig geworden! Ich brauche jemanden, der interessant und aufregend ist, und du bist es ganz sicher nicht. Du hast mich enttäuscht! Du bist egoistisch, lieblos und schlecht.«

Venusianisch: »Alles geht schief!«

Marsianisch: »Heute weiß ich gar nicht, was los ist. Einerseits bin ich völlig erschöpft, andererseits bin ich froh darüber, daß ich meine Gefühle mit dir teilen kann. Das hilft mir so sehr, daß ich mich schon viel besser fühle. Heute geht mir anscheinend alles schief. Ich weiß, daß das nicht stimmt, aber ich habe eben dieses Gefühl, wenn ich an all die Sachen denke, die ich noch zu tun habe. Nimm mich doch einfach in den Arm und sag mir, daß ich meine Sache gut mache. Ich würde mich gleich viel besser fühlen!«

Kommentar: Ohne diese Übersetzung würde ein Mann, wenn die Frau sagt: »Alles geht schief!«, womöglich verstehen: »Du machst immer alles falsch! Ich kann dir nicht vertrauen. Wenn ich nicht auf dich gehört hätte, wäre jetzt nicht so ein Durcheinander. Ein anderer Mann hätte die Dinge schon längst in Ordnung gebracht. Du machst alles nur noch schlimmer.«

Venusianisch: »Du liebst mich überhaupt nicht mehr!«

Marsianisch: »Ich habe heute das Gefühl, du liebst mich nicht mehr. Ich habe Angst, daß ich dich verletzt haben könnte. Ich weiß, du liebst mich, denn ich sehe, wieviel du für mich tust. Heute fühle ich mich jedoch ein wenig unsicher. Würdest du mir helfen und mir Sicherheit geben, indem du mir die drei magischen Worte sagst: ›Ich liebe dich.‹ Wenn du das tust, fühle ich mich gleich besser.«

Kommentar: Ohne diese Übersetzung würde ein Mann, wenn die Frau sagt: »Du liebst mich überhaupt nicht mehr!«, womöglich verstehen: »Ich habe dir die besten Jahre meines Lebens geschenkt, und du hast mir gar nichts gegeben! Du hast mich benutzt! Du bist egoistisch und kalt. Du tust nur, was du willst, und nutzt allein dir selbst. Du machst dir aus niemandem etwas. Ich muß ein Idiot gewesen sein, dich zu lieben!«

Venusianisch: »Wir sind immer in Hetze!«

Marsianisch: »Heute geht mir alles viel zu schnell. Ich hasse es, keine Zeit zu haben! Ich wünsche, wir könnten uns in unserem Leben etwas mehr Zeit lassen. Ich weiß, du bist nicht daran schuld. Ich bin mir sicher, du tust nur dein Bestes, um nicht zu spät zu kommen, und ich weiß es zu schätzen. Du könntest mir einen großen Gefallen tun, indem du einfach sagst: ›Ja, es stimmt. Es ist nicht angenehm, in Hetze zu sein. Ich kann das meistens auch nicht leiden.‹«

Kommentar: Ohne diese Übersetzung würde ein Mann, wenn die Frau sagt: »Wir sind immer so in Hetze!«, womöglich verstehen: »Du bist völlig verantwortungslos! Immer wartest du bis zur letzten Minute, bevor du etwas tust. Wenn ich mit dir zusammen bin, werde ich meines Lebens nicht mehr froh. Immer müssen wir uns beeilen, um nicht zu spät zu kommen! Jedesmal, wenn wir etwas zusammen unternehmen wollen, verdirbst du alles. Mir geht es viel besser, wenn ich nicht mit dir zusammen bin.«

Venusianisch: »Ich hätte es gern wieder etwas romantischer!«

Marsianisch: »Du hast in letzter Zeit immer so hart arbeiten müssen, mein Liebling. Wir sollten mehr Zeit für uns allein haben. Ich wäre überglücklich, wenn wir einmal ausspannen könnten – wir zwei ganz allein, ohne die Kinder und fern vom Streß. Du bist im Grunde so romantisch. Kannst du mich nicht mal mit Blumen überraschen, am besten schon bald, und mich so richtig ausführen wie früher? Ich liebe es, romantisch verführt zu werden.«

Kommentar: Ohne diese Übersetzung würde ein Mann, wenn die Frau sagt: »Ich hätte es gern mal wieder etwas romantischer!«, womöglich verstehen: »Du kannst mich nicht mehr zufriedenstellen. Du machst mich nicht mehr an. Deine Verführungskünste sind auch nicht mehr das, was sie mal waren. Eigentlich bin ich noch nie richtig auf dich geflogen. Ich wünsche, du wärst mehr wie die anderen Männer, mit denen ich zusammen war.«

Wenn ein Mann seinen Sprachführer einige Jahre lang fleißig benutzt hat, wird er ihn nicht mehr jedesmal herausholen müssen, wenn er sich kritisiert oder schuldig fühlt. Er beginnt allmählich zu verstehen, wie Frauen denken und fühlen. Er lernt, daß dramatisierte Redewendungen nicht wörtlich genommen werden dürfen. Sie sind das Ausdrucksmittel der Frau, um ihren Gefühlen Luft zu machen. So machte man es auf der Venus. Die Leute vom Mars sollten das nicht vergessen.

Wie Männer reagieren und was sie besser machen können

Eine der großen Herausforderungen für jeden Mann ist es, eine Frau richtig zu verstehen und zu unterstützen, wenn sie über ihre Gefühle spricht. Die größte Herausforderung für die Frau ist es, einen Mann richtig zu interpretieren und zu unterstützen, wenn er *nicht* spricht. Das Schweigen des Mannes wird von einer Frau sehr leicht mißverstanden.

Sehr oft hört ein Mann plötzlich auf zu sprechen und wird ganz still. Auf der Venus wäre das undenkbar. Die Frau spürt seine scheinbare Abwesenheit und denkt sich: »Vielleicht hört er nicht, was ich sage, und reagiert deswegen nicht.«

Es gibt einen großen Unterschied in der Art und Weise, wie Männer und Frauen denken und Informationen verarbeiten. Frauen denken laut nach, teilen ihren inneren Entdeckungsprozeß dem interessierten Zuhörer mit. Auch heute noch geschieht es häufig, daß eine Frau, wenn sie beginnt zu sprechen, noch gar nicht recht weiß, welche Meinung sie vertreten wird. Erst im Lauf ihrer Rede findet sie heraus, was sie sagen will. Das Ausdrücken von Gedanken in freier Assoziation gibt Frauen den Zugang zu ihrer Intuition. Es ist etwas völlig Normales und manchmal unerläßlich.

Männer verarbeiten Informationen völlig anders. Bevor sie anfangen zu sprechen, grübeln sie im Stillen über alles nach, was sie gehört oder erfahren haben. Allein für sich im Stillen versuchen sie die zutreffendste oder nützlichste Reaktion herauszufinden. Zuerst formulieren sie ihre Antwort innerlich vor, dann drücken sie sie aus. Dieser Prozeß kann einige Minuten, aber auch Jahre dauern. Und für Frauen ist es äußerst verwirrend, daß Männer oft überhaupt nicht reagieren, weil sie meinen, das Problem oder den Sachverhalt noch nicht genügend durchdacht zu haben, um eine angemessene Antwort zu finden.

Frauen müssen wissen, daß ein Mann, wenn er schweigt, signalisiert: »Ich weiß noch nicht recht, was ich sagen soll, aber ich denke darüber nach.« Statt dessen hören sie: »Ich reagiere nicht auf dich, weil ich mir nichts aus dir mache. Ich ignoriere dich, weil das, was du mir gesagt hast, nicht weiter wichtig ist.«

Frauen deuten also gewöhnlich das Schweigen der Männer falsch. Je nachdem, wie sie sich an dem Tage gerade fühlt, nimmt sie vielleicht zuerst das Schlimmste an: »Er haßt mich! Er liebt mich nicht mehr! Er wird mich verlassen!« Das kann eine ihrer tiefsten Ängste auslösen: »Ich fürchte, wenn er mich verstößt, werde ich niemals wieder geliebt. Ich verdiene es nicht, geliebt zu werden.«

Es liegt für sie nahe, sich das Schlimmste vorzustellen, denn eine Frau würde nur dann in ein solches Schweigen verfallen, wenn ihr Gesprächspartner durch das, was sie zu sagen hat, verletzt würde oder wenn sie nicht mehr mit der betreffenden Person sprechen will, weil sie ihr nicht traut und nichts mehr mit ihr zu tun haben will. Kein Wunder, daß Frauen unsicher werden, wenn Männer plötzlich schweigen!

Indem eine Frau einer anderen Frau zuhört, versichert sie der Sprecherin ständig ihre Anteilnahme. Macht die Sprecherin eine Pause, so wird ihre Zuhörerin ihr bestätigende neue Impulse geben in Form von »oh«, »hm«, »aha«, »soso« oder etwas Ähnlichem.

Auch Männer können die weibliche Kunst des Zuhörens erlernen. Je mehr er lernt, richtig zuzuhören und auf ihre Gefühle und Ausdrücke zu reagieren, desto leichter wird die Kommunikation. Ebenso können Frauen lernen, das Schweigen des Mannes richtig zu interpretieren und darauf zu reagieren.

Es ist schwer für eine Frau, mit dem Schweigen des Mannes umzugehen. Sie muß lernen, daß ein Mann automatisch aufhört zu sprechen und sich in seine Höhle zurückzieht, um alles zu überdenken, wenn er verärgert oder gestreßt ist. Sie muß lernen, daß niemand sonst Zutritt zu der Höhle hat, nicht einmal der beste Freund des Mannes. So war es auf dem Mars.

Frauen müssen keine Angst haben, etwas falsch gemacht zu haben. Wenn sie lernen, den Mann einfach in Ruhe zu lassen, wird er irgendwann wieder aus seiner Höhle herauskommen, und alles wird wieder in Ordnung sein.

Diese Lektion ist nicht leicht für Frauen, denn eine der goldenen Regeln auf der Venus war es, niemals eine Freundin im Stich zu lassen, wenn sie negative Gefühle hatte. Daher kam es den Venusfrauen anfangs sehr lieblos vor, wenn sie ihren Lieblingsmarsmann alleinlassen sollten, ausgerechnet wenn er einmal ärgerlich war. Weil sie sich um ihn sorgt, wäre sie viel lieber mit ihm in die Höhle gekommen und hätte ihm ihre Hilfe angeboten.

Die Frau nimmt oft irrtümlicherweise an, daß er sich besser fühlen würde, wenn sie ihm viele Fragen stellt und eine gute Zuhörerin ist. Aber das Gegenteil ist der Fall: Marsmänner werden dann noch wütender. Instinktiv will sie ihn so aufmuntern, wie sie selbst in dieser Situation gern aufgemuntert würde. Sie tut dies in der besten Absicht, aber das Ergebnis ist das Gegenteil von dem, was sie erreichen will.

Sowohl Männer als auch Frauen müssen aufhören, einander ihre eigenen Methoden, wie sie sich um jemand kümmern würden, aufzudrängen. Sie sollten statt dessen besser mit den Methoden ihrer Partner, mit ihrem Denken, Fühlen und Reagieren, umgehen lernen.

Eine Frau kann den Rückzug ihres Partners in seine Höhle besser verstehen, wenn sie weiß, warum er das braucht. Es gibt eine ganze Reihe von Anlässen für einen Mann in seiner Höhle zu verschwinden oder plötzlich ganz still zu werden:

▷ Er meint, über ein Problem nachdenken und eine praktische Lösung finden zu müssen.

▷ Er hat keine Antwort auf die Frage oder das Problem, mit dem er konfrontiert wird. Niemand hat Männer gelehrt zu sagen: »Eigentlich weiß ich darauf keine Antwort. Ich glaube, ich muß mich in meine Höhle zurückziehen und darüber nachdenken.« Marsmänner wissen, daß einer, der plötzlich still ist, sich in seine Höhle zurückgezogen hat.

▷ Er ist Streß ausgesetzt oder ärgerlich. In solch schwierigen Zeiten muß er allein sein, um sich abzukühlen und seine Beherrschung wiederzufinden. Er möchte dann lieber nichts sagen oder tun, was er später bereuen könnte.

▷ Er schweigt, um sich selbst zu finden. Dieser Grund spielt eine besonders wichtige Rolle, wenn ein Mann sich verliebt hat. Zu solchen Zeiten neigt er nämlich dazu, sich selbst zu vergessen und zu verlieren. Zuviel Intimität gibt ihm das Gefühl, daß man ihm seine Kraft raubt. Männer müssen es unter Kontrolle haben, wie nahe sie jemandem kommen. Immer wenn sie zuviel Nähe erfahren und Gefahr laufen, sich selbst zu verlieren, springt eine innere Alarmanlage an, und schon sind sie auf dem Weg in ihre Höhle. Nur dort können sie sich verjüngen und ihr liebevolles und starkes Ego wiederfinden.

Es ist wichtig, daß eine Frau nicht versucht, den Mann zum Reden zu bringen, bevor er dazu bereit ist.

Als ich über dieses Thema in einem meiner Seminare sprach, erzählte eine Teilnehmerin, die aus einer Indianerfamilie stammte, daß in ihrem Stamm die jungen Frauen, wenn sie sich verheirateten, von ihren Müttern ermahnt wurden, dem Mann die Freiheit zu lassen, sich in seine Höhle zurückzuziehen, wenn er verärgert oder überanstrengt war. Sie lernten, es nicht persönlich zu nehmen, wenn das hin und wieder vorkam. Es bedeutete ja keineswegs, daß er sie nicht mehr liebte. Man versicherte der Frau, daß er nach einer gewissen Zeit schon wiederkäme. Besonders wichtig war es jedoch für die Frau, niemals dem Mann in seine Höhle zu folgen. Falls sie es dennoch täte, drohte sie von dem Drachen, der die Höhle bewacht, verbrannt zu werden.

Viel unnötiges Leid ist geschehen, wenn Frauen versucht haben, ihren Männern in die Höhle zu folgen! Oft können es die Frauen einfach nicht verstehen, daß ein Mann wirklich allein und völlig stumm sein muß, wenn er sich ärgert. Wenn er sich in seine Höhle zurückzieht, versteht die Frau oft nicht, was überhaupt los ist. Natürlich versucht sie, ihn zum Reden zu bringen. Wenn es ein Problem gibt, hofft sie, sich um ihn kümmern zu können, indem sie ihn aus der Höhle hervorholt und dazu bringt, über das Problem zu sprechen.

Sie: »Ist etwas nicht in Ordnung?«

Er: »Nein.«

Sie fühlt jedoch genau, daß er verärgert ist. Sie fragt sich, warum er seine Gefühle zurückhält. Statt ihn nur still für sich alles verarbeiten zu lassen, unterbricht sie seinen Denkprozeß. Sie weiß sich nicht anders zu helfen.

Sie: »Ich sehe doch, daß etwas nicht stimmt. Sag mir doch, was los ist.«

Er: »Es ist nichts.«

Sie: »Natürlich ist etwas. Irgendwas belastet dich. Wie fühlst du dich?«

Er: »Ich fühle mich gut. Laß mich in Ruhe.«

Sie: »Wie kannst du mich so behandeln! Nie sprichst du mit mir. Wie soll ich ahnen, wie es dir geht. Du liebst mich nicht. Ich fühle mich von dir zurückgewiesen.«

An diesem Punkt verliert er die Beherrschung und sagt Dinge, die er später bereut. Sein Drachen kommt aus der Höhle und speit Feuer.

Es gibt eine ganze Reihe von Gründen, die Frauen das Gespräch suchen lassen. Manchmal sind es dieselben Motive, die Männer zum Schweigen bringen.

Hier sind die am weitesten verbreiteten Gründe, warum Frauen reden:

▷ Sie spricht, um Informationen zu vermitteln oder zu sammeln. (Dies ist im allgemeinen der einzige Grund, aus dem auch der Mann spricht.)

▷ Sie spricht, um zu erforschen und zu entdecken, was sie sagen will. (Der Mann hört auf zu sprechen, um in sich zu gehen und darüber nachzudenken, was er sagen will. Die Frau hingegen denkt laut nach.)

▷ Sie spricht, um sich besser zu fühlen und um sich zu konzentrieren, wenn es ihr nicht so gutgeht. (Der Mann hört auf zu sprechen, wenn er sich ärgert. In seiner Höhle kann er sich dann wieder beruhigen.)

▷ Sie spricht, um Intimität zu erzeugen. Indem sie jemandem näherkommt und ihn besser kennenlernt, kann sie sich selbst besser kennen und lieben lernen. (Ein Marsmann hört auf zu sprechen, um sich selbst zu finden. Zuviel Nähe kann ihn sich selbst entfremden.)

Wenn wir diese wesentliche Andersartigkeit ignorieren und nicht auf unsere unterschiedlichen Bedürfnisse eingehen, ist es kein Wunder, daß unsere Beziehungen immer wieder Probleme bereiten und in Sackgassen geraten.

Die Sprache der Männer

Nicht nur wenn sie, ohne es zu wissen, die introspektive Phase eines Mannes stören, können Frauen sich verbrennen, sondern auch, wenn sie die Warnzeichen nicht verstehen, die ein Mann von sich gibt, wenn er sich in der Höhle oder auf dem Weg dorthin befindet. Wenn ein Marsmann dann gefragt wird: »Was ist los mit dir?«, sagt er nur kurz: »Nichts.«

Diese kurzen Signale sind normalerweise der einzige Anhaltspunkt für eine Frau, um zu merken, daß er jetzt einen Freiraum braucht, um allein mit seinen Gefühlen fertigzuwerden. Anstatt zu sagen: »Es geht mir nicht gut. Ich brauche etwas Zeit für mich allein«, verstummt der Mann nur.

In der folgenden Tabelle werden sechs häufige verkürzte Warnsignale aufgelistet. Daneben finden Sie die übliche Reaktion der Frau, die von ihm als Einmischung interpretiert wird und überhaupt nichts nützt.

Sechs häufige Warnsignale

Wenn eine Frau fragt: »*Was ist los mit dir?*« *sagt der Mann:*	*Die Frau reagiert vielleicht folgendermaßen:*
»Es ist schon gut.« oder: »Es geht mir gut.«	»Ich merke, daß etwas mit dir nicht stimmt. Du kochst doch innerlich. Laß uns darüber reden.«
»Es ist nichts.«	»Ich möchte dir gern helfen. Ich weiß, daß dir irgendwas nicht gefällt. Was hast du denn?«
»Es ist schon in Ordnung.«	»Bist du sicher? Ich bin gern bereit, dir zu helfen.«
»Nicht so schlimm.«	»Irgend etwas ärgert dich doch. Ich glaube, wir sollten uns einmal aussprechen.«
»Kein Problem.«	»Natürlich ist es ein Problem. Ich wüßte schon, wie ich dir helfen kann.«

Ein Mann, der eine dieser lakonischen Bemerkungen von sich gibt, möchte normalerweise stille Anerkennung und Freiraum. Um Fehlinterpretationen und unnötige Panik zu vermeiden, nahmen die Venusfrauen in einem solchen Fall ihren marsianisch-venusianischen Sprachführer zur Hand. Da den Frauen heute dieser Führer fehlt, verstehen sie diese Kurzformeln meistens falsch.

Frauen müssen begreifen, daß »Es ist schon gut« oder »Es ist nichts« Abkürzungen dessen sind, was der Mann eigentlich sagen will. »Es ist schon gut«, heißt ins Venusianische übersetzt soviel wie: »Es ist nicht weiter schlimm, ich werde schon allein damit fertig. Eigentlich brauche ich jetzt keine Hilfe. Du kannst mich am besten unterstützen, indem du dir keine Sorge um mich machst. Vertrau darauf, daß ich ganz allein damit fertigwerde.«

Wenn er ärgerlich ist und sagt: »Es ist schon gut«, hört er sich ohne diese Übersetzung für die Frauen so an, als würde er seine Gefühle oder Probleme negieren. Natürlich bemüht sie sich ihm dann zu helfen, indem sie ihm Fragen stellt oder versucht, über das, was sie für das Problem hält, zu sprechen, damit er sich besser fühlen kann. Sie weiß nicht, daß er in Kürzeln spricht. Das folgende sind weitere Auszüge aus dem marsianisch-venusianischen Sprachführer.

Der Sprachführer Marsianisch/Venusianisch

Marsianisch: »Es ist schon gut.«

Venusianisch: »Es ist nicht schlimm. Ich werde schon mit meinem Ärger fertig. Ich brauche keine Hilfe, vielen Dank.«

Kommentar: Ohne diese Übersetzung könnte sie, wenn er sagt: »Es ist schon gut«, verstehen: »Ich rege mich nicht auf, weil ich mir nichts daraus mache.« Oder sie hört: »Ich bin nicht bereit, meine Gefühle mit dir zu teilen. Ich kann mich nicht darauf verlassen, daß du für mich da bist.«

Marsianisch: »Es geht mir gut.«

Venusianisch: »Es geht mir gar nicht so schlecht, ich werde mit meinem Ärger oder meinem Problem allein fertig. Ich brauche keine Hilfe. Falls ich doch Hilfe brauche, werde ich mich an dich wenden.«

Kommentar: Ohne diese Übersetzung könnte sie, wenn er sagt: »Es geht mir gut«, verstehen: »Mir ist völlig gleichgültig, was da passiert ist. Dieses Problem geht mich nichts an. Wenn du dich darüber aufregst, ist das deine Sache.«

Marsianisch: «Es ist nichts.«

Venusianisch: »Ich werde mit meinem Ärger allein fertig. Bitte stell mir jetzt keine weiteren Fragen.«

Kommentar: Ohne diese Übersetzung könnte sie, wenn er sagt:

»Es ist nichts«, verstehen: »Ich weiß nicht, weshalb ich mich eigentlich so ärgere. Ich möchte, daß du mich fragst und mir dabei hilfst, es herauszufinden.« Daraufhin wird sie ihn noch wütender machen, indem sie ihm weiter bohrende Fragen stellt, obwohl er in Wirklichkeit lieber alleingelassen werden möchte.

Marsianisch: »Es ist schon in Ordnung.«

Venusianisch: »Das ist ein Problem, aber du trägst daran keine Schuld. Ich kann das für mich allein lösen, wenn du mich nicht unterbrichst, indem du mir weitere Fragen stellst oder Vorschläge machst. Tu einfach so, als sei nichts geschehen, dann fällt es mir leichter, allein damit fertigzuwerden.«

Kommentar: Ohne diese Übersetzung könnte sie, wenn er sagt: »Es ist schon in Ordnung«, verstehen: »Es ist alles gut so. Nichts braucht verändert zu werden. Du kannst mich weiter mißhandeln und ich kann dich mißhandeln.« Oder sie hört: »Diesmal will ich es nochmal durchgehen lassen. Aber es war deine Schuld. Versuch das nur nicht nochmal, sonst...«

Marsianisch: »Nicht so schlimm.«

Venusianisch: »Es ist nicht so schlimm, ich werde es schon wieder hinkriegen. Du brauchst dich nicht weiter mit diesem Problem aufhalten und solltest lieber nicht mehr darüber sprechen. Das würde mich nur ärgern. Ich übernehme die Verantwortung für die Lösung dieses Problems. Ich bin glücklich, wenn ich das lösen kann.«

Kommentar: Ohne diese Übersetzung könnte sie, wenn er sagt: »Nicht so schlimm«, verstehen: »Du übertreibst wieder einmal maßlos. Es ist völlig unwichtig, worüber du dir Sorgen machst. Spiel dich nur nicht so auf.«

Marsianisch: »Kein Problem.«

Venusianisch: »Es fällt mir nicht schwer, dieses Problem zu lösen. Es ist mir ein Vergnügen, wenn ich das für dich tun kann.«

Kommentar: Ohne diese Übersetzung könnte sie, wenn er sagt: »Kein Problem«, verstehen: »Das ist kein Problem. Warum machst du es zu einem Problem und bittest um Hilfe?« Wenn sie ihn so versteht, wird sie natürlich anfangen, ihm zu erklären, warum es für sie ein Problem darstellt.

Der Gebrauch des Sprachführers kann Frauen helfen zu verstehen, was Männer wirklich meinen, wenn sie sich in kurzen, abgehackten Sätzen ausdrücken. Manchmal ist das, was die Männer sagen wollen, das Gegenteil von dem, was die Frauen verstehen.

Wie Frauen reagieren und was sie besser machen können

Immer wenn ich in meinen Seminaren auf Höhlen und Drachen zu sprechen komme, wollen die Frauen wissen, wie sie die Zeit verkürzen können, die der Mann in seiner Höhle verbringt. Dann wende ich mich an die Männer, und die sagen normalerweise: »Je mehr ihr uns zum Reden bringen oder aus unserer Höhle herausholen wollt, desto länger dauert es.«

Sehr häufig sagen sie auch: »Es ist gar nicht so leicht, wieder aus der Höhle herauszukommen, besonders wenn ich das Gefühl habe, meine Partnerin hält den Aufenthalt in der Höhle für vertane Zeit.« Wenn sie dem Mann ein schlechtes Gewissen einjagt, weil er sich zurückzieht, treibt sie ihn dazu, sich noch weiter in seine Höhle zu flüchten, selbst wenn er eigentlich schon längst wieder herauswollte.

Geht ein Mann in seine Höhle, dann ist er normalerweise verletzt oder überanstrengt und möchte sein Problem allein lösen. Wenn sie dem Mann dieselbe Unterstützung anbietet wie einer Frau, erreicht sie das Gegenteil von dem, was sie will.

Es gibt sechs einfache Regeln, wie Sie ihn unterstützen können, wenn er in seine Höhle geht. Gleichzeitig verkürzen Sie damit die Zeit, die er für sich allein braucht.

▷ Lassen Sie ihm seine Zeit der Zurückgezogenheit.

▷ Versuchen Sie nicht, ihm zu helfen, indem Sie ihm Lösungsvorschläge machen.

▷ Versuchen Sie nicht, ihn zu unterstützen, indem Sie ihn nach
seinen Gefühlen fragen.

▷ Setzen Sie sich auf keinen Fall vor den Eingang seiner Höhle
und warten, bis er wieder herauskommt.

▷ Machen Sie sich keine Sorgen um ihn und bemitleiden Sie
ihn nicht.

▷ Unternehmen Sie etwas, das Ihnen Freude macht.

Wenn Sie das Bedürfnis haben zu sprechen, schreiben Sie ihm
lieber einen Brief, den er lesen kann, wenn er wieder »drau-
ßen« ist, oder wenden Sie sich an eine Freundin. Machen Sie
sich nicht von ihm abhängig.

Ein Mann möchte, daß seine Lieblingsvenusianerin ihm zutraut, daß *er* seine Probleme ganz allein bewältigt. Dieses Vertrauen ist sehr wichtig für seine Ehre, seinen Stolz und sein
Selbstbewußtsein.

Es ist nicht leicht für die Frau, sich keine Sorgen um ihren
Mann zu machen. Indem Frauen sich um andere sorgen, bringen sie ihre Liebe und Fürsorge zum Ausdruck. So zeigen sie
ihre Liebe. Wenn es der Person, die eine Frau liebt, nicht
gutgeht, kann sie nicht glücklich sein. Das wäre nicht fair. Das
soll nicht heißen, daß ein Mann möchte, daß sie glücklich ist,
weil es ihm schlecht geht. Er möchte einfach nur, daß sie
glücklich ist. Er möchte, daß es ihr gutgeht, weil er dann ein
Problem weniger hat, um das er sich kümmern muß. Außerdem
hilft es ihm, sich von ihr angenommen und geliebt zu fühlen. Je
glücklicher eine Frau ist, je weniger Sorgen hat sie, desto leichter ist es für den Mann, wieder aus seiner Höhle herauszukommen.

Seltsamerweise zeigt ein Mann seine Liebe, indem er sich
keine Sorgen macht. Ein Mann fragt sich: »Wie kann ich mir um
jemanden Sorgen machen, dem ich Bewunderung und Vertrauen entgegenbringe?« Männer unterstützen sich gewöhnlich

gegenseitig, indem sie einander Dinge sagen wie: »Keine Sorge, du wirst es schon schaffen.« Oder: »Das ist nicht dein Problem.« Oder: »Ich bin mir sicher, daß es klappen wird.« Sich keine Sorgen zu machen und die Probleme auf ein Minimum zu reduzieren ist eine Möglichkeit für Männer, sich gegenseitig zu unterstützen.

Ich habe Jahre gebraucht, um zu verstehen, daß meine Frau tatsächlich wollte, daß ich mir um sie Sorgen mache, wenn sie Ärger hat. Ohne das Bewußtsein für die Verschiedenartigkeit unserer Bedürfnisse habe ich immer den Fehler gemacht, ihre Bedenken nicht ernst zu nehmen. Das hat ihren Ärger noch vergrößert.

Wenn ein Mann in seine Höhle geht, tut er dies hauptsächlich, um Probleme zu lösen. Wenn seine Partnerin glücklich ist und keine Anforderungen an ihn stellt, hat er in seiner Höhle ein Problem weniger zu lösen. Wenn er weiß, sie ist mit ihm glücklich, gibt ihm das zusätzliche Kraft, um mit dem Problem in seiner Höhle fertigzuwerden.

Alles, was sie ablenkt und ihr hilft, sich wohlzufühlen, ist für ihn von Nutzen. Hier sind einige Beispiele:

▷ Lesen Sie ein Buch.
▷ Hören Sie Musik.
▷ Arbeiten Sie im Garten.
▷ Meditieren Sie oder entspannen Sie sich.
▷ Gehen Sie spazieren.
▷ Lassen Sie sich massieren.
▷ Nehmen Sie ein Bad.
▷ Gehen Sie zu einem Therapeuten.
▷ Hören Sie sich eine Selbsthilfe-Kassette an.
▷ Rufen Sie eine Freundin an und machen Sie ein Schwätzchen.

Auch die Marsmänner empfahlen ihren Venusfrauen, etwas Angenehmes zu unternehmen, während sie in ihrer Höhle waren. Anfangs war es nicht leicht für sie, glücklich zu sein, obwohl sie wußten, daß es einem Freund nicht gutging, aber schließlich fanden sie einen Weg. Jedesmal, wenn ihr Lieblingsmarsianer sich in seine Höhle zurückzog, gingen sie einkaufen. Meine Frau Bonnie benutzt manchmal dieselbe Methode. Wenn sie sieht, daß ich in meiner Höhle sitze, geht sie einkaufen. Ich habe niemals das Gefühl, ich muß mich für meine marsianische Seite entschuldigen. Wenn sie sich um sich selbst kümmern kann, habe ich kein schlechtes Gewissen, mich ebenfalls um mich selbst zu kümmern und in meine Höhle zu gehen. Sie weiß, daß ich, wenn ich wieder herauskomme, liebevoller bin als zuvor. Sie weiß, daß es kein guter Moment ist, ein Gespräch anzufangen, wenn ich in meine Höhle gehe. Wenn sie dann sieht, daß ich allmählich wieder an ihr Interesse zeige, spürt sie, daß ich auf dem Weg bin, wieder aus der Höhle herauszukommen und die Zeit für ein Gespräch ist gekommen. Manchmal sagt sie ganz nebenbei: »Bitte laß es mich doch wissen, wenn dir wieder nach Reden zumute ist. Ich würde dann gern ein wenig mit dir zusammensein.« Auf diese Weise erforscht sie das Terrain, ohne zu ungeduldig oder fordernd zu sein. Im nächsten Kapitel werden wir genau untersuchen, wann es angebracht ist, mit einem Mann zu sprechen.

Ein Mann fühlt sich eingeengt, wenn eine Frau versucht, es ihm leicht zu machen oder ihm zu helfen, ein Problem zu lösen. Er hat das Gefühl, sie traut ihm nicht zu, daß er mit seinen Problemen allein fertig wird. Er kommt sich dann wie ein kleiner Junge vor, dem man ständig auf die Finger schaut. Er meint, sie will ihn verändern.

Das heißt nicht, daß ein Mann keine Liebe braucht, um sich wohlzufühlen. Frauen müssen verstehen, daß sie ihm am besten helfen, wenn sie davon Abstand nehmen, ihm Ratschläge zu erteilen, wie er seine Probleme am besten lösen kann. Er braucht ihre liebende Unterstützung, aber anders als sie denkt. Sich mit Verbesserungen oder Ratschlägen einem Mann gegenüber zurückzuhalten, ist eine Methode, ihm zu helfen. Rat kann nur hilfreich sein, wenn er direkt danach fragt.

Ein Mann sieht sich erst dann nach Hilfe um, wenn er alles getan hat, was er allein tun kann. Erhält er zuviel oder zu früh Hilfe, hat er das Gefühl, er verliert seine Kraft. Er wird dann entweder faul oder unsicher. Männer unterstützen sich instinktiv gegenseitig, indem sie einander keine Hilfe anbieten.

Wenn ein Mann vor ein Problem gestellt wird, weiß er, daß er sich erst eine ganze Weile allein damit beschäftigen muß, bevor er, ohne seine Würde und seine Kraft zu verlieren, andere um Hilfe bitten kann. Einem Mann im falschen Moment seine Hilfe anzubieten, kann durchaus als Beleidigung verstanden werden.

Wenn ein Mann die Weihnachtsgans zerlegt und seine Partnerin ihm dabei über die Schulter schaut und sagt, wo er am besten schneiden soll, hat er das Gefühl, sie traut ihm nichts zu. Er wird keinen ihrer Ratschläge befolgen und es auf seine eigene Weise machen. Wenn jedoch ein Mann seiner Frau anbietet, ihr beim Zerlegen der Gans behilflich zu sein, hat sie das Gefühl, er ist aufmerksam und liebevoll.

Indem eine Frau ihrem Mann nahelegt, sich nach dem Rat eines Fachmannes zu richten, kann er sich leicht beleidigt fühlen. Ich kann mich an einen Fall erinnern, als eine Frau mich um Rat fragte, weil sie nicht wußte, warum ihr Mann wütend war. Sie erzählte mir, bevor sie zusammen ins Bett gingen, ihm angeraten zu haben, die Notizen noch einmal durchzulesen, die er bei einem meiner Seminare über Sex und Intimität gemacht hatte. Sie hatte nicht gemerkt, daß das für ihn einer tödlichen Beleidigung gleichkam. Er hatte zwar von dem Seminar profitiert und fand es sehr interessant, aber wollte nicht, daß sie ihm sagte, was er tun soll, indem sie ihn aufforderte, den Ratschlägen, die ich in dem Seminar gegeben hatte, zu folgen. Er wollte, daß sie ihm zutraut, selbst zu wissen, was gut ist und was nicht.

Männer wollen, daß man ihnen vertraut. Frauen wollen, daß man sie umsorgt. Wenn ein Mann seine Frau fragt: »Was ist los, mein Schatz?« und dabei seine Stirn in Falten legt, fühlt sie sich durch seine Fürsorge beruhigt. Stellt eine Frau auf eine ähnlich besorgte und fürsorgliche Weise einem Mann die Frage: »Was ist los, mein Schatz?«, wird er das als Beleidigung empfinden und abgestoßen sein. Er wird das Gefühl haben, sie traut ihm nicht zu, mit den Dingen fertigzuwerden.

Es ist für einen Mann sehr schwer, zwischen Mitgefühl und Mitleid zu unterscheiden. Er haßt es, bemitleidet zu werden. Wenn eine Frau sagt: »Es tut mir leid, wenn ich dich verletzt habe«, wird er antworten: »Es war nicht so schlimm« und damit ihre Unterstützung zurückweisen. Für sie hingegen wäre eine solche Anteilnahme etwas Wundervolles. Sie hätte das Gefühl, daß er sich wirklich für sie interessiert. Männer müssen herausfinden, wie sie ihr Mitgefühl, und Frauen, wie sie ihr Vertrauen zeigen können.

Als ich frisch mit meiner Frau Bonnie verheiratet war, fragte sie mich jedesmal am Abend vorher, wenn ich zu einem Wochenendseminar irgendwohin fahren mußte, um wieviel Uhr ich aufzustehen hatte. Anschließend wollte sie wissen, wann mein Flugzeug gehe. Dann rechnete sie etwas im Kopf aus und warnte mich, daß ich womöglich das Flugzeug versäumen könnte. Sie dachte immer, daß sie mir dadurch eine Hilfe sei, aber ich empfand es nicht so. Ich fühlte mich viel mehr in meinem Stolz verletzt. Ich war seit 14 Jahren um die ganze Welt gereist und hatte meine Workshops gegeben. Nicht ein einziges Mal hatte ich mein Flugzeug versäumt.

Am Morgen, bevor ich aus dem Haus ging, stellte sie mir immer eine ganze Reihe von Fragen: »Hast du dein Ticket?«, »Hast du deine Brieftasche?«, »Hast du genug Geld dabei?«, »Hast du deine Socken eingepackt?«, »Weißt du schon, wo du übernachtest?« und so weiter. Sie dachte, sie ist besonders lieb, aber ich hatte das Gefühl, sie traut mir nichts zu. Es ging mir unheimlich auf die Nerven. Schließlich platzte mir der Kragen. Ich sagte ihr höflich, aber bestimmt, daß ich ihre hilfreichen Absichten sehr zu schätzen weiß, aber nicht auf diese Weise bemuttert werden möchte.

Ich ließ sie wissen, daß ich ihr Vertrauen brauche. Ich sagte: »Wenn ich mal ein Flugzeug verpasse, sag mir nie: ›Ich hab's dir ja gesagt‹, sondern vertrau darauf, daß ich meine eigene Lehre daraus ziehe und mich entsprechend verhalte. Falls ich einmal meine Zahnbürste oder meinen Rasierapparat vergesse, laß das meine Sorge sein. Sag mir nichts davon, wenn ich dich anrufe.« Jetzt, wo sie erkannte, was ich wollte, war es für sie viel leichter, mich wirksam zu unterstützen, als vorher, als sie nur wußte, was *sie* an meiner Stelle gewollt hätte. Das zeigte sich in einer späteren Situation.

Ich war eingeladen, in Schweden ein Beziehungsseminar zu geben. Unterwegs fiel mir ein, daß ich meinen Reisepaß vergessen hatte. Da unsere Maschine in New York eine Zwischenlandung machte, konnte ich zu Hause in Kalifornien anrufen, um Bonnie von meinem Mißgeschick zu unterrichten. Ihre Reaktion war wundervoll. Anstatt mir einen Vortrag zu halten, daß ich gefälligst besser aufzupassen und verantwortlicher mit meinen Dingen umzugehen hätte, lachte sie einfach und sagte: »Irgendwas Interessantes passiert dir doch immer, wenn du auf Reisen gehst. Und was machst du jetzt?«

Ich bat sie, eine Kopie meines Passes zum schwedischen Konsulat zu faxen, und das Problem war gelöst. Sie war wunderbar kooperativ. Nicht ein einziges Mal ist sie darauf verfallen, mir irgendwelche Vorträge zu halten, daß ich mich besser vorbereiten müßte. Sie machte mir sogar ein Kompliment, daß mir eine so einfache Lösung eingefallen war.

Gemeinsame Schritte auf dem Weg zu einer besseren Kommunikation

Irgendwann fiel mir auf, daß ich immer, wenn eines meiner Kinder mich bat, etwas für es zu tun, sagte: »Kein Problem«, oder so ähnlich. Dies war meine Art mitzuteilen, daß ich es gern tun würde. Meine Stieftochter Julie fragte mich eines Tages: »Warum sagst du eigentlich immer: ›Kein Problem‹?« Ich wußte nicht, was ich antworten sollte. Nach einer Weile merkte ich, daß das eine dieser tief verwurzelten marsianischen Angewohnheiten war. Als mir das klargeworden war, änderte ich meine Angewohnheit und reagierte hinfort mit einem »Ich tu das doch gern für dich.« Dadurch brachte ich genauer zum Ausdruck, was ich wirklich sagen wollte, und meine venusianische Tochter Julie fühlte sich wesentlich liebevoller behandelt.

Dieses kleine Beispiel steht stellvertretend für ein sehr wichtiges Geheimnis, wie man Beziehungen bereichern kann. *Kleine Veränderungen sind wesentlich effektiver, um eine Beziehung zu verbessern, denn sie gehen nicht auf Kosten unserer Persönlichkeit.* Dies war das Erfolgsgeheimnis von Marsmännern und Venusfrauen. Beide achteten darauf, daß sie ihrem Wesen treu blieben und trotzdem einige kleine Veränderungen in der Art und Weise ihres Umganges miteinander machten. Sie lernten, wie ihre Beziehungen besser funktionierten, wenn sie nur ein paar Redensarten veränderten.

Auf den Rückzug in die Höhle vorbereiten

In dem Moment, in dem ein Mann in seine Höhle geht, sollte er seiner Frau ein paar beruhigende Worte sagen. Dazu braucht er sich nicht in seinem Wesen zu ändern. Um diese kleine Veränderung vorzunehmen, muß er erkennen, daß Frauen immer Bestätigung brauchen, wenn sie sich keine Sorgen machen sollen. Wenn ein Mann die Unterschiede zwischen den Geschlechtern nicht versteht, kann er auch nicht verstehen, warum sein plötzliches Schweigen Grund zur Beunruhigung sein muß. Indem er ein paar beruhigende Worte spricht, kann er die Situation leicht entschärfen.

Weiß ein Mann nicht, daß er *anders* ist, kann es passieren, daß er es nicht mehr wagt, in seine Höhle zu gehen, weil er sieht, daß es sie stört, und ihr das Leben nicht unnötig schwer machen will. Das wäre ein großer Fehler. Wenn er seine Höhle aufgibt und sein wahres Wesen verleugnet, wird er reizbar, überempfindlich, defensiv, schwach, passiv und unberechenbar. Und was das Ganze noch schlimmer macht, er weiß noch nicht einmal, warum er so schrecklich geworden ist.

Wenn ein Mann in seine Höhle geht oder plötzlich still wird, gibt er damit zu verstehen: »Ich brauche ein wenig Zeit, um darüber nachzudenken. Sag erstmal nichts. Ich bin gleich wieder bei dir.« Er weiß natürlich nicht, daß die Frau statt dessen zu hören meint: »Ich liebe dich nicht mehr. Ich habe keine Lust mehr, dir ständig zuzuhören. Ich komme nie wieder zurück.« Um dieses Mißverständnis zu vermeiden, um der Frau seinen Rückzug zu erklären und um ihr unnötige Angst zu ersparen, kann er sagen: »*Ich bin gleich wieder bei dir.*«

Wenn ein Mann versteht, wie wichtig eine kleine Beruhigung für eine Frau ist, wird er nie wieder vergessen, sie ihr zu geben.

Kindheitserlebnisse spielen hier eine große Rolle. Frauen, die von ihrem Vater zurückgewiesen wurden, sind in dieser Hinsicht besonders empfindlich. Ebenso geht es Frauen, die als Kind beobachtet haben, wie die Mutter vom Vater zurückgewiesen wurde. Sie haben als Kind schon die Angst vor der Abfuhr entwickelt. Eine Frau sollte daher niemals dafür verurteilt werden, Bestätigung zu brauchen. Ebensowenig sollte ein Mann für sein Bedürfnis verurteilt werden, sich in seine Höhle zurückzuziehen.

Das Zuhören erleichtern

Männer fühlen sich leicht von den Gefühlsäußerungen einer Frau angegriffen und schuldig, besonders wenn sie ärgerlich ist und über Probleme spricht. Er geht fälschlicherweise davon aus, daß sie ihm nur ihre Gefühle mitteilt, weil sie ihn irgendwie für mitverantwortlich oder schuldig hält. Weil sie sich ärgert und mit ihm redet, schließt er, daß sie sich über *ihn* ärgert. Viele Männer haben kein Verständnis für das Bedürfnis der Frauen, ihre Gefühle, einschließlich ihres Ärgers, denen, die sie lieben, mitzuteilen.

Mit wenig Übung und unter Berücksichtigung unserer Wesensunterschiede können Frauen lernen, ihre Gefühle auszudrücken, ohne so zu klingen, als würden sie jemanden dafür verantwortlich machen. Um einem Mann zu versichern, daß er keine Schuld hat, kann die Frau nach ein paar Minuten in ihrem

Gespräch innehalten und ihm für sein geduldiges Zuhören danken. Sie kann eine der folgenden Bemerkungen machen:

▷ »Ich bin ja so froh, daß ich endlich einmal darüber reden kann!«
▷ »Es ist ein schönes Gefühl, darüber offen reden zu dürfen!«
▷ »Ich bin ja so erleichtert, daß du mir die Gelegenheit gibst, darüber zu sprechen!«
▷ »Ich freue mich ja so, daß ich mich darüber beschweren kann. Ich fühle mich schon viel besser.«
▷ »Jetzt, wo ich darüber gesprochen habe, fühle ich mich gleich besser. Danke.«

Wenn sie ihre Probleme darstellt, sollte sie nicht vergessen, daß sie ihn unterstützen kann, indem sie ihn gleichzeitig wegen der Dinge lobt, die er getan hat, um ihr das Leben leichter und erfüllter zu machen. Wenn sie sich über ihre Arbeit beklagt, sollte sie gelegentlich erwähnen, daß es ein schönes Gefühl für sie ist, nach einem langen Arbeitstag nach Hause zu kommen und zu wissen, daß er für sie da ist. Wenn sie sich über die Zustände in der Wohnung beklagt, sollte sie nicht vergessen zu erwähnen, daß sie die Reparatur, die er neulich gemacht hat, sehr zu schätzen weiß. Wenn sie sich über Geldmangel beschwert, sollte sie sagen, daß sie anerkennt, wie schwer er arbeitet. Wenn sie stöhnt, wie frustrierend es manchmal sein kann, Mutter zu sein, sollte sie gleichzeitig zeigen, daß sie froh ist, seine Hilfe zu haben.

Geteilte Verantwortung

Zu einer guten Kommunikation gehören immer zwei. Der Mann sollte versuchen, nicht zu vergessen, daß sie ihn nicht verantwortlich machen will, wenn sie sich über irgend etwas beschwert. Die Frau hingegen sollte ihn wissen lassen, daß sie ihn zu schätzen weiß, wenn sie sich über etwas beschwert.

Neulich kam beispielsweise meine Frau nach Hause und fragte mich, wie die Arbeit an diesem Kapitel vorangeht. Ich sagte: »Ich bin fast damit fertig. Wie war dein Tag?«

Sie sagte: »Es gab mal wieder sehr viel zu tun. Wir haben kaum noch Zeit für uns allein.« An dieser Stelle hätte mein altes Ich sich schuldig gefühlt und verteidigt. Ich hätte sie an die Zeiten erinnert, die wir zusammen verbracht haben, oder ihr gesagt, wie wichtig es ist, daß ich das Manuskript pünktlich abgebe. Das hätte jedoch nur zur Verstärkung der ohnehin schon aufkeimenden Spannung beigetragen.

Mein neues Ich jedoch war sich der Andersartigkeit ihres Wesens bewußt und verstand, daß sie sich nach Bestätigung und Verständnis und nicht nach Rechtfertigungen und Erklärungen sehnte. Ich sagte: »Du hast recht. Wir sind wirklich beide sehr beschäftigt. Setz dich doch einen Moment auf meinen Schoß. Laß dich umarmen. Es war ein ganz schön anstrengender Tag.«

Sie entspannte sich und antwortete: »Es ist schön, bei dir zu sein.« Das wiederum war die Anerkennung, die ich brauchte, um mehr für sie da zu sein. Sie konnte dann in aller Ruhe fortfahren, sich über ihren Tag zu beschweren und sich darüber zu beklagen, wie abgespannt sie sei. Nach ein paar Minuten machte sie eine Pause. Ich bot ihr an, das Kindermädchen nach Hause zu bringen, damit sie vor dem Abendessen noch ein wenig Zeit für sich hätte.

Sie sagte: »Das willst du wirklich für mich tun? Das ist wunderbar! Vielen Dank.« Sie gab mir dadurch die Anerkennung und Zustimmung, die ich brauchte, um mich wie ein guter Partner zu fühlen, selbst wenn sie müde und erschöpft war.

Frauen denken normalerweise nicht daran, Anerkennung zu verteilen, weil sie davon ausgehen, daß der Mann weiß, wie sehr sie es schätzt, daß man ihr zuhört. Er weiß es jedoch nicht. Wenn sie von ihren Problemen spricht, muß ihm versichert werden, daß er geliebt und geachtet wird.

Männer fühlen sich von Problemen frustriert, wenn sie nichts tun, um sie zu lösen. Indem sie ihm Anerkennung zuteil werden läßt, hilft sie ihm, das Gefühl zu haben, daß er etwas tut, indem er einfach nur zuhört.

Eine Frau muß ihre Gefühle nicht unterdrücken oder gar verändern, um ihren Partner zu unterstützen. Sie muß sie jedoch auf eine Weise ausdrücken, durch die er sich nicht angegriffen, angeklagt oder schuldig fühlt. Auch hier können ein paar kleine Veränderungen große Wirkung zeigen.

Der magische Satz: »Es ist nicht deine Schuld.« hilft keinem Mann. Eine Frau sollte, um einen Mann zu unterstützen, wenn sie ihren Gefühlen Luft macht, hin und wieder eine Pause einlegen und ihn ermutigen, indem sie sagt: »Ich weiß es wirklich zu schätzen, daß du mir zuhörst. Selbst wenn es sich manchmal so anhören mag, als würde ich dich für meine schlechte Laune verantwortlich machen, so weiß ich doch, es ist wirklich nicht deine Schuld.«

Frauen können lernen, ihrem Zuhörer gegenüber sensibel zu sein, indem sie verstehen, daß er sich leicht wie ein Versager fühlt, wenn ein Haufen Probleme vor ihm ausgebreitet wird.

Vor einiger Zeit rief mich meine Schwester an und erzählte mir, daß sie gerade eine schwierige Phase in ihrem Leben durchmachte. Während ich ihr zuhörte, erinnerte ich mich daran, daß ich sie am besten unterstützen konnte, wenn ich ihr keine Lösungen und Ratschläge anbot. Sie brauchte nur jemanden zum Zuhören. Nachdem ich zehn Minuten nichts anderes gemacht hatte, als zuzuhören und hin und wieder ein bestätigendes Gemurmel von mir zu geben, sagte sie: »Vielen Dank, John, jetzt fühle ich mich schon viel besser.«

Es fiel mir überhaupt nicht schwer, ihr zuzuhören, weil ich wußte, daß sie mir keine Schuld an ihren Schwierigkeiten gab. Sie machte andere dafür verantwortlich. Mit meiner Frau ist das nicht ganz so leicht, weil ich schneller geneigt bin, mich verantwortlich zu fühlen. Wenn sie mich jedoch immer wieder ermutigt, weiter zuzuhören, indem sie ein paar bestätigende Bemerkungen einfügt, fällt es mir viel leichter, ein guter Zuhörer zu sein.

Einem Mann zu versichern, daß es nicht seine Schuld ist und er nicht auf der Anklagebank steht, funktioniert nur solange, wie Sie ihn *wirklich* nicht für irgend etwas verantwortlich machen, ihn kritisieren oder sein Verhalten mißbilligen. Richtet sich Ihr Groll jedoch tatsächlich gegen ihn und suchen Sie bei ihm die Schuld, dann sollten Sie sich zuerst einen neutralen Dritten suchen, mit dem Sie darüber sprechen können. Sie sollten warten, bis Sie sich wieder beruhigt haben, um mit Liebe und Mitgefühl zu Ihrem Mann sprechen zu können. Sie sollten Ihre kritischen Gefühle auf jeden Fall erst einmal einem Menschen mitteilen, gegen den Sie keine negativen Gefühle hegen. Von dieser Person können Sie die Unterstützung bekommen, die Sie so dringend brauchen. Wenn Sie Ihrem Partner dann verziehen haben und wieder liebevolle Gefühle für ihn übrig haben, können Sie auf ihn zugehen und ihm Ihre Gefühle mitteilen. Wie man am besten über schwierige Gefühle miteinander redet, darauf werden wir noch zu sprechen kommen.

Viele Frauen wirken unbewußt sehr vorwurfsvoll, wenn sie ohne Hintergedanken einfach nur über ihre Probleme sprechen wollen. Das ist Gift für jede Beziehung, denn es blockiert die Kommunikation.

Stellen Sie sich vor, eine Frau sagt: »Wir tun überhaupt nichts mehr, nur arbeiten, arbeiten, arbeiten. Wir haben überhaupt keine Freude mehr am Leben. Du bist immer so ernst.« Die Vorstellung fällt nicht schwer, daß der Mann meint, sie mache ihn verantwortlich, und deshalb ein schlechtes Gewissen bekommt.

Fühlt er sich als Angeklagter, dann sollte er am besten versuchen, *nicht* den Spieß umzudrehen und sie ebenfalls anzuklagen, indem er sagt: »Du willst mich wohl für dein Unglück verantwortlich machen.« Statt dessen sollte er sagen: »Es ist nicht leicht für mich, wenn du sagst, ich sei so ernst. Willst du damit sagen, daß es allein meine Schuld ist, daß wir keinen Spaß mehr miteinander haben?« Oder er könnte formulieren: »Es verletzt mich, wenn du sagst, daß ich so ernst bin und wir keinen Spaß mehr haben. Willst du damit sagen, daß das allein meine Schuld ist?«

Zusätzlich könnte er ihr die Möglichkeit geben, einen Rückzieher zu machen und von sich aus die Kommunikation verbessern. Das könnte sich so anhören: »Ich habe fast das Gefühl, du meinst, daß das alles nur an mir liegt. Stimmt das?«

Eine solche Reaktion wäre respektvoll und gäbe ihr die Möglichkeit, Anschuldigungen, die er vielleicht gefühlt hat, zurückzunehmen. Wenn sie dann sagt: »Nein, natürlich ist das nicht allein dein Fehler«, wird er sich wahrscheinlich etwas erleichtert fühlen.

Eine andere Möglichkeit, die für mich sehr gut funktioniert, besteht darin, nicht zu vergessen, daß sie immer das Recht hat, sich zu ärgern. Wenn sie erst einmal ihrem Ärger Luft gemacht hat, fühlt sie sich viel besser. Wenn ich das weiß, kann ich mich entspannen. Wenn sie sich beschweren muß, kann ich ihr zuhören, ohne es persönlich zu nehmen. Sie weiß das zu schätzen.

Je mehr ein Mann zuhören und die Gefühle einer Frau richtig zu deuten lernt, desto leichter wird es. Wie jede Kunst erfordert auch Zuhören Übung. Jeden Tag, wenn ich nach Hause komme, suche ich als erstes meine Frau Bonnie auf, frage sie, was sie den Tag über gemacht hat und übe mich in der Kunst des Zuhörens.

Wenn sie ärgerlich ist oder einen anstrengenden Tag hinter sich hat, kann es im ersten Moment so klingen, als würde sie sagen wollen, daß ich irgendwie dafür verantwortlich bin und an ihrem Streß Schuld habe. Wenn ich dann weiterfrage, was sonst noch alles passiert ist, sehe ich jedoch, daß es noch eine ganze Reihe anderer Dinge gibt, die sie stören. Allmählich verstehe ich, daß ich für ihren Ärger nicht der Alleinverantwortliche bin. Nach einer Weile drückt sie ihre Dankbarkeit für mein Zuhören aus. Spätestens dann kann sie mir verzeihen, ist wirklich dankbar, akzeptiert mich und hat mich wieder lieb, selbst wenn ich teilweise für ihr Unwohlsein verantwortlich sein sollte.

Dadurch, daß Bonnie und ich gelernt haben, unsere Unterschiede zu respektieren und uns gegenseitig besser zu verstehen, ist unsere Ehe viel leichter geworden. Ich habe diese Entwicklung bei vielen, vielen Einzelpersonen und Paaren beobachten können. Beziehungen blühen auf, wenn die Bereitschaft vorhanden ist, sich gegenseitig so zu nehmen, wie man ist, und die gegebenen Unterschiede der Geschlechter zu respektieren. Wenn Probleme auftauchen und wir unsere Unterschiede kennen, sind wir von Natur aus motiviert, uns die nötige Zeit zu nehmen, um kreative Lösungen zu finden, bei denen es nur Gewinner gibt und keine Verlierer.

SECHSTES KAPITEL

Männer sind wie Gummibänder

Männer sind wie Gummibänder. Wenn sie sich entfernen, gehen sie nur eine bestimmte Strecke weit und kommen dann mit Schwung wieder zurück. Ein Gummiband ist ein perfektes Bild, um die männliche Art, mit Nähe umzugehen, zu symbolisieren. Wenn Männer sich einer Frau nähern, kommen sie ihr erst nahe, entfernen sich dann wieder, um daraufhin erneut auf sie zuzugehen.

Die meisten Frauen sind darüber erstaunt, daß ein Mann, wenn er eine Frau liebt, sich periodisch entfernen muß, bevor er wieder näherkommen kann. Männer haben einen instinktiven Drang, sich zu entfernen. Es liegt nicht in ihrer Hand. Sie können es nicht ändern. Es ist ein natürlicher Vorgang, der Zyklus des Mannes.

Frauen interpretieren dieses sich Entfernen meistens falsch, weil sich eine Frau in der Regel aus ganz anderen Motiven zurückzieht. Sie tut es, wenn sie meint, er nimmt keine Rücksicht auf ihre Gefühle, wenn sie verletzt ist oder wenn er etwas falsch gemacht und sie enttäuscht hat.

Sicher kann sich auch ein Mann aus diesen Gründen zurückziehen, aber er wird sich auch dann zurückziehen, wenn überhaupt nichts passiert ist. Es kann sein, daß er sie liebt und ihr vertraut und sich trotzdem von einem Moment auf den anderen von ihr entfernt. Wie ein Gummiband sich dehnt, so entfernt er sich und kommt anschließend ganz von allein wieder zurück.

Ein Mann zieht sich zurück, um sein Bedürfnis nach Unabhängigkeit und Autonomie zu befriedigen. Nachdem er sich so weit wie möglich entfernt hat, wird er sofort wieder zurückschnellen. Wenn er sehr weit fort scheint, wird er plötzlich wieder das Bedürfnis nach Liebe und Nähe verspüren. Automatisch wird er dann motivierter sein, seine Liebe zu geben und die Liebe, die er braucht, anzunehmen.

Pendeln zwischen Nähe und Autonomie

Wenn der männliche Intimzyklus richtig verstanden wird, kann er eine Beziehung sehr bereichern. Falsch verstanden, verursacht er unnötige Probleme. Ein Beispiel:

Maggie war beunruhigt, verängstigt und verwirrt. Seit sechs Monaten war sie mit Jeff zusammen. Dabei hatte es so romantisch angefangen. Aber irgendwann, ohne erkennbaren Grund, distanzierte er sich emotional von ihr. Maggie hatte keine Ahnung, warum er sich so plötzlich zurückzog. Sie sagte: »Eben noch war er ganz aufmerksam, und plötzlich wollte er nicht einmal mit mir sprechen. Ich habe alles versucht, um ihn wieder zurückzuholen, aber anscheinend mache ich es damit nur noch schlimmer. Er scheint so weit weg. Ich weiß nicht, was ich falsch gemacht habe. Bin ich denn so schrecklich?«

Als Jeff sich zurückzog, nahm Maggie es persönlich – eine völlig normale Reaktion. Daraufhin glaubte sie, etwas falsch gemacht zu haben. Sie fühlte sich schuldig. Sie wollte die Dinge wieder ins rechte Lot bringen, aber je mehr sie versuchte, Jeff näherzukommen, desto mehr zog er sich zurück.

Nachdem Maggie die Eigenheit ihres Partners verstanden hatte, war sie richtig erleichtert. Angst und Verwirrung fielen von ihr ab. Vor allem aber hörte sie auf, sich Vorwürfe zu machen. Sie erkannte, daß es nicht ihr Fehler war, wenn Jeff sich zurückzog. Sie begriff nun, warum er das tat und wie sie würdevoll damit umgehen konnte. Einige Monate später sah ich auch Jeff auf einem meiner Seminare. Er dankte mir für das, was Maggie gelernt hatte. Freudestrahlend teilte er mir mit, daß sie sich gerade verlobt hätten und bald heiraten wollten. Maggie hatte ein Geheimnis entdeckt, das nur wenige Frauen kennen.

Sie hatte erkannt, daß sie Jeff in einer Zeit nahe sein wollte, in der er Distanz brauchte. Dadurch hielt sie ihn davon ab, sich wie ein Gummiband auf volle Länge auszudehnen und dann mit voller Kraft wieder zu ihr zurückzukehren. Indem sie ihn nicht gehen ließ, hielt sie ihn davon ab, seine Sehnsucht nach ihr zu spüren und zu fühlen, daß er sie brauchte. Sie erkannte, daß sie in allen ihren Beziehungen immer wieder denselben Fehler gemacht hatte. Ohne es zu wissen, hatte sie einen wichtigen Zyklus unterbrochen. Indem sie versucht hatte, Nähe zu bewahren, hatte sie sie stets verhindert.

Erhält ein Mann nicht die Gelegenheit, sich zu entfernen, wird er niemals die Chance haben, seinen starken Wunsch nach Nähe zu verspüren. Frauen müssen das verstehen. Wenn sie auf ununterbrochene Nähe bestehen oder ihrem Partner hinterherrennen, wenn er sich einmal entfernt, wird er versuchen, sich weiter zu distanzieren und vielleicht irgendwann ganz aus ihrem Leben verschwinden.

In meinen Seminaren demonstriere ich das mit einem großen Gummiband. Stellen Sie sich vor, Sie halten ein Gummiband. Ziehen Sie es, soweit Sie können, auseinander. Wenn es zu seiner vollen Länge gedehnt ist, gibt es nur noch eine Richtung: zurück. Und wenn Sie es loslassen, wird es keine Sekunde zögern und mit aller Kraft zurückschnellen.

Genauso ist es mit einem Mann. Wenn er sich so weit entfernen durfte, wie ihm nötig erschien, wird er mit viel Kraft und Schwung wieder zurückkehren. In der »Ferne« geht eine Wandlung in ihm vor. Seine innere Einstellung verschiebt sich. Weit weg von ihr merkt er plötzlich, daß er nicht mehr ohne seine Partnerin leben kann, selbst wenn es vorher so schien, daß er sich überhaupt nichts aus ihrer Nähe macht. Er fühlt wieder sein Bedürfnis nach Intimität. Seine Kraft ist wiedererwacht, ebenso wie sein Bedürfnis zu lieben und geliebt zu werden.

Nachdem Männer ihr Bedürfnis nach Intimität erfüllt haben, spüren sie ihr Bedürfnis nach Autonomie und Unabhängigkeit. Automatisch ziehen sie sich zurück, und ihre Partnerin bekommt Panik. Sie weiß nicht, daß er wieder Nähe suchen wird, sobald er sein Bedürfnis nach Autonomie befriedigt hat. *Sein Bedürfnis nach Intimität wechselt sich mit dem nach Autonomie ab.*

Jeff zum Beispiel war am Anfang seiner Beziehung stark und voller Sehnsucht. Sein Gummiband war voll ausgedehnt. Er wollte sie beeindrucken, erfüllen, ihr guttun und näherkommen. Hatte er damit Erfolg, so wandte auch sie sich ihm mehr zu. Während sie ihm ihr Herz öffnete, kam er immer näher. Wenn sie Intimität erlangen, fühlte es sich wunderbar an. Nach und nach fand jedoch eine Veränderung statt.

Je mehr Energie er investierte und je näher er ihr kam, desto schlaffer wurde sein Gummiband. Seine Kraft und sein Schwung waren dahin. Es gab keine Bewegung mehr. Sein Bedürfnis nach Nähe war erst einmal erfüllt.

Selbst wenn die Erfüllung des männlichen Bedürfnisses nach Nähe für ihn befriedigend ist, wird er dennoch eine innere Veränderung durchmachen. Nachdem er für eine gewisse Zeit seinen Hunger nach Nähe gestillt hat, fühlt er nun einen Hunger nach Unabhängigkeit. Er möchte auf sich gestellt sein. Er hat genug davon, jemand anders zu brauchen. Vielleicht hat er das Gefühl, er ist zu abhängig geworden, oder er hat lediglich den Drang, sich zu entfernen, aber weiß gar nicht genau warum.

Wenn Jeff sich instinktiv ohne Erklärung, weder für Maggie noch für sich selbst, entfernt, reagiert Maggie mit Angst. Sie bekommt Panik und rennt ihm hinterher. Sie meint, etwas falsch gemacht und ihn enttäuscht zu haben. Ihre Schuldgefühle machen sie glauben, daß es ihre Aufgabe ist, die Intimität wiederherzustellen. Sie hat Angst, er kommt nie wieder. Schlimmer noch: Sie fühlt sich vollkommen machtlos, ihn zurückzugewinnen, weil sie nicht weiß, was ihn abgestoßen hat. Sie weiß nicht, daß sein Verhalten zum männlichen Intimzyklus gehört. Wenn sie ihn fragt, was los ist, bekommt sie keine klare Antwort. Er weigert sich, mit ihr darüber zu reden. Er fährt lediglich fort, sich immer weiter zu distanzieren.

Es ist leicht zu durchschauen, warum Männer und Frauen anfangen, an ihrer Liebe zu zweifeln, wenn sie dieses Prinzip nicht verstehen. Ohne daß Maggie wußte, daß sie Jeff davon abhielt, sein Bedürfnis nach Autonomie zu befriedigen, mußte sie annehmen, daß er sie nicht mehr liebte. Da Jeff durch Maggies Verhalten seinerseits keine Chance bekam, sich vorübergehend zu entfernen, mußte Jeffs Sehnsucht und Wunsch nach Nähe verlorengehen. Deshalb lag für ihn die Vermutung nahe, daß er Maggie nicht mehr liebte.

Wenn ein Mann sich zurückzieht, zweifelt die Frau an seiner Liebe. Wenn ein Mann sich nicht zurückzieht, zweifelt er selbst an seiner Liebe.

Nachdem Maggie gelernt hatte, Jeff seine Distanz und seinen Freiraum zu lassen, entdeckte sie, daß er immer wiederkam. Sie übte sich darin, ihm nicht mehr hinterherzulaufen, wenn er sich zurückzog, sondern darauf zu vertrauen, daß alles in Ordnung war.

Je mehr Vertrauen sie faßte, desto leichter fiel es ihr, keine Panik zu bekommen. In Zeiten, wenn er sich entfernte, rannte sie ihm nicht mehr hinterher und dachte nicht einmal mehr, daß irgend etwas nicht in Ordnung sein könnte. Sie akzeptierte es als einen Teil von Jeff. Je besser sie ihn in solchen Zeiten ertragen konnte, desto eher kam er wieder zurück. Als Jeff begann, seine wechselnden Gefühle und Stimmungen zu verstehen, gewann er immer mehr Vertrauen in seine Liebe. Er war nun fähig, eine dauerhafte Beziehung einzugehen. Das Geheimnis des Erfolges von Maggie und Jeff lag darin, daß sie verstanden und akzeptierten, daß Männer wie Gummibänder sind.

Wenn eine Frau nicht versteht, warum Männer sich verhalten wie ein Gummiband, läuft sie Gefahr, seine Reaktionen falsch zu interpretieren. Ein weit verbreitetes Mißverständnis taucht immer dann auf, wenn sie sagt: »Laß uns reden«, und er sich daraufhin sofort emotional distanziert. Genau in dem Moment, wenn sie sich öffnen und ihm näherkommen will, will er sich zurückziehen. Oft höre ich die Beschwerde: »Immer wenn ich reden will, zieht er sich zurück. Ich habe das Gefühl, er macht sich nichts mehr aus mir.«

Die Analogie mit dem Gummiband erklärt, wie ein Mann sich einer Frau sehr wohl stark verbunden fühlen und sich trotzdem plötzlich entfernen kann. Wenn er sich zurückzieht, liegt das nicht daran, daß er nicht reden will. Er will lediglich für eine gewisse Zeit allein sein. Er braucht Zeit, in der er für niemanden sonst verantwortlich ist und sich ganz um sich selbst kümmern kann. Es ist eine Zeit, in der er für sich selbst sorgen kann.

Zu einem gewissen Grade *verliert* ein Mann sich selbst, wenn er sich mit einer Partnerin zusammentut. Indem für ihn ihre Bedürfnisse, Probleme, Wünsche und Emotionen im Vordergrund stehen, kann er den Kontakt zu sich selbst verlieren. Indem er sich wieder entfernt, kann er seine persönlichen Grenzen wiederfinden und gleichzeitig seinem Bedürfnis nach Autonomie nachkommen.

Einige Männer haben vielleicht ein anderes Verständnis davon, wie sie sich zurückziehen. Vielleicht ist es für sie nur ein Gefühl, wie: »Ich brauche etwas Raum«, oder »Ich muß einmal allein sein.« Gleich wie es definiert wird, wenn ein Mann sich zurückzieht, erfüllt er sein legitimes Bedürfnis danach, für sich selbst zu sorgen.

Genauso wie wir uns nicht irgendwann *entschließen*, hungrig zu sein, hat ein Mann auch keine bewußte Kontrolle über sein Bedürfnis, sich zurückzuziehen. Es ist ein instinktiver Drang. Er kann nur ein begrenztes Maß an Nähe vertragen. Danach beginnt er sich selbst zu verlieren. An diesem Punkt fängt er an, sein Bedürfnis nach Autonomie zu verspüren, und beginnt sich zurückzuziehen. Versteht eine Frau die Zusammenhänge, wird sie sein Verhalten richtig deuten.

Frauen erleben es oft, daß ein Mann sich genau in dem Moment zurückzieht, wenn sie mit ihm reden und ihm nahekommen will. Das hat zwei Gründe:

▷ Eine Frau merkt unbewußt, wenn er sich zurückzieht. Sie versucht daraufhin sofort, die intime Verbindung zu ihrem Partner wiederherzustellen, indem sie sagt: »Laß uns darüber reden.« Während er sich immer weiter entfernt, geht sie irrtümlicherweise davon aus, daß er nicht mehr mit ihr reden will oder sich nichts mehr aus ihr macht.

▷ Wenn eine Frau sich öffnet und tiefere, intimere Gefühle zur Sprache bringt, kann sie damit das Bedürfnis des Mannes nach Zurückgezogenheit auslösen. Es gibt für jeden Mann eine Grenze der Intimität. Wenn die überschritten wird, geht seine Alarmanlage los, und er muß wieder seine innere Balance finden, indem er sich zurückzieht. Ausgerechnet in den intimsten Situationen kann ein Mann plötzlich das Bedürfnis bekommen, sich zurückzuziehen und autonom zu sein.

Es ist für eine Frau sehr verwirrend, wenn ein Mann sich zurückzieht, denn meistens ist es etwas, das sie sagt oder tut, was seinen Rückzug auslöst. Normalerweise ist das der Fall, wenn sie anfängt, *mit Gefühl* über etwas zu sprechen. Gefühle schaffen Nähe, und ein Mann verträgt nur ein bestimmtes Maß von Nähe, alles, was darüber hinausgeht, führt dazu, daß er sich automatisch zurückzieht.

Das bedeutet nicht, daß er sich nicht für ihre Gefühle interessiert. Es ist nur nicht der richtige Zeitpunkt dafür. Zu einem anderen Zeitpunkt in seinem Intimzyklus, wenn er das Bedürfnis nach Nähe hat, können dieselben Gefühle, die seinen Rückzug ausgelöst haben, ihn zu noch mehr Nähe animieren. Nicht *was* sie sagt, löst seinen Rückzug aus, sondern *wann* sie es sagt.

Zeit, mit ihm zu sprechen

Der Augenblick, in dem sich ein Mann zurückzieht, ist nicht der richtige Zeitpunkt, um mit ihm sprechen oder ihm näherkommen zu wollen. Lassen Sie zu, daß er sich zurückzieht. Nach einer gewissen Zeit wird er wiederkommen. Er wird wieder liebevoll und kooperativ erscheinen. Er wird so handeln, als sei nichts geschehen. *Dann ist es Zeit zu reden.*

In dieser glücklichen Zeit, in der ein Mann Intimität sucht und tatsächlich zum Gespräch bereit ist, läßt sich eine Frau die Gelegenheit oft entgehen und fängt kein Gespräch an. Dafür gibt es im wesentlichen drei Gründe:

▷ Sie hat Angst zu reden, weil er sich das letztemal, als sie es versucht hat, zurückgezogen hat. Sie glaubt, daß er nicht zuhören wollte, weil es ihn nicht interessiert.

▷ Sie hat Angst, er ist böse auf sie, und wartet darauf, daß er von sich aus anfängt, über seine Gefühle zu reden. Sie selbst hätte das dringende Bedürfnis über ihre Gefühle zu sprechen, wäre sie diejenige, die sich wie er zurückgezogen hätte. Sie wartet darauf, daß er das Gespräch über den Grund seiner Wut eröffnet. Er hingegen braucht überhaupt nicht über seine wütenden Gefühle zu reden, weil er gar keine hat.

▷ Sie hat so viel zu sagen, daß sie nicht unhöflich sein will, indem sie einfach drauflosredet. Um höflich zu sein, macht sie den verhängnisvollen Fehler, anstatt über *ihre eigenen* Gedanken und Gefühle zu sprechen, ihn über *seine* Gefühle und Gedanken zu befragen. Wenn er dann nichts zu sagen hat, schließt sie, daß er nicht mit ihr reden will.

Angesichts all dieser Mißverständnisse ist es kein Wunder, daß Frauen von den Männern frustriert sind.

Wenn eine Frau nach seiner Rückkehr reden will oder den Wunsch nach Nähe verspürt, sollte *sie* diejenige sein, die anfängt, und nicht erwarten, daß der Mann es tut. Um erfolgreich ein Gespräch zu eröffnen, muß sie den ersten Schritt machen und etwas von sich erzählen, auch wenn ihr Partner sehr wenig zu erwidern hat. Wenn sie ihm jedoch dankbar und aufmerksam zuhört, wird er allmählich immer mehr zu sagen haben.

Ein Mann kann sehr wohl offen für ein Gespräch mit einer Frau sein und dennoch anfangs nichts zu sagen haben. Frauen wissen nicht, daß jeder Mann erst einmal einen triftigen Grund braucht, bevor er anfängt zu reden. Er spricht nie, nur um sich mitzuteilen. Wenn jedoch eine Frau für eine Weile redet, beginnt der Mann sich ebenfalls zu öffnen und läßt sie wissen, was er von dem, was sie ihm mitzuteilen hat, hält.

Erzählt sie ihm beispielsweise von den Schwierigkeiten, denen sie im Laufe des Tages begegnet ist, kommt er vielleicht »zwecks Vergleich« auf seine eigenen Schwierigkeiten zu sprechen. Wenn sie über ihre Gefühle den Kindern gegenüber spricht, redet er vielleicht selbst über seine eigenen Gefühle den Kindern gegenüber. Wenn sie sich öffnet und er sich nicht angeklagt oder unter Druck gesetzt fühlt, wird auch er sich allmählich öffnen.

Wenn die Frau den Anfang macht, fühlt sich der Mann auf natürliche Weise motiviert, ebenfalls zu sprechen. Wenn man jedoch von ihm erwartet, daß er redet, nur um zu reden, fällt ihm überhaupt nichts ein. Er hat nichts zu sagen. Wenn ein Mann das Gefühl hat, es wird von ihm verlangt, daß er spricht, wird er sich widersetzen, selbst wenn er etwas zu sagen hat.

Es ist schwer für einen Mann, wenn die Frau erwartet, daß *er* anfängt zu sprechen. Ohne zu wissen, verdirbt sie ihm jegliche Lust, etwas zu sagen, wenn sie ihn ins Kreuzverhör nimmt. Besonders, wenn er ohnehin nicht gerade gesprächig ist. Die Frau geht von der falschen Voraussetzung aus, daß der Mann »etwas auf dem Herzen hat« und daher reden sollte. Sie vergißt dabei jedoch, daß seine Vorfahren vom Mars stammen und daß das Bedürfnis zu reden für ihn etwas Fremdes ist.

Sie hat sogar das Gefühl, daß er sie nicht liebt, wenn er nicht von sich aus mit ihr redet. Weist sie einen Mann zurück, weil er nicht anfängt zu reden, kann sie sicher sein, daß er nichts mehr zu sagen hat. Ein Mann muß sich so angenommen fühlen, wie er ist, damit er sich öffnen kann. Er fühlt sich nicht angenommen, wenn sie ihm zu verstehen gibt, daß er zu wenig redet, oder wenn sie ihm Vorwürfe macht, weil er sich zurückzieht.

Ein Mann, der oft das Bedürfnis hat, sich zurückzuziehen, muß zuerst einmal lernen zuzuhören, bevor er lernen kann, sich mitzuteilen und sich zu öffnen. Er muß das Gefühl haben, man ist ihm dankbar dafür, daß er zuhört, dann wird er allmählich immer mehr sagen.

Wenn eine Frau in einer Beziehung das Bedürfnis verspürt, mehr zu reden – und die meisten Frauen tun das –, kann sie durchaus ein besseres Gespräch in Gang bringen. Dabei muß sie sich jedoch im Klaren sein, daß sie nicht nur akzeptieren, sondern geradezu erwarten muß, daß er manchmal zur Verfügung stehen wird, aber manchmal auch nicht. Ist er gesprächsbereit, sollte sie, statt ihm 20 Fragen auf einmal zu stellen und zu erwarten, daß er sofort losredet, ihn lieber wissen lassen, daß sie seine Gegenwart zu schätzen weiß und er nicht unbedingt etwas sagen muß, sondern einfach nur zuhören kann. Anfangs ist es vielleicht sogar klar, ihm abzuraten, sich am Gespräch aktiv zu beteiligen.

Maggie könnte zum Beispiel sagen: »Jeff, kannst du mir mal einen Moment zuhören? Ich hatte einen schweren Tag und möchte darüber sprechen. Das würde mich ungeheuer erleichtern.« Nachdem Maggie dann ein paar Minuten geredet hat, könnte sie eine Pause machen und sagen: »Ich weiß es wirklich zu schätzen, wenn du mir zuhörst und ich dir meine Gefühle schildere. Es bedeutet mir sehr viel.« Eine solche Anerkennung kann einen Mann anregen, weiter zuzuhören.

Ohne Anerkennung und Ermutigung kann ein Mann leicht das Interesse verlieren, weil er das Gefühl hat »nur zuzuhören« und »nichts zu tun«. Er weiß nicht, wie wichtig es für sie ist, wenn er zuhört. Die meisten Frauen dagegen wissen instinktiv, wie wertvoll Zuhören sein kann. Wenn sie von einem Mann erwartet, daß er das weiß, setzt sie voraus, daß er denkt und fühlt wie eine Frau. Glücklicherweise ist es tatsächlich für einen Mann möglich, wenn er einige Erfahrung im Zuhören und Angenommenwerden gemacht hat, den Wert des Redens zu entdecken und zu respektieren.

Wenn Männer schweigen

Sandra und Larry waren seit 20 Jahren verheiratet. Sandra wollte sich scheiden lassen, und Larry wollte die Beziehung retten. Sie sagte: »Wie kann er sagen, daß er verheiratet bleiben will? Er liebt mich nicht mehr. Er fühlt nichts mehr. Er geht weg, wenn ich mit ihm reden will. Er ist kalt und herzlos. Ich bin nicht bereit, ihm alles zu verzeihen. Ich halte es in dieser Ehe nicht mehr länger aus. Ich bin es leid, mich immer wieder vergeblich darum zu bemühen, daß er sich öffnet und seine Gefühle zeigt.«

Sandra wußte nicht, daß auch sie ihren Beitrag zu den Problemen ihrer Beziehung geleistet hatte. Sie glaubte, es war alles die Schuld ihres Mannes. Sie meinte, alles getan zu haben, um Nähe, Gespräch und Verständigung herbeizuführen. Sie war der Überzeugung, daß er sich ihr 20 Jahre widersetzt hat.

Nachdem sie die Lektion »Männer sind wie Gummibänder« in einem meiner Seminare durchgemacht hatte, brach sie in Tränen aus und bat ihren Mann um Vergebung. Sie erkannte, daß »sein« Problem ihr gemeinsames Problem war. Sie sah nun deutlich, wie auch sie dazu beigetragen hatte.

Sie sagte: »Ich erinnere mich an das erste Jahr unserer Ehe. Immer wenn ich bereit war, mich zu öffnen und über meine Gefühle zu sprechen, zog er sich zurück. Ich glaubte, er liebte mich nicht mehr. Nachdem das ein paarmal passiert war, gab ich es auf. Ich war nicht bereit, mich immer wieder verletzen zu lassen. Ich wußte nicht, daß er zu einem anderen Zeitpunkt sehr wohl bereit war zuzuhören. Ich gab ihm jedoch keine Chance. Ich wollte, daß er sich öffnet, bevor ich es tue.«

Immer wenn Sandra das Gespräch suchte, war das Produkt im wesentlichen ein Monolog. Sie wollte ihn zum Reden bringen, indem sie ihm als erstes eine Reihe von Fragen stellte. Als Reaktion auf seine kurzen Antworten wurde sie wütend, bevor sie überhaupt sagen konnte, worüber sie eigentlich mit ihm sprechen wollte. Wenn sie schließlich anfing, über ihre Gefühle zu sprechen, war es immer dasselbe. Sie war sauer, weil er sich nicht öffnete, keine Liebe zeigte und sich nicht mitteilte.

Ein solcher Monolog hörte sich etwa folgendermaßen an:

Sandra: »Wie war's heute?«

Larry: »Ganz gut.«

Sandra: »Was war los?«

Larry: »Das Übliche.«

Sandra: »Hast du Lust, am Wochenende was zu unternehmen?«

Larry: »Ich weiß nicht. Was hast du vor?«

Sandra: »Möchtest du unsere Freunde einladen?«

Larry: »Ich weiß nicht... Weißt du, wo die Fernsehzeitung ist?«

Sandra (ärgerlich): »Warum sprichst du nicht mit mir?«

Larry (erstaunt und stumm): »...«

Sandra: »Liebst du mich eigentlich noch?«

Larry: »Natürlich liebe ich dich! Ich habe dich doch geheiratet.«

Sandra: »Wie kannst du behaupten, du liebst mich? Wir reden ja nicht einmal mehr miteinander. Wie kannst du nur so unbeteiligt sein. Du sitzt einfach da und sagst nichts. Machst du dir überhaupt noch etwas aus unserer Ehe?«

An diesem Punkt steht Larry auf und macht einen Spaziergang. Wenn er nach einer Weile zurückkommt, tut er so, als sei nichts gewesen. Auch Sandra tat so, als sei alles in Ordnung, aber innerlich entzog sie ihm ihre Liebe und Wärme. Äußerlich versuchte sie, liebevoll zu erscheinen, aber im Inneren wuchs ihre Abneigung. Von Zeit zu Zeit brodelte es in ihr, und sie fing einen weiteren verhörartigen Monolog an, wie oben beschrieben. Nach 20 Jahren »Beweisaufnahme« kam sie schließlich zu dem Schluß, daß er sie nicht liebte. Mit dieser »Erkenntnis« war sie nicht mehr länger bereit, auf menschliche Nähe weiterhin zu verzichten und wollte frei sein für eine neue, erfüllendere Beziehung.

Während des Seminars sagte Sandra: »Ich habe 20 Jahre mit dem Versuch verbracht, Larry zum Reden zu bringen. Ich wollte, daß er sich öffnet und seine verletzliche Seite zeigt. Mir ist die ganze Zeit über entgangen, daß *ich* einen Mann brauche, der *mich* dabei unterstützt, offen und verletzlich zu sein. Das war es, was ich wirklich brauchte. Ich habe an diesem einen Wochenende mehr intime Gefühle mit meinem Mann geteilt, als in den ganzen 20 Jahren unserer Ehe. Endlich fühle ich mich geliebt. Das war es, was ich vermißt habe. Ich hatte geglaubt, *er* muß sich ändern. Jetzt weiß ich, daß weder mit ihm noch mit mir etwas nicht in Ordnung war. Wir wußten einfach nicht, wie wir uns gegenseitig unterstützen können.«

Sandra hatte sich immer darüber beklagt, daß Larry nicht redete. Sie hatte sich eingeredet, daß sein Schweigen Nähe zwischen ihnen unmöglich machte. Während des Seminars lernte sie, ihre eigenen tiefen Gefühle mitzuteilen, ohne von Larry zu erwarten, daß er sich revanchiert. Anstatt sein Schweigen zurückzuweisen, lernte sie, es zu schätzen. Dadurch wurde er zu einem besseren Zuhörer.

Larry erlernte die Kunst des Zuhörens. Er übte sich im Zuhören, ohne ihr Lösungen anzubieten. Es ist viel effektiver, einen Mann das Zuhören zu lehren, als ihm beizubringen, sich zu öffnen und verletzlich zu sein. Wenn er lernt, jemandem zuzuhören, der ihm am Herzen liegt, und dafür Anerkennung erntet, wird er sich allmählich ganz von selbst öffnen und mitteilsamer werden.

Wenn ein Mann merkt, sein Zuhören wird geschätzt, und er nicht das Gefühl hat, er wird abgelehnt, weil er nicht andauernd redet, öffnet er sich allmählich. Fühlt er sich nicht zum Reden gedrängt, wird er es automatisch tun. Zuerst muß er jedoch merken, daß er akzeptiert wird. Schweigt er, und ist sie deshalb frustriert, dann sollte sie sich daran erinnern, daß Männer vom Mars kommen.

Ein Mann braucht seine Höhle

Lisa und Jim waren seit zwei Jahren verheiratet. Niemals trennten sie sich auch nur für eine Stunde. Nach einer Weile wurde Jim zunehmend reizbar, passiv, launisch und aufbrausend.

In einer Einzelberatung sagte mir Lisa: »Es macht keinen Spaß mehr mit ihm. Ich habe alles versucht, um ihn aufzumuntern, aber nichts hilft. Ich möchte etwas mit ihm unternehmen, Freude haben, mit ihm Essen gehen, einkaufen, verreisen, ins Theater oder auf Parties, aber er will nicht. Wir machen überhaupt nichts mehr. Wir gucken nur in die Röhre, essen, schlafen und arbeiten. Ich versuche ja, ihn zu lieben, aber er macht mich wütend. Früher war er immer so charmant und romantisch. Das Leben mit ihm ist schrecklich langweilig geworden. Ich weiß nicht, was ich tun soll. Er rührt sich einfach nicht.«

Nachdem Lisa und Jim von der Gummiband-Theorie und den männlichen Intimzyklus gehört hatten, erkannten sie, daß sie zuviel Zeit miteinander verbracht hatten. Jim und Lisa müssen mehr Zeit getrennt voneinander verbringen.

Wenn ein Mann zuviel Nähe erfährt und sich nicht zurückziehen kann, folgt daraus meist launisches Verhalten, Reizbarkeit, Passivität und Abwehrhaltung. Jim hatte nicht gelernt, sich zurückzuziehen. Er fühlte sich schuldig, wenn er allein war. Er meinte, er müsse *alles* mit seiner Frau teilen.

Auch Lisa dachte, sie müßten alles gemeinsam unternehmen. In ihrer Therapiestunde fragte ich Lisa, warum sie soviel Zeit mit Jim verbracht hatte.

Sie sagte: »Ich hatte Angst, er ärgert sich, wenn ich etwas Schönes ohne ihn erlebe. Einmal ging ich allein einkaufen, und er war mir richtig böse.«

Jim erklärte: »Ich kann mich genau an den Tag erinnern. Aber ich war überhaupt nicht böse auf dich. Ich war sauer, weil ich durch ein Geschäft eine Menge Geld verloren hatte. Ich erinnere mich noch so gut, weil ich damals froh war, einmal das ganze Haus für mich allein zu haben. Ich habe es dir nur nicht erzählt, weil ich Angst hatte, deine Gefühle zu verletzen.«

Mit dieser neuen Perspektive bekam Lisa endlich die Erlaubnis, die sie brauchte, um sich nicht mehr soviel um Jim zu sorgen. Sie kümmerte sich nun mehr um sich selbst. Als sie endlich die Dinge tun konnte, die sie schon immer tun wollte, und dabei auch noch tatkräftige Unterstützung von ihren Freundinnen bekam, war sie viel glücklicher.

Endlich konnte sie mit ihren Vorurteilen gegen Jim aufräumen. Sie erkannte, daß sie zuviel von ihm erwartet und selbst zu ihrer Beziehungsproblematik beigetragen hatte. Sie sah, daß er mehr Zeit für sich brauchte. Ihr aufopferndes Verhalten hielt ihn davon ab, sich zurückzuziehen (und dann wiederzukommen), und ihre innere Abhängigkeit erstickte ihn.

Lisa unternahm nun Dinge, die ihr Spaß machten – ohne Jim. Sie tat vieles, was sie immer schon tun wollte. An einem Abend ging sie mit ihren Freundinnen zum Essen. An einem anderen ging sie ins Theater und eine Woche später zu einer Geburtstags-Bowling-Party eines Freundes.

Sie war erstaunt darüber, wie schnell sich ihre Beziehung zum Besseren wendete. Jim wurde aufmerksamer und interessierte sich mehr für sie. Es dauerte nur ein paar Wochen, und Jim war wie zu Beginn ihrer Partnerschaft. Er wollte wieder etwas Schönes mit ihr unternehmen. Er traf Verabredungen mit ihr. Er hatte seine Motivation zurück.

In der Therapie sagte er: »Ich fühle mich so erleichtert. Ich fühle, wie ich geliebt werde ... Wenn Lisa nach Hause kommt, freut sie sich, mich zu sehen. Es ist ein schönes Gefühl, sie zu vermissen, wenn sie nicht da ist. Es ist einfach schön, überhaupt wieder Gefühle zu haben. Ich hatte fast schon vergessen, wie das ist. Vorher hatte ich den Eindruck, daß nichts, was ich tue, gut genug ist. Lisa versuchte ständig, mich zu irgend etwas zu zwingen. Immerzu sagte sie mir, was ich zu tun hätte, und stellte mir endlose Fragen.«

Lisa erzählte: »Ich merkte, daß ich ihn für mein Unglück verantwortlich gemacht hatte. Als ich selbst die Verantwortung für mein Glück übernahm, erlebte ich, wie Jim plötzlich aufblühte und viel mehr Energie hatte als vorher.«

Es gibt im wesentlichen zwei Arten, wie eine Frau unwillentlich den natürlichen Intimzyklus ihres Partners stören kann. Die eine besteht darin, daß sie ihn verjagt, wenn er sich zurückzieht, und die andere, daß sie ihn für seinen Rückzug bestraft.

Jagen

Physisch:
Wenn er sich zurückzieht, folgt sie ihm durch alle Zimmer bis in den Keller. Oder – wie in dem Beispiel von Lisa und Jim – sie wird nicht in der Weise für sich selbst aktiv, wie es ihr gut täte, um ununterbrochen mit ihrem Partner zusammen sein zu können.

Emotional:
Wenn er sich zurückzieht, verfolgt sie ihn mit ihren Gefühlen. Sie sorgt sich um ihn. Sie möchte ihm helfen, damit er sich besser fühlt. Sie bemitleidet ihn. Sie erstickt ihn mit ihrer Aufmerksamkeit und ihrem Lob.

Oder: Sie mißachtet sein Bedürfnis nach Zurückgezogenheit und verweigert ihm die Respektierung seiner Persönlichkeit.

Oder: Sie macht ihm mit sehnsuchtsvollen oder beleidigten Blicken Schuldgefühle. Auf diese Weise bettelt sie um Nähe, und er fühlt sich unter Druck gesetzt.

Mental:
Wenn er sich zurückzieht, versucht sie ihn mit Argumenten zurückzuhalten, indem sie ihm durch ihre Fragen ein schlechtes Gewissen einjagt. »Wie konntest du mich so behandeln?«, oder: »Was ist eigentlich mit dir los?«, oder: »Merkst du nicht, wie sehr du mich verletzt, wenn du einfach gehst?«

Oder: Sie schmeichelt ihm. Plötzlich tut sie alles für ihn. Sie versucht, vollkommen zu sein, damit er niemals einen Grund hat, von ihr wegzugehen. Sie gibt ihre Identität völlig auf und versucht, das zu werden, von dem sie glaubt, daß er es will.

Eine zweite verbreitete Methode der Frau, ungewollt den Intimzyklus des Mannes zu unterbrechen, besteht darin, ihn für seinen Rückzug zu bestrafen.

Physisch:
Wenn er sich wieder nach ihr sehnt, weist sie ihn zurück. Sie weist seine körperliche Zuneigung ab. Vielleicht stößt sie ihn sexuell ab. Sie erlaubt ihm nicht, sie zu berühren oder ihr nahezukommen. Vielleicht geht sie auch körperlich gegen ihn vor oder zerbricht irgendwelche Dinge, um ihren Unwillen unübersehbar auszudrücken.

Wenn ein Mann für den Rückzug in seine Höhle bestraft wird, erzeugt das bei ihm die Angst, es wieder zu tun. Diese Angst kann ihn davon abhalten, sich in Zukunft auf natürliche Weise zurückzuziehen. Sein Zyklus ist damit gestört. Möglicherweise erzeugt die Bestrafung auch Wut, die sein Streben nach Nähe blockiert. Vielleicht kommt er auch nicht mehr zurück, wenn er einmal weggegangen ist.

Emotional:
Wenn er zurückkommt, ist sie unglücklich und macht ihn dafür verantwortlich. Sie verzeiht ihm nicht, daß er sich nicht um sie gekümmert hat. Es gibt nichts, was er tun kann, um sie umzustimmen. Er fühlt sich unfähig, sie glücklich zu machen, und gibt auf.

Oder: Sie drückt ihr Mißfallen in Worten und Tonfall sowie durch beleidigte und verletzte Blicke aus.

Mental:
Wenn er wiederkommt, weigert sie sich, für ihn offen zu sein und ihm ihre Gefühle mitzuteilen. Sie ist kalt und nimmt es ihm übel, daß er sich nicht geöffnet und mit ihr geredet hat.

Oder: Sie vertraut nicht mehr darauf, daß er sich um sie sorgt, und bestraft ihn, indem sie ihm keine Chance mehr gibt, ihr zuzuhören und wieder »gut« zu sein.

Oder: Er kommt freudestrahlend zu ihr zurück, und sie weist ihm die Tür.

Wenn ein Mann sich für seinen Rückzug bestraft fühlt, erzeugt das die Angst in ihm, ihre Liebe zu verlieren, wenn er sich zurückzieht. Ab sofort fühlt er sich, jedesmal wenn er sich zurückzieht, ihrer Liebe unwürdig. Vielleicht entwickelt er eine Scheu, wieder um ihre Liebe zu werben, weil er sich wertlos fühlt und davon ausgehen muß, daß er abgewiesen wird. Aus Angst vor der Zurückweisung bleibt er lieber in der Höhle, anstatt wieder zu ihr zurückzukehren.

Der Intimzyklus kann beim Mann bereits von Kindheit an gestört sein. Vielleicht hat er Angst, sich in seine Höhle zu begeben, weil er gesehen hat, wie seine Mutter seinen Vater dafür bestraft hat. Ein solcher Mann weiß möglicherweise gar nicht, daß er das Bedürfnis hat, dann und wann für sich alleine zu sein. Vielleicht konstruiert er sogar unterbewußt jedesmal eine Rechtfertigung für seinen Rückzug.

Ein solcher Mann entwickelt seine feminine Seite auf natürliche Weise besser. Er bemüht sich intensiv darum, liebenswert und gefällig zu sein, verliert aber dabei seine maskuline Identität. Jedesmal, wenn er sich zurückzieht, hat er ein schlechtes Gewissen. Allmählich büßt er sein Interesse am anderen Geschlecht, seine Kraft und seine Leidenschaftlichkeit ein, wird passiv und abhängig.

Während einige Männer nicht wissen, wie sie sich zurückziehen können, haben andere Schwierigkeiten mit der Nähe. Der typische Macho hat keinerlei Schwierigkeiten, der »große Einsame« zu sein. Er hat jedoch große Hemmungen, wenn es darum geht, wieder zurückzukommen und sich zu öffnen. Tief in seinem Inneren befürchtet er, der Liebe einer Frau nicht wert zu sein. Er hat Angst vor der Intimität und der Sorge um einen Menschen. Er hat keine Vorstellung davon, wie willkommen er wäre, wenn er bloß näherkommen würde. Sowohl dem femininen Mann als auch dem Macho fehlt die positive Vision oder das Erleben ihres natürlichen Intimzyklus.

Respektvoller Umgang
mit den Bedürfnissen des Partners

Männer verkennen oft völlig, wie schlimm es für eine Frau sein kann, wenn sie sich plötzlich zurückziehen und später irgendwann wieder auftauchen. Wenn ein Mann sich das klar macht und sieht, welchen Einfluß sein Intimzyklus auf die Frau hat, wird er erkennen, wie wichtig es ist, aufrichtig zuzuhören, wenn eine Frau spricht. Er wird verstehen und respektieren, daß sie das Bedürfnis hat, sicher sein zu können, daß er sich für sie interessiert und sich um sie sorgt. Ein kluger Mann wird sich immer, wenn er sich nicht gerade zurückziehen muß, die Zeit nehmen, ein Gespräch mit seiner Partnerin anzufangen, indem er sie fragt, wie sie sich fühlt.

Allmählich wird er seinen eigenen Zyklus kennenlernen und kann ihr, wenn er sich zurückzieht, versichern, daß er schon bald wieder zurück sein wird. Vielleicht sagt er: »Ich brauche etwas Zeit für mich allein. Anschließend setzen wir beide uns ganz allein zusammen und lassen uns durch nichts ablenken.« Wenn er sich zurückziehen muß, während sie spricht, kann er sagen: »Ich brauche etwas Zeit, um darüber nachzudenken. Laß uns später darüber reden.«

Vielleicht überhäuft sie ihn, wenn er zurückkommt, mit Fragen, warum er so lange weg war und was er gemacht hat. Möglicherweise weiß er es gar nicht so genau (was oft der Fall ist). Er kann dann sagen: »Ich bin mir nicht sicher. Ich habe nur etwas Zeit für mich allein gebraucht. Aber laß uns jetzt weiterreden.«

Ein kluger Mann kennt Bedürfnisse der Frau. Er weiß, daß sie angehört werden will, und daß er derjenige sein sollte, der ihr zuhört – natürlich nur, wenn er sich nicht gerade zurückgezogen hat. Außerdem weiß er, daß er sich durch Zuhören über das, was er selbst mitteilen will, klarer werden kann.

Eine kluge Frau lernt, von einem Mann nicht zu erwarten, daß er viel sagt, wenn sie mit ihm redet, und bittet ihn, ihr zuzuhören. Wenn sie so handelt, wird sie ihn nicht mehr unter Druck setzen. Sie lernt, sich zu öffnen und ihre Gefühle mitzuteilen, ohne zu erwarten, daß er dasselbe tut.

Sie vertraut darauf, daß er sich allmählich von selbst öffnen wird, wenn er sich angenommen fühlt. Sie bestraft ihn nicht und jagt ihm nicht hinterher. Sie versteht, daß ihre intimen Gefühle bisweilen seinen Rückzug auslösen. Ein andermal, wenn er aus seiner Zurückgezogenheit herauskommt, ist er dagegen durchaus in der Lage, ihre Gefühle zu verstehen. Eine kluge Frau gibt nie auf. Sie bleibt beharrlich, geduldig und liebevoll, denn sie weiß etwas, was nur wenige Frauen wissen.

SIEBENTES KAPITEL

Frauen sind wie Wellen

Bei einer Frau, die fühlt, daß sie geliebt wird, steigt und fällt ihr Selbstbewußtsein wie eine Welle. Wenn sie sich gut fühlt, erreicht ihre Welle einen Höhepunkt, aber plötzlich kann sich ihre Stimmung ändern, und die Welle stürzt in sich zusammen. Dieser Zusammenbruch ist jedoch nur kurz. Wenn sie die Talsohle erreicht hat, wird sich ihre Stimmung plötzlich wieder ändern und sie fühlt sich wieder gut. Automatisch steigt ihre Welle wieder.

Wenn die Welle einer Frau steigt, fühlt sie sich voller Liebe, aber wenn sie fällt, verspürt sie eine innere Leere und braucht jemanden, der sie mit Liebe erfüllt. Diese Zeit des emotionalen Tiefs ist für sie die Zeit, mit sich ins Reine zu kommen.

Hat sie ihre negativen Gefühle verdrängt oder sich selbst verleugnet, um ihrem Partner mehr Liebe zu geben, werden sie die negativen Gefühle und unerfüllten Bedürfnisse dennoch einholen, wenn sie sich auf dem Abstieg ins Wellental befindet. In dieser Zeit, in der sie niedergeschlagen ist, ist es für sie besonders wichtig, mit jemandem über ihre Probleme zu reden, angehört und verstanden zu werden.

Meine Frau Bonnie beschreibt das Gefühl, wenn sie »auf dem Abstieg« ist, als tiefes Loch, in das sie fällt. Wenn eine Frau auf dem Weg ins Wellental ist, sinkt sie bei vollem Bewußtsein in die Tiefe ihres Unterbewußtseins, in Dunkelheit und gefühlsmäßige Verwirrung. Vielleicht erlebt sie plötzlich einen wahren Aufruhr unerklärlicher Emotionen und vager Gefühle. Manchmal fühlt sie sich, als gäbe es keinen Ausweg mehr. Sobald sie jedoch den Boden des Tiefs erreicht hat, wird sie sich automatisch besser fühlen, vor allem wenn sie sich geliebt und unterstützt fühlen kann. Genauso plötzlich, wie sie zusammengebrochen ist, wird sie auch wieder aufsteigen.

Die Fähigkeit einer Frau, in einer Beziehung Liebe zu geben und zu nehmen ist häufig davon abhängig, was sie für ein Gefühl sich selbst gegenüber hat. Wenn sie sich nicht besonders gut fühlt, kann sie auch nicht besonders liebevoll und tolerant ihrem Partner gegenüber sein. Wenn sie »unten« ist, kann ihr leicht alles zuviel sein. Sie neigt dann dazu, überempfindlich zu reagieren. Wenn die Welle zusammenbricht, ist sie besonders verletzlich, und sie braucht mehr Liebe. Es ist wichtig, daß ihr Partner versteht, was sie in diesen Zeiten braucht, ansonsten besteht die Gefahr, daß er unmögliche Forderungen an sie stellt.

Wie Männer auf die Welle reagieren

Wenn ein Mann eine Frau liebt, strahlt sie vor Liebe und Erfüllung. Die meisten Männer erwarten, daß das immer so bleibt. Die Erwartung, daß ihr liebevolles Wesen völlig unveränderlich bleibt, wäre jedoch genauso absurd, wie die Hoffnung, daß sich das Wetter niemals ändert oder die Sonne immer scheinen würde. Alles im Leben hat seinen Rhythmus, Tag und Nacht, warm und kalt, Sommer und Winter, Frühling und Herbst, Wolken und blauer Himmel. Ebenso ist es in jeder zwischenmenschlichen Beziehung. Männer haben genauso ihren Rhythmus wie Frauen. Sie ziehen sich zurück und nähern sich wieder an, während Frauen in ihrer Fähigkeit, liebevoll und positiv zu sein, gute wie schlechte Zeiten kennen.

Männer gehen davon aus, daß ihr plötzlicher Stimmungswechsel einzig auf sein Verhalten zurückzuführen ist. Wenn sie glücklich ist, rechnet er sich das als Verdienst an, und wenn sie unglücklich ist, fühlt er sich ebenfalls dafür verantwortlich. Er ist dann vielleicht extrem frustriert, weil er keine Ahnung hat, wie er die Situation verbessern kann. Eben noch schien sie glücklich, und er dachte, er macht alles richtig, und plötzlich ist sie unglücklich. Er versteht die Welt nicht mehr.

Bill und Mary waren seit sechs Jahren verheiratet. Bill hatte bei Mary den Wellen-Rhythmus beobachtet, aber weil er es nicht verstand, hatte er versucht, ihn zu »reparieren«, was alles nur noch schlimmer machte. Er dachte, daß mit ihrem ständigen Auf und Ab etwas nicht in Ordnung sein müsse. Er versuchte, ihr zu erklären, daß sie keinen Grund habe, sich zu ärgern. Mary aber fühlte sich mißverstanden und daher noch ärgerlicher.

Bill meinte zwar, ihre Beziehung reparieren zu können, hielt sie aber in Wirklichkeit davon ab, sich besser zu fühlen. Wenn eine Frau sich auf ein Wellental zubewegt, muß der Mann lernen, daß es kein Problem gibt, das gelöst werden muß, sondern daß das eine Gelegenheit für ihn ist, sie mit seiner bedingungslosen Liebe zu unterstützen. Gerade jetzt hat sie es nämlich am meisten nötig.

Bill berichtete: »Ich verstehe meine Frau Mary nicht. Wochenlang ist sie die wunderbarste Frau der Welt. Sie schenkt mir und allen anderen völlig rückhaltlos ihre Liebe. Auf einmal ist es ihr zuviel. Sie merkt, daß sie sich völlig übernommen hat und fängt an, mich abzuweisen. Es liegt nicht an mir, daß sie plötzlich unglücklich ist. Wenn ich versuche, ihr das zu erklären, geraten wir darüber in den heftigsten Streit.«

Wie viele Männer machte Bill den Fehler, seine Partnerin davon abhalten zu wollen, ins Wellental abzustürzen und den »Boden unter den Füßen zu verlieren«. Er versuchte, sie zu retten, sie aus ihrem Tief zu ziehen. *Aber bevor eine Frau wieder hochkommen kann, muß sie erst einmal auf dem Grund des Wellentals angekommen sein und das Gefühl haben, sie wird geliebt.* Doch davon wußte Bill noch nichts.

Als seine Frau Mary anfing zusammenzubrechen, zeigte sich als erstes Symptom das Gefühl der Erschöpfung. Jim jedoch, anstatt fürsorglich, freundlich und mitfühlend auf sie zu hören, versuchte, sie mit Hilfe von Erklärungen, warum sie keinen Grund hatte, erschöpft zu sein, zurückzuholen.

Das letzte, was eine Frau jedoch auf ihrem Weg ins Wellental brauchen kann, ist jemand, der ihr erzählt, warum sie nicht abstürzen soll. Sie braucht jemanden, der ihr auf ihrem Weg beisteht und auf sie hört, wenn sie ihre Gefühle äußert, jemanden, der Mitgefühl zeigt für das, was sie durchmacht. Selbst wenn ein Mann nicht versteht, warum eine Frau völlig überwältigt ist, kann er seine Liebe, Aufmerksamkeit und Unterstützung anbieten.

Nachdem Bill gelernt hatte, auf welche Weise Frauen Wellen ähneln, war er erst einmal völlig durcheinander. Als es wieder einmal soweit war, daß seine Frau sich auf den Weg in ihr Wellental befand, übte er sich darin, ihr zuzuhören. Als sie über einige Dinge, die sie belasteten, sprach, versuchte er, ihr keine Lösungen anzubieten und nichts zu »reparieren«, damit sie sich besser fühlte. Nach etwa 20 Minuten wurde er jedoch sehr wütend, denn *er* fühlte sich kein Stück besser.

Er sagte: »Zuerst hörte ich ihr zu. Sie schien sich allmählich zu öffnen und gesprächiger zu werden. Aber irgendwann wurde sie schrecklich wütend. Es schien mir, je mehr ich zuhörte, desto wütender wurde sie. Ich sagte ihr, daß sie sich nicht aufregen solle, und wir gerieten darüber in einen heftigen Streit.«

Obwohl Bill Mary zuhörte, erwartete er von ihr, daß sie sich so schnell wie möglich wieder besser fühlt. Bill wußte nicht, daß eine Frau, wenn sie in ihr emotionales Loch fällt, sich nicht unbedingt wieder besser fühlt, obwohl sie merkt, man ist bei ihr und hilft ihr. Vielleicht geht es ihr sogar erst einmal schlechter. Das kann ein Zeichen sein, daß die Hilfe wirkt. Man kann ihr helfen, die Talsohle schneller zu erreichen, damit ihr »Aufstieg« eher wieder beginnen kann. Um wirklich wieder aus ihrem Loch herauszukommen, muß sie erst einmal ganz unten angekommen sein.

Bill war verwirrt, denn während er zuhörte, hatte er den Eindruck, daß sie überhaupt nichts von seiner Hilfe hat. Ihm erschien es, als würde sie immer tiefer fallen. Die Verwirrung legt sich, wenn ein Mann erfährt, daß es tatsächlich ein Erfolg seiner Unterstützung sein kann, wenn sie vorübergehend noch ärgerlicher wird. Wenn er versteht, daß eine Welle erst einmal ganz zusammenbrechen muß, um sich wieder zu erheben, merkt er, daß seine Erwartung, daß sie sich aufgrund seiner Hilfe sofort wieder besser fühlen soll, unangebracht sind.

Durch diese neue Einsicht konnte Bill Mary jetzt viel besser begreifen und hatte auch mehr Geduld mit ihr. Er hatte gelernt, Mary wirksam durch ihr Wellental zu begleiten. Er wußte jetzt, *daß es völlig unberechenbar ist, wie lange eine Frau in ihrer Tiefstimmung bleibt. Denn manchmal sind die Wellentäler tiefer und manchmal weniger tief.*

Das reinigende Wellental

Wenn eine Frau wieder aus ihrem Wellental herauskommt, macht sie normalerweise eine plötzliche Wendung zum Positiven. Sie wird wieder sie selbst. Diese Wendung wird von Männern häufig falsch verstanden. Sie denken dann, daß die Problematik, die sie in das Tal hineingeführt hat, vollständig gelöst oder geheilt ist. Das ist nicht der Fall. Weil sie plötzlich wieder liebevoll und positiv ist, ist das noch lange kein Grund anzunehmen, alle Probleme seien gelöst.

Immer wieder wenn ihre Welle zusammenbricht, tauchen ähnliche Themen auf. Er denkt, etwas sei schon längst gelöst, und wird ungeduldig. Ohne die Natur einer Welle zu verstehen, ist es für ihn sehr schwer, die Gefühle, die sie auf ihrer Reise durch das Wellental durchmacht, zu würdigen und zu verstehen.

Wenn die ungelösten Gefühle einer Frau immer wiederkommen, wird der Mann vielleicht sagen:
▷ »Wie oft müssen wir denn das noch durchkauen?«
▷ »Ich dachte, wir hätten das längst geklärt.«
▷ »Wann kommst du denn endlich mal darüber weg?«

▷ »Ich habe keine Lust, mich noch einmal damit zu beschäftigen.«

▷ »Das ist doch nicht normal! Wir haben schon wieder *denselben* Streit.«

▷ »Warum machst du es dir denn nur so schwer?«

Wenn eine Frau ihre Talsohle durchläuft, kommen Themen zum Vorschein, die tief in ihrem Inneren verborgen liegen. Vielleicht haben diese Themen mit ihrer Beziehung zu tun, auf jeden Fall sind sie jedoch stark durch ihre Vergangenheit und Kindheit geprägt. Alles, was in ihrer Vergangenheit an Ungelöstem und Heilungsbedürftigem übrig ist, wird zwangsläufig in dem Moment an die Oberfläche kommen, wenn sie in ihr emotionales Loch gefallen ist. Einige der am meisten verbreiteten Gefühle, die sie haben kann, wenn sie das Wellental durchläuft, sind folgende:

Warnzeichen für Männer, die anzeigen, daß sie in ein Wellental gerät und daher besonders viel Liebe braucht:

Sie fühlt:	*Sie sagt:*
Überforderung	»Es gibt soviel zu tun.«
Unsicherheit	»Ich brauche mehr.«
Reizbarkeit	»Ich mache alles.«
Sorge	»Aber was ist mit...«
Verwirrung	»Ich verstehe nicht, warum...«
Erschöpfung	»Ich kann nicht mehr.«
Hoffnungslosigkeit	»Ich weiß nicht, was ich tun soll.«
Passivität	»Es ist mir egal, mach, was du willst.«
Forderung	»Du solltest...«
Zurückhaltung	»Nein, ich möchte nicht...«
Mißtrauen	»Was meinst du damit?«
Kontrollbedürfnis	»Nun, hast du schon...?«
Mißbilligung	»Wie konntest du vergessen...?«

Indem der Mann sie in diesen schwierigen Zeiten mehr und mehr spüren läßt, daß sie nicht allein ist, kann sich in der Beziehung ein neues Vertrauen bilden. In diesem Vertrauen kann sie endlich dem Auf und Ab ihrer Wellennatur folgen, ohne dadurch in ihrer Beziehung oder ihrem Leben Probleme zu bekommen. Das ist der Segen einer liebenden, verständnisvollen Beziehung.

Einer Frau in Zeiten, in denen sie sich »ganz unten« in einem Wellental befindet, Liebe entgegenbringen zu können, ist ein großes Geschenk, und sie wird es sicherlich zu schätzen wissen. Allmählich wird sie sich aus den Zwängen ihrer Vergangenheit befreien können. Sie wird zwar immer ihre Höhen und Tiefen haben, aber sie werden nicht mehr so extrem sein, daß sie ihr liebevolles Wesen vollkommen überschatten.

Während des Beziehungsseminars beklagte sich Tom: »Am Anfang unserer Beziehung schien Susan so stark, aber mit einem Mal wurde sie so bedürftig. Ich kann mich erinnern, wie ich ihr immer wieder versichert habe, daß ich sie liebe und wie wichtig sie mir ist. Nachdem wir lange Zeit miteinander gesprochen hatten, überwanden wir diese Hürde, aber einen Monat später ging sie wieder durch dieselbe Phase innerer Ungewißheit. Es war, als hätte sie mich beim erstenmal überhaupt nicht gehört. Ich war so frustriert dadurch, daß wir uns in einen großen Streit verwickelten.«

Tom war erstaunt zu sehen, daß er mit diesem Problem nicht allein war. Viele andere Männer konnten seine Erfahrung aus ihren Beziehungen bestätigen. Als Tom Susan kennenlernte, befand sie sich auf der Höhe einer Welle. Als ihre Beziehung wuchs, wuchs auch die Liebe zwischen Susan und Tom. Nachdem ihre Welle auf einem Höhepunkt angekommen war, fühlte sie sich plötzlich sehr bedürftig und hatte Angst, ihn zu verlieren. Sie wurde unsicher und verlangte nach mehr Aufmerksamkeit.

Das war der Anfang ihres Abstiegs in das Wellental. Tom verstand nicht, warum sie sich verändert hatte. Aber nach einem sehr intensiven Gespräch, das mehrere Stunden dauerte, fühlte sich Susan viel besser. Tom hatte ihr seine Liebe und seine Unterstützung bestätigt, und Susan konnte ihren Aufschwung wieder beginnen. Eine Last war von ihr genommen.

Nach diesem Gespräch meinte Tom, er hätte das Problem, das in ihrer Beziehung aufgetreten war, gelöst. Aber einen Monat später, beim Abstieg in das nächste Wellental, fühlte sich Susan wieder genauso. Diesmal war Tom weit weniger verständnisvoll und akzeptierte sie nicht mehr so bereitwillig. Er wurde ungeduldig. Er war beleidigt, weil sie ihm wieder mißtraute, nachdem er ihr doch einen Monat zuvor bereits seine Liebe ausführlich versichert hatte. Er fühlte sich angegriffen und verurteilte ihr erneutes Bedürfnis nach Bestätigung. Die Folge war ein Streit.

Tom fand jedoch heraus, daß die Wiederkehr von Susans Bedürftigkeit und Unsicherheit in ihrer Wellennatur begründet war. Es war völlig natürlich und unvermeidlich, aber vorübergehend. Er erkannte, wie naiv er war, als er angenommen hatte, daß seine liebevolle Reaktion auf Susans tiefste Problematik sie ein für alle Mal hätte heilen können.

Als Tom lernte, Susan wirksam beim Durchleiden ihres Wellentales zu unterstützen, machte er es ihr nicht nur leichter, sich selbst psychisch zu heilen, sondern sie hörten auch auf, sich in diesen Zeiten immer wieder zu streiten. Tom fühlte sich durch die drei folgenden Erkenntnisse ermutigt:

▷ Liebe und Unterstützung eines Mannes können die Probleme einer Frau nicht auf einmal lösen. Seine Liebe kann es jedoch ungefährlicher für sie machen, tief in ihre Wellentäler einzutauchen. Es ist naiv, von einer Frau zu verlangen, jederzeit ausgeglichen und liebevoll zu sein. Der Mann muß damit rechnen, daß dieselben Themen immer wiederkehren. Er kann jedesmal dazulernen und ihr immer besser helfen.

▷ Es ist nicht der Fehler oder die Schuld des Mannes, wenn die Frau in ein Wellental gerät. Auch wenn er lernt, ihr zu helfen, kann er es nicht verhindern. Er kann ihr in diesen schwierigen Zeiten lediglich eine Stütze sein.

▷ Die Frau besitzt die Fähigkeit, aus einem Wellental von sich aus wieder aufzusteigen. Der Mann braucht nichts zu reparieren, denn es gibt ja nichts, was kaputt ist. Sie braucht nur seine Liebe, seine Geduld und sein Verständnis.

Die Neigung der Frau, wie eine Welle zu reagieren, wird noch stärker, wenn sie eine intime Beziehung eingeht. Es ist für sie äußerst wichtig, daß sie sich sicher fühlen kann, wenn sie durch ihr psychisches Auf und Ab geht. Ansonsten kann es passieren, daß sie sich unheimlich anstrengt, um den Anschein zu erwekken, daß alles in Ordnung ist, und dabei all ihre negativen Gefühle verdrängt.

Wenn eine Frau sich nicht sicher fühlt, wenn sie in ihr Wellental geht, bleibt ihr nichts anderes übrig, als Intimität und Sex zu meiden, oder ihre Gefühle durch Suchtverhalten, Überessen, Überarbeiten oder Überversorgung zu betäuben. Aber auch ihr Suchtverhalten kann sie nicht davor schützen, bisweilen in ein emotionales Loch zu fallen. Die Gefühle kommen dann auf höchst unkontrollierbare Weise hoch.

Wahrscheinlich haben Sie auch schon von Paaren gehört, die sich niemals streiten und anscheinend in ewiger Harmonie miteinander leben, bis sie sich plötzlich scheiden lassen. In vielen dieser Fälle hat die Frau ihre negativen Gefühle verdrängt, um einer Auseinandersetzung aus dem Wege zu gehen. Die Folge ist, daß sie taub und unfähig wird, ihre Liebe zu spüren.

Verdrängte negative Gefühle nehmen die positiven Gefühle mit in das Unterbewußtsein, und die Liebe stirbt. Es ist sicherlich gesund, Streit und Zwietracht zu meiden, aber äußerst ungesund, Gefühle zu verdrängen.

Immer wenn die Gefühlswelle einer Frau zusammenbricht, ist das eine emotional reinigende Erfahrung. Ohne diese Reinigung würden Männer und Frauen allmählich ihre Liebesfähigkeit verlieren und nicht mehr gemeinsam in Liebe wachsen können.

Einige Frauen, die nicht richtig mit ihren negativen Emotionen umgehen und sich der natürlichen Wellenbewegung ihrer Gefühle entgegenstellen, haben psychologische Schwierigkeiten vor und während ihrer Periode. Sie leiden unter dem Prämenstruellen Syndrom (PMS). Es gibt einen starken Zusammenhang zwischen PMS und der Unfähigkeit, mit negativen Gefühlen auf positive Weise umzugehen. In vielen Fällen verschwindet das Syndrom, sobald die Frau lernt, richtig mit ihren Gefühlen umzugehen.

Auch eine starke, erfolgreiche Frau muß von Zeit zu Zeit durch ihr emotionales Wellental hindurch. Männer begehen oft den Fehler anzunehmen, daß ihre Partnerin, wenn sie im Arbeitsleben erfolgreich ist, die Zeiten emotionaler Reinigung nicht braucht und nicht erlebt. Das Gegenteil ist der Fall. Wenn eine Frau im Arbeitsleben steht, ist sie oft großem Streß und emotionaler »Umweltverschmutzung« ausgesetzt. Ihr Bedürfnis nach emotionaler Reinigung verstärkt sich. Auf ähnliche Weise kann sich das Bedürfnis des Mannes nach Zurückgezogenheit unter Arbeitsstreß verstärken. Es gibt eine psychologische Studie, nach der das Selbstbewußtsein einer Frau in Zyklen von 21 bis 35 Tagen steigt und fällt. Darüber, wie oft ein Mann sich wie ein Gummiband zurückzieht, existiert leider noch keine Studie, aber nach meiner Erfahrung ist der Zyklus ungefähr derselbe. Der Selbstbewußtseins-Zyklus der Frau verläuft nicht unbedingt synchron zu ihrem Monatszyklus, aber er ist durchschnittlich genauso lang: 28 Tage.

Wenn eine Frau in ihre Arbeitskleidung schlüpft, entfernt sie sich für eine Weile von ihrem emotionalen Auf und Ab, aber wenn sie wieder nach Hause kommt, braucht sie wieder die liebevolle Unterstützung ihres Partners, die jede Frau in schwierigen Zeiten braucht und zu schätzen weiß.

Dabei ist es wichtig zu wissen, daß es keineswegs die Kompetenz einer Frau verringert, wenn sie in ein emotionales Wellental gerät. Sie kann ihre Arbeit genauso tun wie immer. Lediglich die Kommunikation mit den Menschen, die sie liebt und denen sie ganz nahesteht, ist stark betroffen.

Ein kluger Mann lernt, alles zu tun, damit die Frau sich in ihrem Auf und Ab sicher fühlen kann. Er läßt von seinen Vorurteilen und Forderungen ab und lernt, wie er die erforderliche Unterstützung leisten kann. Der Lohn ist eine Beziehung, die über die Jahre noch an Liebe und Leidenschaft gewinnt. Er muß vielleicht ein paar emotionale Stürme oder auch Zeiten der Dürre überstehen, aber der Lohn ist die Mühe wert. Jeder Mann, auch einer, der von alledem nichts ahnt, ist denselben Dürreperioden und Stürmen ausgesetzt. Aber weil er die Kunst des Liebens im Auf und Ab der weiblichen Wellenbewegung nicht beherrscht, wird die Liebe in seiner Beziehung aufhören zu wachsen und schließlich ganz unterdrückt werden.

Wenn sie im Wellental und er in der Höhle ist

Harris sagte: »Ich habe alles versucht, was ich in dem Seminar gelernt hatte. Es hat tatsächlich funktioniert. Wir sind uns sehr nahe gekommen. Ich hatte das Gefühl, ich schwebe im siebten Himmel. Plötzlich beschwerte sich meine Frau Cathy, daß ich zuviel fernsehe. Sie fing an, mich wie einen kleinen Jungen zu behandeln. Wir gerieten in einen schrecklichen Streit. Dabei hatte es so gut angefangen.«

Dies ist ein Beispiel dafür, was passieren kann, wenn Welle und Gummiband gleichzeitig auftreten. Nach dem Seminar war es Harris gelungen, seiner Frau und seiner Familie mehr zu geben als bisher. Cathy war begeistert. Sie konnte es fast nicht glauben. Ihre Welle war auf einem Höhepunkt. Das hielt einige Wochen an, bis Harris sich eines Abends entschloß, lange aufzubleiben und fernzusehen. Seine Gummibandnatur kam zum Vorschein. Er mußte sich in seine Höhle zurückziehen.

Als er sich zurückzog, war Cathy verletzt. Sie sah in seinem Rückzug das Ende der neu gewonnenen Nähe zwischen ihnen. Die letzten Wochen hatten ihr einen langgehegten Traum erfüllt, und nun dachte sie, sie müßte alles wieder verlieren. Als er sich zurückzog, war es für sie ein riesiger Schock. Für das verletzliche kleine Mädchen in ihr war es, als hätte man ihr erst eine köstliche Süßigkeit gegeben und sie ihr plötzlich wieder weggenommen. Sie war sehr traurig und enttäuscht.

Cathys Gefühl des Verlassenwerdens ist für einen Marsmann nur schwer nachzuvollziehen. Nach marsianischer Logik sagte er: »Ich habe mich in den letzten zwei Wochen wunderbar gefühlt. Habe ich mir jetzt nicht eine Zeit der Ruhe und Zurückgezogenheit verdient? Ich habe dir so lange all meine ganze Zeit geschenkt, jetzt brauche ich für mich Zeit. Eigentlich solltest du dir meiner Liebe gewisser sein als je zuvor.«

Venusianische Logik sieht jedoch die Sache ganz anders. Cathy hatte das Gefühl: »Die letzten zwei Wochen waren so wunderbar. Ich konnte mich mehr als je zuvor für dich öffnen. Der Verlust deiner liebevollen Aufmerksamkeit ist schmerzhafter denn je. Ich hatte gerade angefangen, dir wirklich mein Herz zu öffnen, und dann hast du dich zurückgezogen.«

Cathy hatte sich jahrelang davor geschützt, verletzt zu werden, indem sie niemals völlig vertraute oder sich ganz öffnete. Während der zwei Wochen, in denen sie in beispielloser Liebe mit ihrem Partner gelebt hatte, begann sie sich weiter zu öffnen, als sie das in ihrem erwachsenen Leben jemals getan hatte. Mit Harris' Hilfe hatte sie sich sicher genug gefühlt, um mit ihren alten Gefühlen in Kontakt zu kommen.

Als Harris sich zurückzog, fühlte sie sich plötzlich wie damals als Kind, als ihr Vater keine Zeit für sie hatte. Sie projizierte ihre vergangenen Gefühle von Wut und Ohnmacht auf Harris, der vor dem Fernseher saß. Wenn diese Gefühle nicht hochgekommen wären, hätte Cathy in aller Seelenruhe akzeptieren können, daß Harris alleine aufblieb. So aber war sie tief verletzt. Hätte sie in dem Moment die Chance gehabt, ihre Gefühle mitzuteilen, wäre sie auf den Grund ihres Wellentales gestoßen und tiefsitzende Gefühle wären an die Oberfläche gekommen. Danach hätte sie sich sicher bedeutend besser gefühlt. Sie hätte dann wieder auf ihre gemeinsame Intimität vertraut, sogar in dem Wissen, daß es schmerzhaft sein kann, wenn er sich – was unvermeidlich ist – für eine Weile zurückzieht.

Harris hatte keine Ahnung, warum sie sich verletzt fühlte. Er sagte ihr, sie solle nicht so empfindlich sein. Da begann der Streit. Einer Frau zu sagen, daß sie sich nicht verletzt fühlen soll, ist das Schlimmste, was ein Mann tun kann. Es verletzt sie noch mehr. Es ist wie Salz in ihrer Wunde.

Fühlt sich eine Frau verletzt, so braucht sie, selbst wenn es den Anschein macht, daß sie ihm die Verantwortung gibt, seine Fürsorge und sein Verständnis. Dann werden auch die Vorwürfe verschwinden. Wenn er versucht, ihr zu erklären, warum sie nicht verletzt sein sollte, macht das die Sache nur noch schlimmer. Vielleicht gibt sie seinen Argumenten sogar mit Worten recht, aber emotional ist sie immer noch verletzt. Was sie braucht ist sein Verständnis dafür, warum sie verletzt ist.

Harris hatte Cathys verletzte Reaktion nicht verstanden. Er dachte, sie verlange von ihm, das Fernsehen ein für allemal aufzugeben. Er wußte nicht, daß sie nur wollte, daß er zuhörte und verstand, wie sehr es sie verletzt hatte. Cathy wollte nur, daß er wußte, wie schmerzhaft es für sie war.

Frauen verlassen sich instinktiv darauf, daß ihr Partner alles tut, was in seinen Kräften steht, wenn er ihren Schmerz versteht. Als Cathy in der Lage war, ihren Schmerz auszudrücken, brauchte sie nur jemanden, der ihr zuhörte. Harris mußte ihr die Gewißheit geben, daß er nicht für immer der fernsehsüchtige und emotional distanzierte »alte Harris« war.

Harris meinte, ihre Gefühle verurteilen zu müssen, um vor sich selbst zu rechtfertigen, vor dem Fernseher zu sitzen und sein eigenes Leben zu führen. Er stritt um sein Recht fernzusehen, während Cathy das Bedürfnis hatte, daß ihr jemand zuhört. Sie stritt um ihr Recht, verletzt und verärgert zu sein.

Harris war naiv genug anzunehmen, daß sich Cathys Ärger, ihre Wut und Hilflosigkeit, die sie in Jahren der Isolation aufgestaut hatte, nach zwei Wochen Liebe in Wohlgefallen auflösen würden. Cathy war ebenso naiv anzunehmen, daß Harris sich weiterhin auf sie und die Familie konzentrieren könnte, ohne sich irgendwann allein auf sich selbst zu konzentrieren. Als

Harris Anstalten machte, sich zurückzuziehen, löste das den Zusammenbruch von Cathys Welle aus. Ihre unverarbeiteten Gefühle kamen an die Oberfläche. Sie reagierte nicht nur auf Harris Zurückgezogenheit und sein Fernsehen, sondern auf Jahre der Vernachlässigung.

Als beide etwas Abstand gewonnen hatten und sahen, was geschehen war, konnten sie ihren Konflikt lösen. Harris verstand, daß sein Rückzug bei Cathy das Bedürfnis auslöste, ebenfalls mit sich selbst emotional ins reine zu kommen. Sie hatte das Bedürfnis, über ihre Gefühle zu sprechen und nicht dafür verurteilt zu werden. Es war eine große Erleichterung für Harris, als er herausfand, daß sie ebenso darum kämpfen mußte, angehört zu werden, wie er darum, frei zu sein. Indem er ihr Bedürfnis nach einem Zuhörer unterstützte, gab sie ihrerseits seinem Bedürfnis nach Freiheit Raum.

Cathy merkte, daß Harris durchaus ihre verletzten Gefühle ernst nehmen wollte. Außerdem machte sie die Erfahrung, daß er sich zwar zurückzog, aber nach einer Weile wiederkam und sie sich wieder gegenseitig Nähe geben konnten. Sie sah ein, daß ihr besonderes Zusammengehörigkeitsgefühl sein Bedürfnis nach Zurückgezogenheit ausgelöst hatte. Sie lernte, daß ihre verletzten Gefühle ihn unter Druck setzten und er nicht das Gefühl haben durfte, daß sie ihm sagt, was er zu tun hat.

Wenn eine Frau das Freiheitsbedürfnis des Mannes unterstützt, kann er ihr Bedürfnis nach Verständnis unterstützen.

Harris fragte: »Was passiert aber nun, wenn ich einfach nicht zuhören kann und in meiner Höhle sein muß. Manchmal fange ich dann an, höre zu, und nach einer Weile werde ich wütend.«

Ich versicherte ihm, daß das völlig normal sei. Wenn ihre Welle bricht und sie es am nötigsten hat, angehört zu werden, wird manchmal auch seine Gummiband-Reaktion ausgelöst, und er muß sich zurückziehen. Er ist dann nicht dazu in der Lage, ihr zu geben, was sie braucht. Er stimmte nachdrücklich zu und sagte: »Ja, genau. Immer, wenn ich mich zurückziehen will, will sie reden.«

Wenn ein Mann sich zurückziehen und eine Frau sprechen muß, wird alles noch schlimmer, wenn er krampfhaft versucht zuzuhören. Nach einer kurzen Weile wird er sie nicht mehr akzeptieren können oder gar vor Ärger explodieren. Oder er wird unglaublich müde und unkonzentriert. In Zeiten, in denen er nicht in der Lage ist, aufmerksam zuzuhören und ihr Verständnis und Respekt entgegenzubringen, sollte er folgendes tun:

Drei Schritte, wie er sie unterstützen kann, wenn er das Bedürfnis hat, sich zurückzuziehen:

Erkennen Sie Ihre Grenzen

Als erstes sollten Sie akzeptieren, daß Sie sich zurückziehen müssen und daß Sie im Moment nichts haben, was Sie geben können. Ganz gleich, wie liebevoll Sie gern sein möchten, Sie können einfach nicht aufmerksam zuhören. Versuchen Sie es gar nicht erst, wenn Sie es nicht können.

Verstehen Sie ihren Schmerz

Als nächstes müssen Sie verstehen, daß sie mehr braucht, als Sie im Moment geben können. Ihr Schmerz ist echt. Verurteilen Sie sie nicht, weil sie mehr braucht oder verletzt ist. Es wird sie noch mehr verletzen, wenn Sie sie ausgerechnet dann gefühlsmäßig alleinlassen, wenn sie Ihre Liebe am meisten braucht. Sie tun nichts Falsches, wenn Sie Ihren Freiraum brauchen, und sie tut ebenfalls nichts Falsches, wenn sie Nähe braucht. Vielleicht haben Sie Angst, daß sie Ihnen nicht traut oder Ihnen Ihr Alleinsein nicht verzeiht. Sie kann Ihnen jedoch leichter vertrauen und verzeihen, wenn Sie sich um sie sorgen und ihr Verletztsein verstehen.

Vermeiden Sie Streit und versichern Sie ihr, daß Sie sie unterstützen

Indem Sie ihr Verletztsein verstehen, geben Sie ihr das Gefühl, es ist in Ordnung, ärgerlich zu sein und ihren Schmerz zu zeigen. Auch wenn Sie ihr nicht die Unterstützung geben können, die sie will und braucht, können Sie vermeiden, es noch schlimmer zu machen, indem Sie einem Streit aus dem Wege gehen. Versichern Sie ihr, daß Sie bald zurückkommen und dann in der Lage sein werden, ihr die Unterstützung zu geben, die sie braucht.

Es war überhaupt nichts Verkehrtes an Harris' Wunsch, allein zu sein oder fernzusehen. Genausowenig waren Cathys verletzte Gefühle falsch. Anstatt um sein Recht zu streiten, vor dem Fernseher zu sitzen, hätte er ihr etwa folgendes sagen können: »Ich verstehe ja, daß du dich ärgerst. Ich muß mich jetzt erst einmal ein wenig entspannen. Fernsehen ist da das Beste. Wenn ich mich wieder besser fühle, können wir darüber reden.« Das würde ihm etwas Zeit lassen, fernzusehen, sich abzukühlen und darauf vorzubereiten, auf die verletzten Gefühle seiner Partnerin zu hören, ohne sie zu verurteilen.

Vielleicht wird sie diese Reaktion nicht besonders mögen, aber sie wird sie respektieren. Natürlich möchte sie, daß er wieder so liebevoll ist wie früher, aber wenn er sich zurückziehen will, ist das ein echtes Bedürfnis. Er kann nicht über seinen eigenen Schatten springen. Er kann lediglich vermeiden, die Dinge noch schlimmer zu machen, als sie ohnehin schon sind. Die Lösung liegt für sie darin, seine Bedürfnisse ebenso zu respektieren wie die eigenen. Und er sollte sich die Zeit nehmen, die er braucht, um anschließend zurückzukommen und ihr zu geben, was sie braucht.

Wenn ein Mann nicht auf die verletzten Gefühle der Frau achten kann, weil er sich zurückziehen muß, kann er sagen: »Ich verstehe, daß du dich verletzt fühlst. Ich brauche etwas Zeit, um darüber nachzudenken. Laß uns eine Pause machen.« Meldet sich ein Mann, der nicht mehr zuhören kann, so für eine Weile ab, dann ist das viel besser als wenn er versucht, ihr ihre Gefühle auszureden.

Als Cathy diesen Vorschlag hörte, sagte sie: »Wenn er in seine Höhle geht, was wird dann aus mir? Ich gebe ihm seinen Freiraum, und was bekomme ich?«

Cathy bekommt das Beste, was ihr Partner zur Zeit geben kann. Indem sie nicht verlangt, daß er ihr zuhört, wenn sie reden möchte, kann sie vermeiden, das Problem noch zu verschlimmern und einen großen Streit vom Zaun zu brechen. Außerdem erhält sie seine Unterstützung, sobald er zurückkommt. Erst dann ist er wirklich in der Lage, sie zu unterstützen.

Wenn ein Mann sich wie ein Gummiband zurückziehen muß, wird er mit gestärkten Kräften und vermehrter Liebe wieder zurückkommen. Erst dann kann er zuhören. Das ist die beste Zeit, um ein Gespräch mit ihm anzufangen.

Das Bedürfnis des Mannes nach Zurückgezogenheit in seiner Höhle zu akzeptieren, heißt nicht, das Bedürfnis der Frau nach einem Gespräch zu negieren. Es heißt lediglich, die Forderung aufzugeben, daß er *immer* zuhören muß, wenn sie redet. Cathy lernte zu akzeptieren, daß ein Mann Phasen hat, in denen er weder hören noch sprechen kann, und andere, in denen er es sehr gut kann. Auf das richtige Timing kommt es an. Cathy bekam Mut, nicht aufzugeben und statt dessen die Phasen zu nutzen, in denen er zuhören konnte.

Wenn der Partner sich zurückzieht, ist es Zeit, Unterstützung von Freunden zu suchen. Cathy kann sich in der gegebenen Situation an eine Freundin wenden. Es setzt einen Mann zu stark unter Druck, wenn er für sie die einzige Quelle der Liebe ist. Wenn die Welle einer Frau bricht und ihr Partner zum gleichen Zeitpunkt sich in der Höhle befindet, ist es wichtig, daß sie andere Möglichkeiten hat, Unterstützung zu finden.

Kein Freikauf aus dem Auf und Ab der Welle!

Chris berichtet: »Ich blicke überhaupt nicht mehr durch. Als wir heirateten, waren wir arm. Wir hatten gerade genug Geld, um die Miete zu bezahlen. Manchmal stöhnte Pam, meine Frau, daß wir es so schwer hatten. Sie sagte mir dann auch schon mal kräftig die Meinung, aber sie hatte das Recht dazu... Wir waren pleite. Ich konnte es verstehen. Aber jetzt sind wir wohlhabend. Warum hört sie nicht auf, sich zu beklagen. Andere Frauen würden alles darum geben, in einer solchen Situation zu sein. Aber wir tun nichts anderes als uns streiten. Wir waren glücklicher, als wir arm waren. Jetzt wollen wir uns scheiden lassen.«

Chris hatte nicht verstanden, daß Frauen eine Wellennatur haben. Als sie heirateten, kam es hin und wieder vor, daß Pam mit der Welle ihrer Emotionen zusammenbrach. Zu solchen Zeiten hörte er immer zu und hatte Verständnis für ihr Unglück. Es war nicht schwer für ihn, ihre negativen Gefühle ernst zu nehmen, denn er hörte ihr zu. Aus seiner Perspektive hatte sie eine Menge guter Gründe, sich zu ärgern, denn sie hatten wenig Geld.

Marsianer neigen zu der Ansicht, daß Geld die Lösung aller Probleme sei. Als Chris und Pam arm waren und das Geld vorne und hinten nicht reichte, hatte er ihr zugehört und Mitgefühl gezeigt. Er half ihr, indem er mehr Geld verdiente, und sie nicht mehr unglücklich zu sein brauchte. Pam hatte das Gefühl, er sorgte sich wirklich um sie.

Als dann ihr Leben äußerlich besser wurde, und er mehr Geld verdiente, bekam sie immer noch von Zeit zu Zeit ein Stimmungstief. Er konnte nicht verstehen, wie sie noch immer unglücklich sein konnte. Er dachte, sie müsse doch nun jederzeit glücklich sein, weil sie so wohlhabend waren. Pam wiederum hatte das Gefühl, er mache sich nichts mehr aus ihr.

Chris sah nicht ein, daß Geld Pam nicht davon abhalten konnte, sich schlecht zu fühlen. Wenn ihre Welle zusammenbrach, stritten sie sich, weil er ihr Bedürfnis, sich zu ärgern, nicht nachvollziehen konnte. Seltsamerweise stritten sie immer mehr, je reicher sie wurden.

Als die beiden noch arm waren, konzentrierte sich Pams Unwohlsein auf den chronischen Geldmangel. Als sie dann jedoch finanziell unabhängig waren, wurde ihr klar, was sie alles noch auf dem emotionalen Sektor vermißte. Diese Entwicklung ist natürlich, normal und vorhersehbar.

In einem Artikel fand ich einmal ein Zitat: »Eine reiche Frau kann nur von einem reichen Psychologen Mitgefühl erwarten.«

Wenn eine Frau über eine Menge Geld verfügt, werden andere (und insbesondere ihr Mann) kein Verständnis für ihren Ärger haben. Sie kann es sich nicht erlauben, wie eine Welle zu sein und hin und wieder zusammenzubrechen. Man gesteht ihr nicht zu, ihre Gefühle auszuleben und mit irgendeinem Bereich ihres Lebens unzufrieden zu sein. Von einer Frau mit Geld erwartet man, daß sie allzeit für den Überfluß in ihrem Leben dankbar ist, weil es ja soviel schlechter hätte kommen können.

Eine solche Erwartung ist jedoch weder realistisch noch wird sie der Frau als Persönlichkeit gerecht. Unabhängig von Reichtum, Status, Privilegien und äußeren Umständen braucht eine Frau die Freiheit, sich aufregen zu dürfen und von Zeit zu Zeit mit einer ihrer Wellen zusammenzubrechen.

Chris bekam neuen Mut, als er merkte, daß er seine Frau glücklich machen konnte. Er erinnerte sich daran, daß er damals, als sie noch arm waren, die Gefühle seiner Frau immer ernst genommen hatte. Er merkte, daß er es immer noch konnte, selbst jetzt, wo sie jede Menge Geld hatten. Als er erkannte, daß er im Grunde genau wußte, wie er seiner Frau helfen konnte, bekam er wieder Hoffnung. Er war dem Irrtum aufgesessen, daß Geld allein glücklich macht. In Wirklichkeit bedurfte es seiner Fürsorge und seines Verständnisses für sie, um sie wirklich zufriedenzustellen.

Die guten wie die schlechten Tage annehmen

Wenn einer Frau nicht zugestanden wird, von Zeit zu Zeit unglücklich zu sein, kann sie niemals wirklich glücklich sein. Damit eine Frau wirklich glücklich sein kann, muß sie manchmal bis auf den Boden ihres Wellentales hinabsteigen, um ihre Emotionen zu befreien, zu heilen und zu reinigen. Das ist völlig natürlich und gesund. *Wenn wir die positiven Gefühle von Liebe, Glück, Vertrauen und Dankbarkeit spüren wollen, müssen wir gelegentlich auch Ärger, Trauer, Angst und Sorge erle-*

ben. Wenn eine Frau in ihr Loch fällt, ist das für sie eine Zeit, in der sie diese negativen Emotionen heilen kann.

Auch Männer müssen ihre negativen Gefühle verarbeiten, wenn sie die positiven fühlen wollen. Wenn ein Mann sich in seine Höhle zurückzieht, ist das für ihn eine Gelegenheit, in Stille seine negativen Gefühle zu verarbeiten.

Genauso wie ein halb gefülltes Glas Wasser sowohl als halb voll als auch als halb leer angesehen werden kann, wird eine Frau, wenn sie emotional im Aufschwung ist, die Fülle ihres Lebens sehen. Wenn sie sich auf dem Weg ins Tal befindet, wird sie dagegen die Leere sehen. Alle Mängel, die sie in ihrer Hochstimmung übersehen hat, tauchen dann um so deutlicher vor ihren Augen auf.

Wenn Männer nicht lernen, was es für Frauen bedeutet, wie eine Welle zu sein, können sie ihre Frau nicht verstehen und unterstützen. Sie wissen nicht, was geschieht, wenn die Dinge rein äußerlich immer besser werden, aber die Beziehung sich immer mehr verschlechtert.

Das Gefühl für diesen Unterschied ist der Schlüssel für einen Mann, seiner Partnerin die Liebe zu geben, die sie verdient, wenn sie sie am meisten braucht.

ACHTES KAPITEL

All die Liebe, die Sie brauchen

Männer und Frauen haben nur selten ein Gefühl für ihre unterschiedlichen emotionalen Bedürfnisse. Männer bringen überwiegend das in eine Beziehung ein, was Männer wollen, und Frauen das, was Frauen wollen. Beide gehen irrtümlicherweise davon aus, daß der andere dieselben Wünsche und Bedürfnisse hat wie sie selbst. Folglich sind beide letztlich unzufrieden und ihre Beziehung geht in die Brüche.

Sowohl Männer als auch Frauen meinen, sie geben und geben doch bekommen nie etwas zurück. Sie glauben, daß ihre Liebe nicht ausreichend anerkannt und gewürdigt wird. Die Wahrheit ist, daß sie zwar beide Liebe geben, aber nicht auf die gewünschte Weise.

Eine Frau beispielsweise glaubt, daß sie besonders liebevoll ist, wenn sie eine Menge besorgter Fragen stellt oder zum Ausdruck bringt, daß sie besonders einfühlsam ist. Wir haben aber bereits festgestellt, daß das einem Mann sehr auf die Nerven gehen kann. Er fühlt sich kontrolliert und braucht seinen Freiraum. Sie weiß nicht, was los ist, denn sie hat ihm ja genau die Unterstützung gegeben, die *sie* gerne gehabt hätte. Ihre Liebesmüh war vergeblich. Bestenfalls wurde sie übersehen, schlimmstenfalls war sie lästig.

Entsprechend meinen die Männer, sie seien besonders lieb, während sie in Wirklichkeit ihre Liebe auf eine Weise ausdrücken, bei der sich die Frau überhaupt nicht ernstgenommen fühlt und keine Unterstützung erfährt. Wenn beispielsweise eine Frau sich über etwas ärgert, meint er, er kann ihr seine Liebe und Unterstützung geben, indem er Bemerkungen macht, die ihre Probleme auf das »normale« Maß zurückschrauben. Er sagt etwas wie: »Mach dir nichts draus. Es wird schon nicht so schlimm sein.« Oder er ignoriert sie völlig und meint, er gibt ihr dadurch den »Freiraum«, sich zu beruhigen und in ihre Höhle zurückzuziehen. Was er für Hilfe hält, gibt ihr das Gefühl, herabgewürdigt, ignoriert und nicht geliebt zu werden.

Die zwölf Arten der Liebe

Die meisten unserer komplexen emotionalen Wünsche können auf das Bedürfnis nach Liebe reduziert werden. Männer und Frauen haben jeweils sechs ganz eigene Liebesbedürfnisse, die alle gleich wichtig sind. *Männer brauchen in erster Linie Vertrauen, Akzeptanz, Anerkennung, Bewunderung, Zustimmung und Ermutigung, während Frauen in erster Linie Fürsorge, Verständnis, Respekt, Hingabe, Wertschätzung und Sicherheit brauchen.* Es ist beinahe eine Lebensaufgabe, herauszufinden, was Ihr Partner braucht. Die untenstehende Liste kann Ihnen diese Aufgabe erheblich erleichtern, indem sie die zwölf Arten der Liebe leicht verständlich macht.

Beim Betrachten der Liste werden Sie leicht sehen, warum Ihr Partner sich ungeliebt fühlt. Auch wenn Sie in Ihrer Beziehung überhaupt nicht mehr weiter wissen, kann Ihnen diese Liste wertvolle Hinweise geben, wie Sie das Zusammenleben mit Ihrem Partner erheblich verbessern können. Hier sind die zwölf verschiedenen Arten der Liebe, die Mann und Frau brauchen, auf einen Blick:

Frauen brauchen:	Männer brauchen:
Fürsorge	Vertrauen
Verständnis	Akzeptanz
Respekt	Anerkennung
Hingabe	Bewunderung
Wertschätzung	Zustimmung
Sicherheit	Ermutigung

Jeder Mensch, ob Mann, Frau oder Kind, braucht alle zwölf Arten von Liebe. Wenn sechs davon hauptsächlich von Frauen bevorzugt werden, heißt das nicht, daß die Männer sie nicht brauchen. Auch Männer brauchen Fürsorge, Verständnis, Respekt, Hingabe, Wertschätzung und Sicherheit. *Die Erfüllung der Grundbedürfnisse ist die Voraussetzung dafür, daß ein Mensch in einer Beziehung liebesfähig ist.*

Wenn die primären Liebesbedürfnisse eines Mannes befriedigt sind, kann er auch die sechs Arten von Liebe, die hauptsächlich weibliches Bedürfnis sind (Fürsorge, Verständnis, Respekt, Hingabe, Wertschätzung und Sicherheit), in sein Leben integrieren und schätzen. Entsprechend braucht eine Frau auch Vertrauen, Akzeptanz, Anerkennung, Bewunderung, Zustimmung und Ermutigung. Aber sie kann sie erst dann wirklich annehmen und würdigen, wenn ihre primären Bedürfnisse erfüllt sind.

Das Verständnis dieser zwölf Arten der Liebe ist ein machtvolles Geheimnis, um zwischenmenschliche Beziehungen zu verbessern. Wenn man bedenkt, daß die Vorfahren der Männer vom Mars kommen, wird man sich leichter darauf einstellen können, daß sie *andere* primäre Liebesbedürfnisse haben als Frauen, deren Vorfahren von der Venus stammen.

Das Praktische an diesem neuen Liebesverständnis ist, daß die verschiedenen Arten von Liebesbeweisen auf Gegenseitigkeit beruhen. Wenn zum Beispiel ein Mann Fürsorge und Verständnis zeigt, wird seine Partnerin entsprechend reagieren und ihm Vertrauen und Akzeptanz, welche er am meisten braucht, entgegenbringen. Dasselbe geschieht, wenn sie ihm ihr Vertrauen beweist. Er wird daraufhin automatisch anfangen, ihr die entsprechende Fürsorge angedeihen zu lassen.

In den folgenden sechs Abschnitten werden die zwölf Arten von Liebe anhand praktischer Beispiele erläutert und gezeigt, in welcher Form sie auf Gegenseitigkeit beruhen.

Wenn ein Mann Interesse an den Gefühlen einer Frau zeigt und sich von Herzen um ihr Wohlergehen sorgt, hat sie das Gefühl, geliebt und umsorgt zu werden. Wenn er durch seine fürsorgliche Art versteht, ihr das Gefühl zu vermitteln, daß sie etwas Besonderes ist, hat er erfolgreich ihr primäres Liebesbedürfnis erfüllt. Natürlich wird sie beginnen, ihm mehr zu vertrauen. Sobald sie vertrauen kann, öffnet sie sich und wird aufnahmebereiter.

Wenn eine Frau einem Mann gegenüber offen und aufnahmebereit ist, hat er das Gefühl, sie vertraut ihm. Einem Mann Vertrauen entgegenzubringen heißt, daran zu glauben, daß er sein Bestes gibt. Wenn die Reaktionen einer Frau den positiven Glauben an die Fähigkeiten und Absichten ihres Mannes erkennen lassen, wird sein primäres Liebesbedürfnis dadurch erfüllt. Automatisch wird er fürsorglicher und entwickelt mehr Aufmerksamkeit für ihre Gefühle und Bedürfnisse.

Verständnis – Akzeptanz

Wenn ein Mann ohne Vorurteile, aber voller Mitgefühl und Verständnis auf die Gefühle einer Frau achtet, hat sie das Gefühl, sie wird erhört und verstanden. Wirkliches Verständnis gibt es nur, wenn man sich erst einmal eingesteht, daß man überhaupt nichts voneinander weiß, dann zuhört und allmählich zu einer qualifizierten Einschätzung dessen gelangt, was in der Kommunikation vermittelt werden soll. Je mehr das weibliche Bedürfnis, angehört und verstanden zu werden, erfüllt wird, desto leichter ist es für eine Frau, ihrem Mann die Akzeptanz zu geben, die er braucht.

Wenn eine Frau in Liebe einem Mann entgegenkommt, ohne zu versuchen, ihn zu ärgern, fühlt er sich akzeptiert. Eine tolerante Grundhaltung vermeidet jegliche Zurückweisung und bestätigt ihm, daß er wohlwollend angenommen wird. Das bedeutet nicht, daß die Frau den Mann für vollkommen hält, sondern daß sie darauf vertraut, daß er seinen eigenen Weg findet, wenn es darum geht, die Dinge zu verbessern. Wenn ein Mann merkt, daß er akzeptiert wird, ist es viel leichter für ihn, zuzuhören und ihr das Verständnis zu geben, das sie braucht und verdient.

Respekt – Anerkennung

Wenn ein Mann auf eine Frau so reagiert, daß er dabei ihre Rechte, Wünsche und Bedürfnisse akzeptiert und ihnen Vorrang vor den eigenen gibt, hat sie das Gefühl, sie wird respektiert. Wenn sein Verhalten darüber hinaus noch auf ihre Gedanken und Gefühle eingeht, kann sie sicher sein, daß sie den Respekt erhält, den sie braucht. Konkrete, sichtbare Zeichen von Respekt, wie Blumen, eine Aufmerksamkeit am Hochzeitstag oder kleine Geschenke sind wichtig, um das dritte primäre Liebesbedürfnis der Frau zu erfüllen. Wenn sie sich respektiert fühlt, hat sie keine Schwierigkeiten, ihrem Mann die Anerkennung zu geben, die er verdient.

Wenn eine Frau einem Mann zu verstehen gibt, daß sein Verhalten ihr genutzt hat und sie sich respektiert fühlt, spürt der Mann ihre Anerkennung. Anerkennung ist eine natürliche Reaktion auf Respekt. Wenn ein Mann Anerkennung erntet, weiß er, daß seine Mühe nicht umsonst war, und ist ermutigt, mehr zu geben. Er hat dann automatisch die Kraft und ist motiviert, seine Partnerin noch mehr zu respektieren.

Hingabe – Bewunderung

Wenn für einen Mann die Bedürfnisse und Wünsche seiner Frau an erster Stelle stehen und er sich glücklich schätzt, sie unterstützen und zufriedenstellen zu können, wird ihr viertes primäres Liebesbedürfnis erfüllt. Eine Frau blüht auf, wenn sie verehrt wird und merkt, daß sie etwas Besonderes ist. Ein Mann erfüllt ihr Bedürfnis, auf diese Weise geliebt zu werden, wenn er ihre Gefühle und Wünsche über seine eigenen Interessen stellt und sie wichtiger nimmt als sein Studium, seine Arbeit oder seine Freizeit. Wenn eine Frau fühlt, daß sie die Nummer eins in seinem Leben ist, wird sie mit Leichtigkeit Bewunderung für ihn empfinden können.

Genauso wie eine Frau die Hingabe des Mannes fühlen muß, hat ein Mann das primäre Bedürfnis nach der Bewunderung einer Frau. Ihm das zu geben heißt, ihm mit Bewunderung, Freundlichkeit und freudiger Zustimmung zu begegnen. Ein Mann fühlt sich bewundert, wenn sie durch seinen einzigartigen Charakter oder seine Talente erfreut ist. Humor, Stärke, Durchsetzungsvermögen, Integrität, Ehrlichkeit, Gefühl für Romantik, Freundlichkeit, Liebe, Verständnis und andere sogenannte »altmodische« Tugenden zählen sicherlich zu diesen Talenten. Wenn ein Mann fühlt, daß er bewundert wird, fühlt er sich sicher genug, um sich ganz seiner Frau zu widmen und sie zu verehren.

Wertschätzung – Zustimmung

Wenn ein Mann sich nicht an den Gefühlen einer Frau stößt oder gegen sie argumentiert, sondern statt dessen ihren Wert anerkennt, fühlt eine Frau sich wirklich geliebt, denn ihr fünftes primäres Liebesbedürfnis wird erfüllt. Wertschätzung unterstreicht das Recht der Frau, sich so zu fühlen, wie sie es tut. (In diesem Zusammenhang ist es wichtig, daß man den Standpunkt einer Frau akzeptieren kann, obwohl man selbst anderer Meinung ist.) Wenn ein Mann lernt, Wertschätzung für eine Frau zum Ausdruck zu bringen, kann er sicher sein, daß er die Zustimmung bekommt, die er besonders braucht.

Im Grunde seines Herzens möchte jeder Mann der ritterliche Held seiner Geliebten sein. Das Signal, ob er die Probe bestanden hat, ist ihre Zustimmung. Wenn eine Frau einem Mann in dem, was er tut, zustimmt, erkennt sie seine Güte an und bringt zum Ausdruck, daß sie insgesamt mit ihm zufrieden ist. (Wenn man ihm generell zustimmt, heißt das jedoch nicht, daß man in allen Punkten mit ihm übereinstimmt. Es heißt lediglich, daß man anerkennt, daß er für sein Handeln gute Gründe hat.) Wenn er die Zustimmung erhält, die er braucht, wird es für ihn leichter, ihre Gefühle zu würdigen.

Sicherheit – Ermutigung

Wenn ein Mann mehrmals zum Ausdruck bringt, daß er sich um seine Partnerin sorgt, sie versteht, ihr Respekt und Achtung zollt, ist ihr primäres Bedürfnis nach Sicherheit erfüllt. Sicherheit heißt für eine Frau, daß sie weiß, sie wird geliebt. Wenn ein Mann die wichtigsten Liebesbedürfnisse einer Frau erfüllt hat und sie glücklich ist und sich sicher fühlt, begeht er oft den Fehler zu meinen, ihr auf Dauer die Gewißheit gegeben zu haben, daß sie geliebt wird. Das ist nicht der Fall. Um das sechste primäre Liebesbedürfnis zu erfüllen, muß er ihr *immer wieder* seine Liebe versichern.

Auf ähnliche Weise muß ein Mann von einer Frau ermutigt werden. Ermutigende Worte geben Hoffnung und machen Mut, indem sie Vertrauen in die Fähigkeiten und den Charakter des Mannes setzen. Wenn die Einstellung einer Frau Vertrauen, Akzeptanz, Anerkennung, Bewunderung und Zustimmung erkennen läßt, fühlt sich der Mann ermutigt, zu seinem vollsten Potential aufzuleben. Wenn er sich ermutigt fühlt, motiviert ihn das, ihr alle liebende Sicherheit zu geben, die sie braucht.

Wenn die sechs primären Liebesbedürfnisse des Mannes erfüllt sind, kommt das Beste in ihm zum Vorschein. Wenn eine Frau jedoch nicht weiß, was er in erster Linie braucht, ihm ihre Fürsorge aufdrängt, statt Vertrauen zu schenken, unterwandert sie vielleicht, ohne es zu wissen, ihre Beziehung. Die folgende Geschichte wird diesen Punkt illustrieren.

Der edle Ritter

In der Tiefe seines Herzens ist jeder Mann ein Held oder ein edler Ritter. Er möchte mehr als alles andere erfolgreich der Frau, die er verehrt, dienen und sie beschützen. Wenn er das Gefühl hat, sie vertraut ihm, wird er diesen edlen Teil seines Wesens entdecken. Er wird sich um sie sorgen und mühen. Wenn er jedoch merkt, daß sie ihm mißtraut, wird er etwas von seiner Lebendigkeit und Energie verlieren und, wenn es zu lange dauert, ganz aufhören, sich um sie zu sorgen.

Stellen Sie sich einen Ritter vor, der mit glänzender Rüstung über Land reitet. Plötzlich hört er eine Frau, die in Not ist und um Hilfe ruft. Mit einem Schlag wird er lebendig. Er gibt seinem Rappen die Sporen und eilt in fliegendem Galopp zu ihrer Burg, wo sie von einem Drachen gefangengehalten wird. Der edle Ritter zieht sein Schwert und tötet den Drachen. Die Prinzessin empfängt ihn voller Liebe und Dankbarkeit. Die Tore der Burg öffnen sich und die Familie der Prinzessin feiert in Gemeinschaft mit der gesamten Dorfgesellschaft den Helden. Man lädt ihn ein, im Schloß zu wohnen und verehrt ihn als einen Helden. Er ist in die Prinzessin verliebt.

Einen Monat später zieht der edle Ritter fort in ein neues Abenteuer. Auf seinem Weg zurück zur Burg hört er seine geliebte Prinzessin um Hilfe schreien. Ein neuer Drache hat die Burg überfallen. Als der Ritter das Schloß erreicht hat, zieht er wiederum sein Schwert und will den Drachen töten.

Gerade will er zustechen, da ruft die Prinzessin oben vom Turm: »Nimm nicht dein Schwert, sondern diese Schlinge. Sie wird dir bessere Dienste leisten.«

Sie wirft ihm die Schlinge zu und zeigt ihm mit den Händen, wie er von der Schlinge Gebrauch machen soll. Nur ungern folgt er fremden Anweisungen. Er legt die Schlinge um den Hals des Drachens und zieht fest zu. Der Drache haucht sein Leben aus, und alle jubeln vor Freude.

Wieder gibt es ein großes Bankett zur Feier des Helden. Der Ritter aber hat ein seltsames Gefühl. Irgendwie meint er, er hat überhaupt nichts geleistet. Er fühlt sich der Bewunderung durch die Dorfgesellschaft nicht würdig, hat er doch nicht einmal von seinem vertrauten Schwert Gebrauch gemacht, sondern die Schlinge genommen. Nach der Feier ist er leicht deprimiert und vergißt, seine Rüstung zu polieren.

Einen Monat später geht er wiederum auf Abenteuer. Als er sein Schwert in die Scheide stecken will, ermahnt ihn seine Prinzessin, vorsichtig zu sein und doch lieber die Schlinge mitzunehmen.

Auf seinem Heimweg sieht er wieder, wie ein Drache das Schloß angreift. Diesmal stürmt er mit gezücktem Schwert voran. Als er vor dem Drachen steht, zögert er jedoch einen Moment. Vielleicht sollte er doch lieber die Schlinge nehmen? In diesem Moment speit der Drache seinen feurigen Atem dem Ritter entgegen und verbrennt seinen rechten Arm. Völlig bestürzt schaut er auf und erblickt die Prinzessin am Turmfenster.

»Nimm das Gift!« ruft sie. »Die Schlinge funktioniert nicht!«

Sie wirft ihm ein Fläschchen mit Gift zu. Er spritzt das Gift dem Drachen ins Maul. Der Drache stirbt. Alle sind glücklich und feiern, aber der Ritter schämt sich.

Einen Monat später geht er wiederum auf Abenteuer. Als er die Burg verläßt, ermahnt ihn die Prinzessin, vorsichtig zu sein, die Schlinge und das Gift nicht zu vergessen. Er haßt es, von ihr belehrt zu werden, aber nimmt trotzdem die Schlinge und das Gift mit. Man kann ja nie wissen.

Diesmal hört er auf seiner Reise eine andere Frau in Not um Hilfe schreien. Er eilt zu ihr, und plötzlich werden seine Lebensgeister wieder wach. Seine Depressionen fallen von ihm ab, und er fühlt sich voller Zuversicht und Lebenskraft. In dem Augenblick, in dem er sein Schwert zieht, kommen ihm jedoch Zweifel. »Ich frage mich«, sagt er zu sich selbst, »ob ich wirklich mein Schwert ziehen, lieber die Schlinge oder das Gift benutzen soll. Was würde wohl die Prinzessin sagen?«

Einen Moment lang ist er völlig verwirrt. Aber dann fällt ihm ein, wie er sich gefühlt hat, als er seine Prinzessin noch nicht kannte, in den alten Zeiten, als er nur ein Schwert bei sich trug, keine Schlinge und kein Gift. Mit vor Selbstbewußtsein geschwellter Brust, wirft er die Schlinge und das Gift von sich und stellt den Drachen mit seinem Schwert. Er tötet ihn, und das ganze Dorf jubelt vor Freude.

Der Ritter wird niemals wieder zu seiner Prinzessin zurückkehren. Er bleibt in dem neuen Dorf und lebt dort bis ans Ende seiner Tage. Irgendwann wird er die Frau, die er errettet hat, heiraten, aber nur, nachdem er sich vergewissert hat, daß sie nichts von Schlingen und Giften versteht.

Wenn wir bedenken, daß in jedem Mann ein Ritter steckt, haben wir damit ein treffendes Bild, das uns an die wichtigsten Bedürfnisse des Mannes erinnert. Ein Mann mag zwar hin und wieder ein wenig Fürsorge und Hilfe brauchen, aber zuviel davon wird sein Selbstvertrauen schmälern und ihn abschrekken.

Die Kunst, den Partner nicht zu vergraulen

Ohne das Bewußtsein dafür, was dem anderen Geschlecht wichtig ist, wissen Männer und Frauen überhaupt nicht, wie sehr sie ihre Partner verletzen können. Schon im Bereich der alltäglichen Kommunikation können wir beobachten, daß viele Männer, ohne es zu wissen, sich auf eine Weise ausdrücken, die bei Frauen den Eindruck erweckt, sie werden nicht geliebt.

Am leichtesten werden die Gefühle von Männern und Frauen verletzt, wenn sie ihre primären Liebesbedürfnisse nicht erfüllt bekommen. Frauen merken oft nicht, daß die Art und Weise, wie sie sich ausdrücken, für das männliche Ego verletzend und wenig hilfreich ist. Eine Frau kann zwar versuchen, Rücksicht auf die Gefühle eines Mannes zu nehmen, aber weil seine Grundbedürfnisse anders sind als ihre, gelingt es ihr nicht, sie instinktiv zu erfassen.

Wenn eine Frau von den Grundbedürfnissen des Mannes weiß, kann sie leichter merken, worin seine Unzufriedenheit begründet ist, und sich darauf einstellen. Das folgende ist eine Liste von häufigen Kommunikationsfehlern, die Frauen angesichts der Liebesbedürfnisse von Männern machen.

Fehler, die Frauen machen	Warum er das Gefühl hat, daß sie ihn nicht liebt
Sie versucht, sein Verhalten zu korrigieren oder bietet ihm ungefragt ihre Hilfe an.	Er fühlt sich ungeliebt, weil sie ihm nicht mehr *vertraut*.
Sie versucht, sein Verhalten zu ändern oder zu kontrollieren, indem sie ihm ihre negativen Gefühle mitteilt. (Es ist völlig richtig, Gefühle mitzuteilen. Falsch ist nur der Versuch, jemanden zu manipulieren oder zu bestrafen.)	Er fühlt sich ungeliebt, weil sie ihn nicht *akzeptiert*, wie er ist.
Sie erkennt nicht an, was er für sie tut, sondern beschwert sich darüber, was er *nicht* tut.	Er fühlt, daß sie ihn für selbstverständlich nimmt, und hat das Gefühl, sie liebt ihn nicht, weil sie dem, was er tut, keine *Anerkennung* zollt.
Sie kritisiert sein Verhalten und sagt ihm, was er tun soll, als wäre er noch ein Kind.	Er fühlt sich ungeliebt, weil er sich nicht *bewundert* fühlt.
Sie bringt ihren Ärger auf indirekte Weise zum Ausdruck, indem sie ihm rhetorische Fragen stellt wie: »Wie konntest du nur...?«	Er fühlt sich ungeliebt, weil er das Gefühl hat, sie hat ihm ihre *Zustimmung* entzogen. Er hat ständig das Gefühl, etwas falsch gemacht zu haben.
Wenn er eine Entscheidung trifft oder die Initiative ergreift, korrigiert oder kritisiert sie ihn.	Er fühlt sich ungeliebt, weil sie ihn nicht *ermutigt*, selbständig etwas zu unternehmen.

Männer begehen dieselben Fehler in ihrer Kommunikation, indem sie nicht verstehen, was die Frau im Grunde braucht. Sie wissen gar nicht, daß sie auf eine Weise mit Frauen umgehen, die für sie oft entwürdigend und wenig hilfreich ist. Selbst wenn eine Frau weiß, daß sie unglücklich mit ihm ist, kann sie ihr

Verhalten solange nicht ändern, bis sie weiß, *warum* sie sich ungeliebt fühlt und *was* sie eigentlich braucht.

Indem ein Mann die Grundbedürfnisse einer Frau versteht, kann er mehr auf sie eingehen und sie respektieren. Das folgende ist eine Liste von Kommunikationsfehlern, die Männer angesichts der Liebesbedürfnisse von Frauen machen.

Fehler, die Männer machen	*Warum sie das Gefühl hat, daß er sie nicht liebt*
Er hört nicht zu, läßt sich leicht ablenken, stellt keine interessierten oder besorgten Fragen.	Sie fühlt sich ungeliebt, weil er nicht aufmerksam ist und nicht zeigt, daß er sich um sie *sorgt*.
Er nimmt ihre Gefühle wörtlich und verbessert sie. Er denkt, sie fragt ihn nach Lösungen, und gibt ihr Ratschläge.	Sie fühlt sich ungeliebt, weil er sie nicht *versteht*.
Er hört zu, aber wird leicht ungehalten und macht ihr zum Vorwurf, schlechte Laune zu verbreiten.	Sie fühlt sich ungeliebt, weil er ihre Gefühle nicht *respektiert*.
Er spielt die Bedeutung ihrer Gefühle und Bedürfnisse herunter. Er stellt die Kinder oder die Arbeit an erste Stelle.	Sie fühlt sich ungeliebt, weil er zu wenig *hingebungsvoll* ist und sie nicht als etwas Besonderes behandelt.
Wenn sie sich ärgert, erklärt er, warum er Recht hat und sie sich nicht ärgern sollte.	Sie fühlt sich ungeliebt, weil er ihren *Wert* nicht *schätzt*, sondern ihr das Gefühl gibt, daß sie Unrecht hat und im Grunde völlig allein dasteht.
Er hört ihr zu und geht dann weg.	Sie fühlt sich unsicher, weil sie nicht die *Sicherheit* von ihm bekommt, die sie braucht.

Oft scheitert eine Liebe, weil beide Partner instinktiv nur das geben, was sie selbst wollen. Weil die Grundbedürfnisse einer Frau in Fürsorge, Verständnis und so weiter bestehen, gibt sie ihrem Mann automatisch eine Menge davon. Der Mann bekommt dann jedoch das Gefühl, sie vertraut ihm nicht mehr. Vertrauen gehört zu seinen wichtigsten Bedürfnissen, nicht Fürsorge.

Wenn er dann nicht positiv auf ihre Fürsorge reagiert, kann sie nicht verstehen, warum er ihre Art von Unterstützung nicht annehmen kann. Er gibt natürlich seine eigene Art Liebe, die nicht das ist, was sie braucht. So sind beide in einem Teufelskreis gefangen und scheitern kläglich, wenn es um die gegenseitige Erfüllung der Liebesbedürfnisse geht.

Susan beschwerte sich: »Ich kann nicht mehr! Immer gebe ich und bekomme nie etwas zurück. Arthur weiß anscheinend gar nicht zu schätzen, was ich ihm alles gebe. Ich liebe ihn, aber er macht sich anscheinend nichts aus mir.«

Arthur beschwerte sich: »Nichts, was ich tue, ist jemals gut genug! Ich weiß nicht mehr, was ich noch tun soll. Ich habe schon alles mögliche versucht, aber sie liebt mich immer noch nicht. Ich liebe sie, aber es funktioniert nicht.«

Susan und Arthur sind seit acht Jahren verheiratet. Sie waren ein einem Punkt, an dem sie ihre Beziehung abbrechen wollten, weil sie beide das Gefühl hatten, der andere liebt sie nicht. Seltsamerweise nahmen beide für sich in Anspruch, mehr zu geben als der andere. Die Wahrheit war, daß zwar beide etwas in die Beziehung einbrachten, aber keiner das bekam, was er wollte oder brauchte.

Sie liebten einander, aber verstanden ihre gegenseitigen primären Liebesbedürfnisse nicht. Daher drang ihre Liebe nicht bis zu ihrem Partner vor. Susan gab, was *sie* gern bekommen würde, und Arthur das, was *er* wollte. Allmählich ging ihre Beziehung zugrunde.

Viele Menschen geben ihre Beziehungen irgendwann auf, weil sie zu schwierig werden. Beziehungen werden leichter, wenn wir verstehen, worin die Grundbedürfnisse unseres Partners bestehen. *Es kommt nicht darauf an, daß wir mehr, sondern darauf, daß wir das Richtige geben, das, was der andere braucht.* Nur dann hat eine Beziehung Bestand. Wenn wir die zwölf verschiedenen Arten von Liebe verstehen, wissen wir, warum unsere aufrichtigsten Versuche, unserem Partner unsere Liebe zu beweisen, scheitern. Um unseren Partner wirklich zufriedenzustellen, müssen wir lernen, ihm das zu geben, was er *wirklich* braucht.

Zuhören ohne sich aufzuregen

Das wichtigste Mittel, um erfolgreich die Liebesbedürfnisse einer Frau zu erfüllen, ist die Kommunikation. Wir haben bereits gesehen, daß auf der Venus die Kommunikation besonders wichtig war. Ein Mann kann eine Frau mit Fürsorge, Verständnis, Respekt, Hingabe, Wertschätzung und Sicherheit überhäufen, wenn er lernt, ihr zuzuhören.

Männern fällt es schwer zuzuhören. Sie werden leicht frustriert oder ärgerlich, weil sie vergessen, daß Frauen ursprünglich von der Venus kommen und es in ihrer Natur liegt, anders zu kommunizieren. Die Liste auf der Seite gegenüber zeigt Möglichkeiten auf, wie man die Unterschiede berücksichtigen kann, und gibt Anregungen für die Praxis.

Wenn ein Mann auf die Gefühle einer Frau hören kann, ohne frustriert und ärgerlich zu werden, macht er ihr damit ein wundervolles Geschenk. Er gibt ihr die Sicherheit, daß sie sich gefahrlos aussprechen kann. Je mehr sie sich ausdrücken kann, desto mehr fühlt sie sich erhört und verstanden und desto mehr kann sie einem Mann das liebevolle Vertrauen, Akzeptanz, Anerkennung, Bewunderung, Zustimmung und Ermutigung geben, die er braucht.

Genauso wie Männer die Kunst erlernen müssen, einer Frau zuzuhören, um ihre primären Liebesbedürfnisse zu erfüllen, müssen Frauen die Kunst erlernen, einem Mann Kraft zu geben. *Wenn eine Frau sich freiwillig von einem Mann unterstützen läßt, gibt sie ihm damit die Kraft, sein Bestes zu geben.* Ein Mann fühlt sich im Vollbesitz seiner Kräfte, wenn sie ihm

Wie man richtig zuhört, ohne sich zu ärgern

Was man beachten sollte	*Was man besser tun (oder lassen) sollte*
Ärger entsteht nie aus Verständnis für ihren Standpunkt. Daher ist es niemals ihre Schuld.	Bemühen Sie sich, sie zu verstehen. Machen Sie sie niemals verantwortlich für Ihren Ärger. Fangen Sie noch einmal von vorn an, sie zu verstehen.
Gefühle sind nicht immer sofort einleuchtend, trotzdem haben sie ihre Berechtigung und brauchen unser Mitgefühl.	Atmen Sie tief durch. Sagen Sie nichts. Entspannen Sie sich und versuchen Sie nicht, sich zu beherrschen. Versuchen Sie sich die Welt durch ihre Augen gesehen vorzustellen.
Vergessen Sie nicht, daß Ihr Ärger oft seine Ursache darin hat, daß Sie nicht wissen, was Sie tun können, um die Dinge wieder ins Lot zu bringen. Zuhören und Verständnis sind immer hilfreich, aber erwarten Sie nicht, daß es ihr sofort wieder gutgeht.	Machen Sie sie nicht verantwortlich, daß sie sich trotz Ihrer Lösungsvorschläge nicht besser fühlt. Wie sollte sie denn auch, wenn Lösungen gar nicht das sind, was sie braucht? Widerstehen Sie dem Drang, Lösungen anzubieten.
Sie müssen nicht mit ihr übereinstimmen, um ihren Standpunkt zu verstehen oder als guter Zuhörer geschätzt zu werden.	Wenn Sie einen abweichenden Standpunkt vertreten wollen, warten Sie damit, bis sie zu Ende gesprochen hat. Wiederholen Sie erst, was sie gesagt hat, bevor Sie Ihren Standpunkt vortragen. Werden Sie niemals laut.
Es ist gar nicht so wichtig, sie in allen Einzelheiten zu verstehen. Trotzdem kann man ein guter Zuhörer sein.	Lassen Sie sie wissen, daß Sie sie nicht verstehen, aber gern verstehen würden. Nehmen Sie die Verantwortung für Ihr Unverständnis voll auf sich. Beurteilen Sie nicht, was sie gesagt hat, und sagen Sie nie, daß sie sich unverständlich ausdrückt (auch nicht zwischen den Zeilen).

Was man beachten sollte	Was man besser tun (oder lassen) sollte
Denken Sie daran, daß Sie nicht dafür verantwortlich sind, wie sie sich fühlt. Selbst wenn es wie eine Schuldzuweisung klingt, will sie doch nur verstanden werden.	Vermeiden Sie es, sich zu verteidigen, bevor sie nicht das Gefühl hat, Sie verstehen sie und Sie sorgen sich um sie. Erst dann können Sie sich vorsichtig erklären oder sich entschuldigen.
Wenn sie Sie wirklich wütend macht, liegt das wahrscheinlich an ihrem Mißtrauen. Haben Sie Mitgefühl, denn tief in ihrem Inneren ist sie ein verängstigtes kleines Mädchen, das Angst hat, sich zu offenbaren und verletzt zu werden.	Streiten Sie sich nicht mit ihr über ihre Gefühle und Meinungen. Machen Sie eine Pause und sprechen Sie später noch einmal darüber, wenn Sie gefühlsmäßig nicht mehr so geladen sind. Schreiben Sie einen Brief, in dem Sie sich die negativen Gefühle von der Seele schreiben.

vertraut, ihn akzeptiert, seine Leistungen anerkennt, ihn bewundert, ihm zustimmt und ihn zu neuen Taten anspornt.

Wie in unserer Version des Märchens von der Prinzessin und dem Ritter versuchen viele Frauen, ihrem Mann zu helfen, indem sie ihn verbessern wollen. In Wirklichkeit verletzen sie ihn damit nur. Jeder Versuch, ihn zu ändern, entzieht ihm das liebende Vertrauen, Akzeptanz, Anerkennung, Bewunderung, Zustimmung und Ermutigung – all seine primären Liebesbedürfnisse.

Das Geheimnis, einem Mann Kraft zu geben, besteht darin, ihn niemals ändern oder verbessern zu wollen. Sicher möchten Sie ihn ändern – Sie dürfen es nur nicht darauf anlegen. Erst wenn er direkt und ausdrücklich um einen Rat fragt, ist er offen für eine Hilfestellung bei seiner Veränderung.

Auf der Venus galt es als eine liebevolle Geste, jemandem einen Rat zu geben. Auf dem Mars jedoch nicht. Dort gab man jemandem nur dann einen Rat, wenn man ausdrücklich darum gebeten wurde. Auf dem Mars zeigte man seine Liebe dadurch, daß man sich gegenseitig zutraute, die Probleme völlig selbständig zu lösen.

Das heißt nicht, daß eine Frau ihre Gefühle unterdrücken soll. Es ist völlig in Ordnung, wenn sie frustriert oder sogar wütend ist, solange sie nicht versucht, ihn zu ändern. Jeder Versuch, ihn zu verändern, wird als Feindseligkeit ausgelegt.

Wenn eine Frau einen Mann liebt, bemüht sie sich oft, ihre Beziehung zu verbessern. In ihrem Überschwang macht sie ihn zum Ziel ihrer Änderungswünsche. Allmählich versucht sie, ihn ihren Wünschen anzupassen.

Warum Männer sich nicht ändern wollen

Auf vielfältige Weise versucht sie ihn zu verändern oder zu verbessern. Sie ist der Meinung, daß ihre Änderungsversuche aus reiner Liebe geschehen. Aber er fühlt sich kontrolliert, manipuliert, zurückgewiesen und ungeliebt. Er wird störrisch alles zurückweisen, weil er das Gefühl hat, sie lehnt ihn so, wie er ist, ab. Wenn eine Frau einen Mann verbessern will, schenkt sie ihm nicht das liebende Vertrauen und die Akzeptanz, die er braucht, damit er sich allmählich verändern und wachsen kann. Wenn ich in einem Raum mit Hunderten von Frauen und Männern sämtliche Teilnehmer befrage, berichten mir alle von derselben Erfahrung: Je mehr eine Frau versucht, ihren Mann zu verändern, desto mehr widersetzt er sich.

Das Problem ist hier, daß die Frau die Reaktion des Mannes, wenn er sich ihren Änderungsversuchen widersetzt, völlig falsch interpretiert. Sie glaubt, daß er sich nicht verändern *will.* Die Wahrheit jedoch ist, daß er ihre Vorschläge gar nicht aufnehmen kann, weil sie für ihn Beweise sind, daß er nicht genug liebt wird. Fühlt ein Mann sich jedoch geliebt, vertraut, akzeptiert und anerkannt, so wird er sich automatisch verändern, wachsen und sich verbessern.

Es gibt zwei Arten von Männern. Die einen werden unglaublich abwehrend und störrisch, wenn eine Frau versucht, sie zu verändern. Die anderen werden zustimmen, aber dann alles wieder vergessen und sich so verhalten wie früher.

Wenn ein Mann nicht das Gefühl hat, daß er so geliebt wird, wie er ist, wird er bewußt oder unbewußt sein unakzeptiertes Verhalten weiterführen. Er fühlt einen inneren Zwang, sich solange zu wiederholen, bis er sich geliebt und akzeptiert fühlt.

Damit ein Mann sich ändern kann, muß er sich auf eine *akzeptierende* Weise geliebt fühlen. Ansonsten wird er in eine Verteidigungshaltung fallen und jede Entwicklung abwehren. Er muß sich genau so, wie er ist, angenommen fühlen und wird erst dann, allein auf sich gestellt, nach Möglichkeiten suchen, sich zu wandeln.

Genauso wie Männer erklären wollen, warum Frauen sich nicht ärgern sollten, wollen Frauen erklären, warum Männer sich nicht so verhalten sollten, wie sie es tun. Genauso wie Männer den Irrtum begehen, Frauen »reparieren« zu wollen, versuchen Frauen, Männer zu »verbessern«.

Männer sehen die Welt durch die Augen eines Marsianers. Ihr Motto lautet: »Repariere nichts, was nicht kaputt ist.« Wenn eine Frau versucht, einen Mann zu ändern, muß er denken, er sei kaputt. Das verletzt einen Mann zutiefst.

Ein Mann will *mit* seinen Schwächen bejaht werden. Es ist nicht leicht, die Schwächen eines Mannes zu akzeptieren, besonders wenn wir sehen, wie er sich zum Besseren verändern könnte. Es wird jedoch leichter, wenn wir verstehen, daß wir seine Entwicklung am besten unterstützen, wenn wir aufhören, ihn in irgendeiner Richtung zu beeinflussen.

Hier sind einige Dinge, die eine Frau tun kann, um seine Entwicklung zu unterstützen:

Wie sie aufgeben kann, ihn verändern zu wollen

Was sie beachten sollte	*Was sie besser tun (oder lassen) sollte*
Stellen Sie ihm nicht zu viele Fragen, wenn er schlechte Laune hat, sonst denkt er, Sie wollen ihn verändern.	Ignorieren Sie einfach seine schlechte Stimmung, bis er selbst reden will. Geben Sie ihm ein vorsichtiges Zeichen, daß Sie sich über ihn Gedanken machen, als Einladung zum Sprechen.
Geben Sie auf, ihn auf irgendeine Weise verbessern zu wollen. Was er braucht, um zu wachsen, ist Ihre Liebe, nicht Ihre Erziehung.	Trauen Sie ihm zu, selbständig zu wachsen. Teilen Sie ihm ehrlich Ihre Gefühle mit, aber ohne zu verlangen, daß er sich verändert.
Geben Sie niemals ungefragt Ratschläge, sonst meint er, Sie mißtrauen ihm, wollen ihn kontrollieren oder weisen ihn ab.	Üben Sie sich in Geduld und Vertrauen darauf, daß er selbst lernen wird, was gut für ihn ist. Warten Sie, bis er von sich aus um Rat fragt.
Wenn ein Mann sich nicht verändern will, dann fühlt er sich nicht geliebt. Er hat Angst, seine Fehler zuzugeben, weil er sich vor Zurückweisung fürchtet.	Üben Sie sich darin, ihm zu zeigen, daß er nicht vollkommen sein muß, um Ihre Liebe zu verdienen. Üben Sie sich in Vergebung.
Seien Sie nicht zu aufopfernd in der Hoffnung, daß er dasselbe für Sie tun wird. Das würde ihn unnötig unter Druck setzen.	Üben Sie sich darin, selbständig Dinge zu unternehmen. Machen Sie Ihr Glück nicht von ihm abhängig.
Sie können ihm durchaus Ihre negativen Gefühle mitteilen, ohne zu versuchen, ihn zu ändern. Wenn er sich akzeptiert fühlt, ist es leichter für ihn zuzuhören.	Wenn Sie ihm Ihre Gefühle mitteilen, machen Sie ihm klar, daß Sie ihm nicht sagen wollen, was er zu tun hat, sondern nur wollen, daß er sie beachtet.
Wenn Sie ihm Anweisungen geben und Entscheidungen abnehmen, wird er sich gegängelt und gemaßregelt vorkommen.	Entspannen Sie sich. Nehmen Sie seine Gefühle ernst. Seien Sie kein Perfektionist und halten Sie ihm keine Vorträge. Korrigieren Sie ihn nicht.

Wenn Männer und Frauen lernen, sich gegenseitig so zu unterstützen, daß sie ihre eigenen Bedürfnisse dabei im Auge behalten, werden sie wie von selbst gemeinsam wachsen und sich entwickeln. Mit mehr Rücksicht auf die Grundbedürfnisse Ihres Partners können Sie Ihre liebevolle Unterstützung wirksamer einsetzen und Ihre Beziehung erheblich unkomplizierter und befriedigender gestalten.

NEUNTES KAPITEL

Wie man Streit vermeidet

Eine der größten Herausforderungen in jeder Liebesbeziehung ist es, mit Differenzen und Meinungsverschiedenheiten umzugehen. Oft wird durch eine Meinungsverschiedenheit ohne vorherige Warnung aus einem Gespräch ein Streit, und aus dem Streit entwickelt sich ein Kampf. Plötzlich sprechen Mann und Frau nicht mehr liebevoll miteinander und fangen an, sich gegenseitig zu verletzen: Sie machen sich gegenseitig Vorwürfe, klagen einander an, stellen Forderungen, weisen einander zurück, und keiner traut dem anderen.

Wenn Männer und Frauen sich gewaltsam streiten, kann das nicht nur ihre Gefühle, sondern ihre gesamte Beziehung beschädigen. Kommunikation ist das wichtigste Element einer Beziehung und Streit kann das destruktivste sein. Je näher wir jemandem kommen, desto leichter ist es, ihn zu verletzen oder von ihm verletzt zu werden.

In meiner Praxis empfehle ich den Paaren, mit denen ich zu tun habe, Streit möglichst zu vermeiden. Wenn zwei Menschen keine sexuelle Beziehung zueinander haben, ist es für sie viel leichter, den nötigen Abstand zu bewahren, wenn sie sich über ein Thema auseinandersetzen oder streiten. Wenn aber Paare streiten, die emotional – und besonders auch sexuell – miteinander verbunden sind, nehmen sie die Dinge allzu leicht persönlich.

Die Grundregel ist, daß man sich niemals streiten, sondern statt dessen das Pro und Contra eines Gegenstandes erläutern sollte. Verhandeln Sie, was Sie wollen, aber streiten Sie sich nicht. Es ist möglich, offen und ehrlich zu sein, ja sogar negative

Gefühle auszudrücken, ohne dabei einen Streit vom Zaun zu brechen oder sich in einen Kampf zu verwickeln.

Einige Paare streiten sich ständig. Ihre Liebe wird es nicht überleben. Das andere Extrem sind Paare, die ihre ehrlichen Gefühle unterdrücken, um sich nicht zu streiten und Konflikte zu vermeiden. Die Folge ist, daß sie nicht nur zu ihren negativen, sondern auch zu ihren liebevollen Gefühlen den Kontakt verlieren. Die einen führen eine Schlacht, die anderen haben kalten Krieg.

Am besten ist die goldene Mitte. Mit geschickter Kommunikation kann man einen Streit vermeiden, ohne dabei negative Gefühle und widersprüchliche Gedanken und Wünsche zu unterdrücken.

Was geschieht, wenn wir uns streiten?

Wenn man nicht versteht, auf welche Weise Männer und Frauen verschieden sind, ist es sehr leicht, sich in einen Streit zu verwickeln, seinen Partner zu verletzen und selbst verletzt zu werden. Das Geheimrezept zur Vermeidung rücksichtsloser Kämpfe ist die liebevolle Kommunikation.

Es sind nicht die Meinungsverschiedenheiten, die verletzend wirken, sondern die Art und Weise, wie sie ausgetragen werden. Ein Streitgespräch muß nicht verletzend sein, es kann in Form einer Unterhaltung geführt werden, in der Meinungsverschiedenheiten deutlich werden. Es bleibt in einer Beziehung nicht aus, daß beide Partner gelegentlich unterschiedlicher Meinung sind. In der Praxis fängt ein Paar oft an, über irgendeinen Gegenstand verschiedener Meinung zu sein. Es dauert keine fünf Minuten, und schon streiten sie sich über die Art und Weise, wie der andere argumentiert.

Das positive Lösen einer Meinungsverschiedenheit erfordert eine Erweiterung oder eine Ausdehnung unseres Standpunktes und die Integration einer anderen Perspektive als unserer eigenen. Um das zu schaffen, müssen wir das Gefühl haben, wir werden geschätzt und respektiert. Ist unser Partner jedoch lieblos und feindselig eingestellt, dann könnte es unserem Selbstwertgefühl schaden, zum Zeitpunkt des Streits seine Perspektive anzunehmen.

Je näher wir jemandem stehen und je intimer wir sind, desto schwieriger ist es, seinen Standpunkt objektiv zu sehen, ohne auf negative Gefühle zu reagieren. Um uns davor zu schützen, daß wir uns von Feindseligkeiten und Respektlosigkeiten anstecken lassen, schützen wir uns automatisch, indem wir den Standpunkt des anderen ablehnen. Selbst wenn wir in der Sache übereinstimmen, beharren wir vielleicht hartnäckig darauf, uns weiter zu streiten.

Nicht *was* wir sagen, wirkt verletzend, sondern *wie* wir es sagen. Wenn ein Mann sich herausgefordert fühlt, konzentriert sich gewöhnlich seine Aufmerksamkeit völlig darauf, Recht zu behalten. Dabei vergißt er völlig, daß er ja eigentlich freundlich und nett sein wollte. Automatisch schwindet seine Fähigkeit, auf fürsorgliche, respektvolle und bestätigende Weise zu kommunizieren. Er weiß dabei nicht einmal, wie rücksichtslos er klingt, noch sieht er, daß er seine Partnerin verletzt. In solchen Zeiten kann eine harmlose Auseinandersetzung für eine Frau wie eine Attacke klingen, und eine Bitte wird zum Befehl. Natürlich wird sich die Frau einer solchen lieblosen Umgangsform widersetzen, selbst wenn sie das, was gesagt wird, unter anderen Umständen durchaus annehmen würde.

Erst verletzt der Mann, ohne es zu merken, seine Partnerin, indem er auf rücksichtslose Weise mit ihr redet, und dann erklärt er ihr auch noch, warum sie sich nicht ärgern sollte. Er unterliegt dem Irrtum, daß sie *den Inhalt* dessen, was er sagt, ablehnt. In Wirklichkeit ist es seine lieblose Art, die sie verletzt. Weil er ihre Reaktion nicht versteht, versteift er sich darauf, seinen Standpunkt zu rechtfertigen, anstatt seinen Ton zu korrigieren.

Er hat keine Ahnung, daß *er* den Streit angefangen hat. Er meint, *sie* streitet sich mit *ihm*. Er verteidigt seine Meinung, während sie *sich selbst* vor seinem harten Ton verteidigt, der sie beleidigt.

Wenn ein Mann die verletzten Gefühle einer Frau nicht ernst nimmt und sie herunterspielt, verletzt er sie noch mehr. Es ist schwer für ihn, ihre Verletztheit zu verstehen, weil er selbst nicht so empfindlich auf einen lieblosen, kalten Ton reagiert. Folglich merkt er vielleicht nicht einmal, wie sehr er seine Partnerin verletzt, und provoziert dadurch ihren Widerwillen.

Auch eine Frau weiß oft nicht, wie verletzend sie auf einen Mann wirken kann. Wenn sie sich herausgefordert fühlt, wird ihr Ton zunehmend mißtrauisch und abweisend. Diese Art von Zurückweisung kann einem Mann sehr wehtun, besonders wenn er emotional beteiligt ist.

Frauen beginnen und eskalieren oft einen Streit, indem sie ihre negativen Gefühle über das Verhalten ihres Partners äußern, und dann ungebetene Ratschläge erteilen, was er besser machen könnte. Sie versäumen es, ihre Botschaft mit Zeichen von Anerkennung und Zustimmung zu versehen. Daher reagiert er mit negativen Gefühlen, und die Frau ist völlig verwirrt. Sie merkt nicht, wie verletzend ihr Mißtrauen für ihn ist.

Zu einem Streit gehören immer zwei, aber einen Streit beenden muß jeder für sich. Die beste Methode ist allerdings, ihn schon im Keim zu ersticken. Ergreifen Sie die Initiative, wenn eine Meinungsverschiedenheit sich zu einem Streit entwickelt. Hören Sie auf zu sprechen und machen Sie eine Pause. Achten Sie darauf, wie Sie auf Ihren Partner zugehen. Versuchen Sie zu verstehen, warum Sie ihm nicht geben, was er braucht. Nach einer gewissen Zeit kommen Sie wieder zurück und sprechen Sie weiter, jetzt jedoch auf liebevollere und respektvollere Weise. In der Pause haben Sie Gelegenheit, sich abzukühlen, sich auf das Wesentliche zu konzentrieren und Ihre Wunden zu heilen, bevor Sie die Kommunikation wieder aufnehmen.

Vier Strategien, um sich vor Verletzungen zu schützen

Es gibt im wesentlichen vier Strategien, die wir anwenden, um in einem Streit nicht verletzt zu werden: Kämpfen, Fliehen, So tun als ob und Aufgeben. Jede dieser Strategien bietet vorübergehend eine Lösung, auf lange Sicht sind sie jedoch alle ungeeignet. Wir wollen die vier Grundstrategien für den Streitfall untersuchen.

Kämpfen

Diese Strategie stammt zweifellos vom Mars. Wenn eine Unterhaltung immer liebloseren Charakter bekommt, und die Parteien zu Gegnern werden, anstatt sich gegenseitig zu unterstützen, fangen einige an zu kämpfen. Sie gehen unmittelbar in die Angriffshaltung über. Ihr Motto ist: »Angriff ist die beste Verteidigung.« Sie führen den Erstschlag und verurteilen als erstes sofort pauschal ihren Gegner. Sie machen ihn für alles verantwortlich, beschuldigen ihn und kritisieren ihn. Sie erheben ihre Stimme und bringen jede Menge Ärger zum Ausdruck. Ihr inneres Motiv ist, ihre Partnerin so weit einzuschüchtern, daß sie lieb und kooperativ wird. Wenn sie klein beigibt, nehmen sie an, sie haben gewonnen, aber in Wirklichkeit haben sie verloren.

Einschüchterung zerstört die Vertrauensgrundlage jeder Beziehung. Den eigenen Willen mit Gewalt durchzusetzen, indem man andere verurteilt, ist der sicherste Weg, eine Beziehung zu zerstören. Wenn Paare miteinander kämpfen, verlieren sie allmählich ihre Fähigkeit, sich offen und verletzbar zu zeigen. Frauen verschließen sich, um sich zu schützen, und Männer machen dicht und hören auf, sich um sie zu kümmern. Allmählich verlieren beide den letzten Rest von Intimität.

Flüchten

Diese Strategie stammt ebenfalls vom Mars. Um einer Konfrontation aus dem Wege zu gehen, können sich die Marsmänner in ihre Höhle zurückziehen und niemals wieder herauskommen. Das ist die Strategie des kalten Krieges. Sie weigern sich zu reden, und nichts wird gelöst. Diese Situation ist nicht identisch mit der, wenn man eine Pause macht und dann wiederkommt, um zu reden und die Dinge auf liebevollere Weise zu lösen.

Menschen, die diese Strategie verfolgen, haben Angst vor der Konfrontation. Sie würden lieber auf Sparflamme kochen und sich nur über Themen unterhalten, die keinen Konfliktstoff enthalten. Sie wollen in einer Beziehung nur mit Samthandschuhen angefaßt werden. Normalerweise beklagen sich in einer Beziehung meistens die Frauen, daß sie die Männer wie rohe Eier behandeln müssen, aber auch der umgekehrte Fall kommt vor. Ein übervorsichtiges Verhalten ist bei manchen Männern oft so zur Gewohnheit geworden, daß sie es überhaupt nicht mehr merken.

Anstatt sich in einen Streit zu verwickeln, hören einige Paare völlig auf zu reden, wenn es zu Meinungsverschiedenheiten kommt. Sie bekommen, was sie wollen, indem sie ihren Partner durch Liebesentzug bestrafen. Sie wagen sich nicht aus ihrer Defensive, um den Partner direkt wie einen Kämpfer zu verletzen, sondern sie tun es indirekt, indem sie ihm langsam die Liebe, die er braucht, entziehen. *Doch Liebesentzug bewirkt nur Haß und Zwietracht.*

Kurzfristig bringt diese Strategie vielleicht eine gewisse Ruhe und scheinbare Harmonie, aber wenn über Dinge nicht gesprochen wird und Gefühle nicht geäußert werden können, bauen sich Ressentiments auf. Langfristig werden solche Paare die leidenschaftlichen und liebevollen Gefühle, die sie einmal zusammengebracht haben, wieder vergessen. Oft benutzen sie Essen und andere Süchte, um ihre ungelösten schmerzhaften Gefühle zu betäuben.

So tun als ob

Diese Strategie stammt von der Venus. Um zu vermeiden, in einer Konfrontation verletzt zu werden, gibt eine der beteiligten Personen einfach vor, es bestünde überhaupt kein Problem. Sie trägt stets ein Lächeln auf den Lippen, macht den Eindruck, sie stimme allem zu, und tut so, als sei sie rundum zufrieden. Mit der Zeit jedoch wird sie zunehmend empfindlicher. Sie gibt ihrem Partner immer, aber bekommt nichts zurück. Der natürliche Fluß der Liebe ist blockiert.

Eine solche Person hat Angst davor, ehrlich zu sein und ihre wahren Gefühle zu äußern. Also tut sie so, als sei alles »in Ordnung«, »prima« und »kein Problem«. Auch Männer gebrauchen diese Ausdrücke bisweilen, aber mit anderer Bedeutung. »In Ordnung« heißt bei ihnen, daß sie allein zurechtkommen. »Prima« heißt, daß sie sich schon alles zurechtgelegt haben und wissen, was zu tun ist, und »kein Problem« bedeutet, daß sie keinerlei Hilfe brauchen. Wenn eine Frau diese Worte benutzt, meint sie vielleicht etwas ganz anderes, nämlich, daß sie versucht, einem Konflikt oder einem Streit aus dem Wege zu gehen.

Um dem Konflikt auszuweichen, kommt es durchaus vor, daß eine Frau sogar sich selbst an der Nase herumführt und meint, alles sei »in Ordnung«, »prima« und »kein Problem«, wenn es in Wirklichkeit alles andere ist als das. Sie opfert oder negiert ihre Wünsche, Bedürfnisse und Gefühle, um die Möglichkeit einer Auseinandersetzung zu vermeiden.

Aufgeben

Diese Strategie kommt ebenfalls von der Venus. Anstatt sich in einen Streit zu verwickeln, gibt derjenige einfach auf. Er übernimmt sämtliche Schuld für alles, was seinen Partner stört. Kurzfristig kann dadurch ein Zustand herbeigeführt werden, der so aussieht wie eine liebevolle und kooperative Beziehung, am Ende aber werden beide Partner ihre Identität verlieren.

175

Ein Mann beschwerte sich einmal bei mir über seine Frau: »Ich liebe sie sehr. Sie gibt mir alles, was ich zum Leben brauche. Meine einzige Schwierigkeit ist, daß sie selbst niemals zufrieden ist.« Seine Frau hatte 20 Jahre lang ihre eigenen Bedürfnisse für ihren Ehemann negiert. Sie hatten nie einen Streit. Wenn man die Frau nach ihrer Beziehung fragte, sagte sie immer: »Wir haben eine gute Beziehung. Mein Mann ist sehr liebevoll. Das einzige Problem bin ich selbst. Ich bin immer deprimiert und weiß selbst nicht warum.« Sie ist deprimiert, weil sie sich selbst 20 Jahre lang verleugnet und allem zugestimmt hat.

Um es ihrem Partner recht zu machen, spüren solche Menschen intuitiv, was seine Wünsche sind, und formen sich selbst, um diesen Wünschen gerecht zu werden. Bis sie es irgendwann doch nicht mehr aushalten und sich weigern, sich weiterhin für ihre Liebe aufzugeben.

Jede Form der Ablehnung ist für sie sehr schmerzhaft, weil sie sich ja selbst bereits ablehnen. Sie versuchen um jeden Preis Ablehnung zu vermeiden und jedermanns Freund zu sein. In diesem Prozeß können sie buchstäblich sich selbst aufgeben.

Vielleicht finden Sie sich ja in einer dieser Vermeidungsstrategien wieder, vielleicht auch in allen vier. Normalerweise pendeln wir zwischen ihnen hin und her. Mit allen diesen Strategien verfolgen wir die Absicht, uns vor Verletzungen zu schützen. Leider funktioniert das jedoch nicht. Grundlegend hilft nur, einen Streit im Keim zu entdecken und zu ersticken. Machen Sie eine Pause, um sich zu beruhigen. Kommen Sie anschließend wieder zurück und reden Sie weiter. Üben Sie sich darin, verständnisvoller miteinander umzugehen, und respektieren Sie das andere Geschlecht. Dann werden Sie allmählich lernen, wie Sie Streit und Zwietracht vermeiden können.

Warum wir uns streiten

Frauen und Männer streiten sich normalerweise über Geld, Sex, Entscheidungen, Termine, Werte, wer auf das Kind aufpaßt und wer den Abwasch macht. Die damit verbundenen Diskussionen und Verhandlungen entwickeln sich jedoch oft aus einem einzigen Grund zu schmerzlichen Auseinandersetzungen: Wir fühlen uns nicht geliebt. Und ein Mensch, der sich nicht geliebt fühlt, kann nur schwer jemanden lieben.

Weil Frauen nicht vom Mars kommen, erkennen sie nicht sofort instinktiv, was ein Mann braucht, um mit einer Meinungsverschiedenheit erfolgreich umgehen zu können. Widersprüchliche Ideen, Gefühle und Bedürfnisse sind für einen Mann eine schwierige Herausforderung. Je näher er seiner Frau steht, desto schwerer ist es für ihn, mit Differenzen und Meinungsverschiedenheiten umzugehen. Wenn sie etwas, was er getan hat, nicht mag, hat er gleich das Gefühl, sie mag ihn nicht mehr. Er fühlt sich ungeliebt und angegriffen.

Männer können mit Differenzen und Meinungsverschiedenheiten am besten umgehen, wenn seine emotionalen Grundbedürfnisse erfüllt sind. Wenn man einem Mann die Liebe entzieht, die er so dringend braucht, kommt seine schlechteste Seite zum Vorschein, und jede kleine Meinungsverschiedenheit kann in einen Streit ausarten.

An der Oberfläche scheint es, als würde er sich wegen eines der genannten Themen streiten (Geld, Verantwortung etc.). Der wahre Grund liegt jedoch bei seiner Angst, vielleicht nicht geliebt zu werden. Wenn ein Mann sich über Geld, Termine, Kinder etc. streitet, stehen vielleicht im Verborgenen die Gründe dahinter, welche auf der folgenden Seite genannt werden.

Indem die emotionalen Grundbedürfnisse eines Mannes befriedigt werden, nimmt seine Neigung, sich in einen verletzenden Streit zu verwickeln, immer weiter ab. Automatisch wird er wieder zuhören und mit viel mehr Respekt, Verständnis und Fürsorge zu seiner Partnerin sprechen.

Die geheimen Gründe, warum Männer sich streiten

Der verborgene Grund, warum er sich streitet	*Was er braucht, damit er aufhört, sich zu streiten*
»Ich mag es nicht, wenn sie sich über die kleinsten Dinge aufregt, die ich mache oder nicht mache. Ich will nicht kritisiert und zurückgewiesen, sondern so akzeptiert werden, wie ich bin.«	Er muß sich so, wie er ist, akzeptiert fühlen können. Statt dessen versucht sie, ihn zu verbessern.
»Ich mag es nicht, wenn sie mir sagen, wie ich etwas zu tun habe. Ich fühle mich mißachtet und wie ein Kind behandelt.«	Er muß das Gefühl haben, man bewundert ihn. Statt dessen fühlt er sich herabgesetzt.
»Ich mag es nicht, wenn sie mich für ihr Unglück verantwortlich macht. Ich fühle mich nicht inspiriert, ihren ritterlichen Freund zu spielen.«	Er muß neuen Mut schöpfen. Statt dessen will er am liebsten aufgeben.
»Ich mag es nicht, wenn sie sich darüber beschwert, wieviel sie tut oder wie wenig ihre Leistung anerkannt wird. Ich habe dann das Gefühl, sie sieht gar nicht, was *ich* alles für sie tue.«	Er muß das Gefühl haben, man schätzt seine Arbeit. Statt dessen fühlt er sich schuldig, unterbewertet und ohnmächtig.
»Ich mag es nicht, wenn sie sich über alles mögliche Sorgen macht, was alles schiefgehen könnte. Ich habe den Eindruck, sie traut mir nichts zu.«	Er muß das Gefühl haben, sie vertraut auf ihn und weiß seinen Beitrag zu ihrer Sicherheit zu schätzen. Statt dessen fühlt er sich für ihre Angst verantwortlich.
»Ich mag es nicht, wenn sie erwartet, daß ich nach ihrer Pfeife tanze und immer dann rede, wenn sie es will. Ich fühle mich weder akzeptiert noch respektiert.«	Er muß sich so, wie er ist, angenommen fühlen. Statt dessen fühlt er sich gegängelt und zum Reden genötigt. Deshalb hat er nichts zu sagen. Er fürchtet, daß er es ihr niemals recht machen kann.

Der verborgene Grund, warum er sich streitet	Was er braucht, damit er aufhört, sich zu streiten
»Ich mag es nicht, wenn sie sich durch meine Worte verletzt fühlt. Ich spüre, daß sie mir mißtraut, mich nicht versteht und mich abweist.«	Er braucht Akzeptanz und Vertrauen. Statt dessen spürt er, wie er zurückgestoßen wird und sie ihm nicht verzeiht.
»Ich mag es nicht, wenn sie von mir erwartet, daß ich ihr sämtliche Wünsche von den Augen ablese. Ich kann das nicht. Ich habe dann das Gefühl, ich bin schlecht oder tauge nicht für sie.«	Er muß sich bestätigt und akzeptiert fühlen können. Statt dessen fühlt er sich wie ein Versager.

Auch Frauen tragen zu bösem Streit bei, aber aus anderen Gründen. An der Oberfläche streitet sie vielleicht über Finanzen, Verantwortlichkeiten etc., aber insgeheim widersetzt sie sich ihrem Partner aus einem der auf der folgenden Seite gennaten Gründe.

Alle diese schmerzlichen Gefühle und Bedürfnisse haben ihre Berechtigung. Normalerweise werden sie nur allerdings nicht direkt vorgetragen und behandelt. Vielmehr stauen sie sich im Inneren an und brechen während eines Streits mit Macht hervor. Manchmal werden sie direkt angesprochen, aber normalerweise kommen sie hoch und werden durch Mimik, Gestik und Tonfall ausgedrückt.

Männer und Frauen müssen ihre besonderen Empfindlichkeiten verstehen und damit umgehen lernen. Sie dürfen sie nicht ablehnen. Sie werden das wirkliche Problem ansprechen, indem sie es auf eine Weise mitzuteilen versuchen, die den emotionalen Grundbedürfnissen ihres Partners gerecht wird. Statt eines Streites kann dann eine aufrichtige, gegenseitig unterstützende Unterhaltung entstehen, die nötig ist, um Differenzen und Meinungsverschiedenheiten auszutragen und zu verhandeln.

Die geheimen Gründe, warum Frauen sich streiten

Der verborgene Grund, warum sie sich streitet	*Was sie braucht, um sich nicht mehr zu streiten*
»Ich mag es nicht, wenn er die Bedeutung meiner Wünsche herunterspielt. Ich fühle mich abgekanzelt und unwichtig.«	Sie braucht mehr Wertschätzung und liebevolle Zuneigung. Statt dessen wird sie verurteilt und ignoriert.
»Ich mag es nicht, wenn er etwas, worum ich ihn gebeten habe, vergißt und mich dann als Nervensäge hinstellt. Ich habe das Gefühl, ich muß um seine Hilfe betteln.«	Sie braucht das Gefühl, respektiert und aufmerksam behandelt zu werden. Statt dessen fühlt sie sich vernachlässigt und auf der Prioritätenskala ganz unten.
»Ich mag es nicht, daß er mir Vorwürfe macht, wenn ich mich ärgere. Ich habe das Gefühl, ich muß vollkommen sein, um geliebt zu werden. Aber ich bin nicht vollkommen.«	Sie braucht sein Verständnis, wenn sie sich ärgert. Er muß ihr versichern, daß er sie immer noch liebt und sie nicht vollkommen zu sein braucht. Statt dessen fühlt sie sich nicht sicher genug, um ganz sie selbst zu sein.
»Ich mag es nicht, wenn er laut wird oder eine ganze Litanei von Gründen herunterbetet, warum er recht hat. Er gibt mir das Gefühl, daß ich im Unrecht bin, und macht sich nichts aus meiner Meinung.«	Sie braucht das Gefühl, verstanden und respektiert zu werden. Statt dessen fühlt sie sich unerstanden, herumkommandiert und abqualifiziert.
»Ich mag seine herablassende Art nicht, wenn ich ihn etwas frage, was mit einer wichtigen Entscheidung zu tun hat, die wir zu treffen haben. Ich habe dann das Gefühl, ich bin ihm nur eine Last oder vergeude seine Zeit.«	Sie muß fühlen, daß er ihre Gefühle achtet und ihr Bedürfnis respektiert, Informationen zu sammeln. Statt dessen fühlt sie sich respektlos behandelt und mißachtet.
»Ich mag es nicht, wenn er nicht auf meine Fragen und Bemerkungen eingeht. Es ist, als wäre ich überhaupt nicht da.«	Sie braucht seine Bestätigung, daß er zuhört und anteilnimmt. Statt dessen fühlt sie sich ignoriert oder beurteilt.

Der verborgene Grund, warum sie sich streitet	Was sie braucht, um sich nicht mehr zu streiten
»Ich mag es nicht, wenn er erklärt, warum ich nicht verletzt, besorgt, wütend etc. sein sollte. Ich fühle mich dann nicht ernst genommen und alleingelassen.«	Sie muß sich ernst genommen und verstanden fühlen. Statt dessen empfindet sie sich als alleingelassen, ungeliebt und verärgert.
»Ich mag es nicht, wenn er von mir erwartet, daß ich mir nicht soviel daraus machen sollte. Ich habe dann das Gefühl, es ist falsch oder schwach, daß ich Gefühle habe.«	Sie braucht das Gefühl, respektiert und zärtlich behandelt zu werden, besonders wenn sie Ihre Emotionen preisgibt. Statt dessen fühlt sie sich unsicher und schutzbedürftig.

Die Anatomie eines Streits

Es gibt eine grundlegende Anatomie für jeden verletzenden Streit. Vielleicht finden Sie sich in dem folgenden Beispiel wieder.

Ich machte mit meiner Frau einen wunderschönen Spaziergang mit anschließendem Picknick. Nachdem wir etwas gegessen hatten, schien alles in bester Ordnung, bis ich anfing über mögliche Geldanlagen zu sprechen. Plötzlich wurde sie wütend darüber, daß ich in Erwägung zog, einen Teil unserer Ersparnisse in Aktien anzulegen. Aus meiner Sichtweise hatte ich nur die Überlegung angestellt, aber sie hatte den Eindruck, ich hätte es bereits geplant, ohne sie überhaupt um ihre Meinung gefragt zu haben.

Sie ärgerte sich, daß ich so etwas tun könne und ich ärgerte mich, weil sie sich über mich ärgerte. Darüber gerieten wir in einen Streit.

Ich glaubte, sie würde meine Geldanlage-Ideen mißbilligen, und verteidigte sie daher. Ich stritt jedoch heftiger als nötig, weil ich wütend war, daß sie sich über mich ärgerte. Sie meinte, Aktien seien zu riskant. In Wirklichkeit war sie jedoch nur sauer, weil ich diese Überlegungen angestellt hatte, ohne sie vorher nach ihrer Meinung zum Thema zu befragen. Außerdem war sie sauer, weil ich ihr nicht das Recht zugestand, darüber sauer zu sein. Schließlich wurde ich so wütend, daß sie sich bei mir entschuldigte, mich mißverstanden und mir so wenig getraut zu haben, und wir beruhigten uns wieder.

Später, als wir weitergingen, stellte sie mir folgende Frage. Sie sagte: »Oft, wenn wir streiten, läuft das nach demselben Schema ab. Erst ärgere ich mich über etwas, dann ärgerst du dich darüber, daß ich mich ärgere, und schließlich muß ich mich entschuldigen, daß ich dich verärgert habe. Irgendwas stimmt da doch nicht. Manchmal sähe ich es gern, wenn du dich mal entschuldigen würdest, weil du mich verärgerst.«

Plötzlich sah ich die Logik in ihrer Perspektive. Von ihr eine Entschuldigung zu erwarten erschien ziemlich unfair, zumal ich sie ja zuerst verärgert hatte. Diese neue Einsicht krempelte unsere gesamte Beziehung um. Als ich in meinem Seminar diese persönliche Erfahrung einfließen ließ, entdeckte ich, daß sehr viele Frauen dasselbe erlebt hatten wie meine Frau. Es handelt sich um ein weiteres typisches Verhaltensmuster zwischen Mann und Frau. Schauen wir uns einmal an, nach welchem Schema das verläuft:

▷ *Eine Frau* drückt ihren Ärger über XY aus.

▷ *Ihr Mann* erklärt, warum sie sich nicht über XY aufregen sollte.

▷ *Sie* hat das Gefühl, er nimmt sie nicht ernst und wird noch ärgerlicher. (Ihr Ärger ist nun mehr darauf gerichtet, daß er sie nicht ernst nimmt, als auf XY.)

▷ *Er* spürt, daß sie ihm ihre Zustimmung verweigert und wird ebenfalls ärgerlich. Er macht sie dafür verantwortlich, daß er sich nun ebenfalls ärgert und verlangt, daß sie sich entschuldigt.

▷ *Sie* entschuldigt sich und fragt sich, was eigentlich los ist. Oder sie ärgert sich noch mehr, und der Streit artet in einen Kampf aus.

Dadurch, daß ich mir über die Anatomie eines Streits im klaren war, konnte ich unser Problem auf eine faire Weise lösen. Ich erinnerte mich daran, daß Frauen von der Venus stammen und machte ihr keinen Vorwurf, weil sie sich ärgerte. Statt dessen versuchte ich zu verstehen, wie ich sie verletzt hatte, und versuchte ihr zu zeigen, daß sie mir am Herzen liegt. Gerade wenn sie mich nicht richtig verstand und sich durch meine Worte verletzt fühlte, war es wichtig, sie wissen zu lassen, daß ich mich um sie sorge und es mir leid tut.

Immer wenn sie wütend wurde, lernte ich, erst einmal zuzuhören und aufrichtig zu verstehen, worüber sie sich aufregte. Dann sagte ich: »Es tut mir leid, daß ich dich verletzt habe, als ich gesagt habe...« Der Erfolg ließ nicht lange auf sich warten. Wir stritten uns viel weniger.

Manchmal fällt es mir jedoch sehr schwer, mich zu entschuldigen. Ich atme dann erst einmal tief durch und sage überhaupt nichts. Ich versuche, mir vorzustellen, wie sie sich fühlt, und entdecke die Gründe ihres Ärgers aus ihrer Perspektive. Dann sage ich: »Es tut mir leid, daß du dich so ärgerst.« Das ist dann zwar keine Entschuldigung, aber es signalisiert, daß ich mir etwas daraus mache. Auch das hilft anscheinend sehr.

Männer sagen nur selten: »Es tut mir leid«, weil das auf dem Mars bedeutet, daß man etwas falsch gemacht hat und sich entschuldigen muß. Frauen sagen: »Es tut mir leid« und meinen damit: »Es ist mir nicht gleichgültig, wie du dich fühlst.« Die Entschuldigung einer Frau bedeutet nicht, daß sie sich für etwas, das sie falsch gemacht hat, entschuldigt. Männer können wahre Wunder vollbringen, wenn sie sich diesen Aspekt der venusianischen Sprache zu eigen machen. Die leichteste Methode, einem Streit den Wind aus den Segeln zu nehmen, ist zu sagen: »Es tut mir leid.«

Um verletztenden Streit zu vermeiden, ist es wichtig zu erkennen, wie Männer, ohne es zu merken, eine Frau herablassend behandeln, und Frauen, ohne es zu merken, Ablehnung signalisieren.

Männer fangen häufig einen Streit an, indem sie die Gefühle oder Meinungen einer Frau nicht ernst nehmen. Männer wissen gar nicht, wie herablassend sie erscheinen können.

Wenn zum Beispiel ein Mann sagt: »Ach, mach dir nichts draus«, kann er dadurch die Gefühle einer Frau herunterspielen. Für einen anderen Mann wäre das vielleicht eine nette Geste. Einer intimen Partnerin jedoch erscheint es unsensibel und verletzend.

Männer versuchen häufig, den Ärger einer Frau durch die Worte: »Es ist doch gar nicht so schlimm« aufzulösen. Anschließend bieten sie noch eine praktische Lösung an und erwarten, daß sie erleichtert und glücklich ist. Sie verstehen dabei allerdings nicht, daß sie dadurch das Gefühl hat, alleingelassen zu werden. Sie kann seine Lösung nicht annehmen, wenn er ihr nicht zugesteht, sich zu ärgern.

Es geschieht oft, daß ein Mann etwas tut, was die Frau ärgert. Instinktiv möchte er ihr dann helfen, sich wieder besser zu fühlen, indem er ihr erklärt, warum sie sich nicht ärgern sollte. Er ist sich ganz sicher, daß er einen guten, logischen und vollkommen vernünftigen Grund für sein Tun hat und erklärt es ihr. Er merkt dabei überhaupt nicht, daß er ihr das Gefühl vermittelt, daß sie kein Recht hat, sich aufzuregen. Wenn er ihr alles erklärt, merkt sie nur, daß er sich nichts aus ihren Gefühlen macht.

Damit sie *seine* guten Gründe verstehen kann, muß sie erst einmal spüren, daß er *ihre* guten Gründe anhört, warum sie sich ärgert. Er muß sich mit seinen Erklärungen vorerst zurückhalten und zuhören. Er braucht lediglich ihre Gefühle ernst zu nehmen, und schon wird sie sich nicht mehr alleingelassen fühlen.

Es ist nicht leicht und erfordert einige Übung, diese Verhaltensänderung durchzuführen, aber es ist möglich. Auf die Frustration, Enttäuschung und Sorge einer Frau reagiert jeder Mann erst einmal instinktiv, indem er eine Reihe von Erklärungen und Rechtfertigungen vorbringt, die ihren Ärger zerreden sollen.

Dabei ist es niemals die Absicht des Mannes, die Sache noch zu verschlimmern. Wenn er versteht, daß in diesem Fall seine instinktiven Reaktionen das Gegenteil von dem bewirken, was er eigentlich will, kann er sich vielleicht ändern. Wenn ein Mann Erfahrungen sammelt und die richtigen Schlüsse daraus zieht, wird er merken, was im Zusammenspiel mit seiner Partnerin funktioniert und was nicht. Nur so kann er sich verändern.

Wie Frauen einen Streit anfangen

Frauen fangen häufig, ohne es zu merken, einen Streit an, indem sie ihre Gefühle nicht *direkt* zum Ausdruck bringen. Statt ihren Unwillen oder ihre Enttäuschung ohne Umschweife zu formulieren, stellt eine Frau oft rhetorische Fragen und erweckt, ohne es zu wissen, den Eindruck, daß sie einer Person ihre Zustimmung entzieht. Oft will sie das gar nicht, aber beim Mann wird es so ankommen.

Wenn ein Mann zu spät kommt, denkt die Frau vielleicht: »Ich mag es nicht, wenn ich auf ihn warten muß«, oder sie macht sich Sorgen, daß ihm etwas passiert ist. Wenn er dann jedoch nach Hause kommt, stellt sie ihm, anstatt ihre Gefühle geradeheraus mitzuteilen, die rhetorische Frage: »Wie kannst du nur so spät kommen?«, oder: »Was soll ich mir denn dabei denken, wenn du so spät kommst?«, oder: »Warum hast du mich nicht angerufen?«

Sicher ist es nicht falsch zu fragen: »Warum hast du nicht angerufen?«, wenn man wirklich wissen will warum. Wenn eine Frau sich jedoch ärgert, verrät sie durch ihren Tonfall, daß sie gar nicht nach einer Antwort sucht, sondern lediglich zum Ausdruck bringen will, daß er keinen akzeptablen Grund hat, so spät zu kommen.

Wenn ein Mann eine Frage wie: »Wie kannst du nur so spät kommen?« oder: »Warum hast du nicht angerufen?« hört, geht er nicht auf ihre Gefühle ein, sondern hört nur, wie sie ihm ihre Zustimmung entzieht. Er hat das Gefühl, sie will sich in seine Angelegenheiten einmischen, indem sie ihm nahelegt, zuverlässiger zu sein. Er fühlt sich angegriffen und geht in die Defensive. Und sie merkt nicht, wie schmerzhaft es für ihn ist, wenn er abgelehnt wird.

Frauen brauchen Achtung, Männer Zustimmung. Je mehr ein Mann eine Frau liebt, desto mehr braucht er ihre Zustimmung. Am Anfang einer Beziehung ist diese Zustimmung immer vorhanden. Entweder signalisiert sie ihm permanent ihre Zustimmung, oder er ist von sich aus sicher, daß er sie gewinnen kann.

Auch wenn eine Frau von anderen Männern oder von ihrem Vater verletzt wurde, gelingt es ihr meistens, am Anfang einer Beziehung ihrem Partner immer noch ihre Zustimmung zu geben. Sie hat dann das Gefühl, er ist ein besonderer Mann, »nicht wie die anderen«.

Wenn diese Zustimmung dann entzogen wird, ist das besonders schmerzhaft. Frauen wissen meistens gar nicht, wie und wann sie ihre Zustimmung entziehen. Wenn sie es dann tun, meinen sie, gute Gründe dafür zu haben. Sie wissen nicht, wie wichtig Zustimmung für einen Mann sein kann, und können daher auch keine Rücksicht darauf nehmen.

Eine Frau kann mit dem Verhalten eines Mannes nicht einverstanden sein und trotzdem seiner Person Zustimmung geben. Damit er das Gefühl haben kann, daß er geliebt wird, braucht er die generelle Zustimmung zu seiner Person, selbst wenn sein Verhalten im einzelnen abgelehnt wird. Wenn eine Frau mit dem Verhalten eines Mannes nicht einverstanden ist und es ändern will, entzieht sie ihm gewöhnlich ihre Zustimmung. Sicherlich wird es immer Zeiten geben, in denen sie ihn mehr oder weniger annimmt, aber ihm generell ihre Zustimmung zu entziehen, ist sehr schmerzhaft.

Die meisten Männer schämen sich zuzugeben, wie sehr sie auf Zustimmung angewiesen sind. Sie tun alles mögliche, um zu beweisen, daß sie sich nichts daraus machen. Warum werden sie dann aber sofort kalt, distanziert und defensiv, wenn sie die Zustimmung einer Frau verlieren? Weil es wehtut und ihnen das, was sie brauchen, fehlt.

Beziehungen sind in ihrer Frühphase deshalb so erfolgreich, weil der Mann anfangs noch in der Gunst der Frau steht. Er ist noch ihr edler Ritter. Er nimmt die Wohltat ihrer Zustimmung entgegen und befindet sich auf einem permanenten Höhenflug. Sobald er jedoch anfängt, sie zu enttäuschen, fällt er in Ungnade. Er verliert ihre Zustimmung. Er wird aus dem Schloß vertrieben.

Ein Mann kann durchaus mit der Enttäuschung einer Frau umgehen, aber wenn sie mit Ablehnung oder Zurückweisung verbunden ist, fühlt er sich von ihr verletzt. Oft fragen Frauen ihren Mann, was er getan hat, und gebrauchen dabei einen ablehnenden Ton. Sie tun das, weil sie meinen, sie können ihm damit eine Lektion erteilen. Das funktioniert jedoch nicht. Es erzeugt lediglich Angst und Ablehnung. Allmählich verliert er seine Motivation.

Einem Mann Zustimmung zu schenken, heißt, gute Gründe hinter dem zu sehen, was er tut. Selbst wenn er einmal unverantwortlich handelt oder faul und respektlos ist, kann eine Frau, wenn sie ihn wirklich liebt, einen guten Kern in ihm erkennen. Wenn sie diesem guten Kern ihre Zustimmung schenkt, findet sie die liebevolle Absicht und die Güte des Mannes hinter seinem äußeren Verhalten.

Einen Mann so zu behandeln, als hätte er keinen guten Grund für das, was er tut, heißt, ihm die Zustimmung zu versagen, die er selbst am Anfang der Beziehung so bereitwillig gegeben hat. Frauen sollten wissen, daß sie einem Mann auch dann die Zustimmung zu seiner Person geben können, wenn sie anderer Meinung sind.

Es gibt zwei Hauptursachen für die Entstehung eines Streits: Der Mann hat das Gefühl, die Frau lehnt seine Sicht der Dinge ab, oder die Frau entzieht der Art und Weise, wie der Mann zu ihr spricht, ihre Zustimmung.

Streit kommt oft nicht durch Meinungsverschiedenheiten zustande, sondern weil der Mann das Gefühl hat, die Frau lehnt es ab, wie er die Dinge sieht, oder weil die Frau der Art, wie der Mann zu ihr spricht, ihre Zustimmung entzieht.

Frauen drücken ihre Ablehnung oft durch Blick und Tonfall aus. Selbst wenn eine Frau nette Worte gebraucht, kann ihre Mimik oder ihre Stimme einen Mann verletzen. Als Folge geht er in die Defensive und sagt, daß sie alles falsch macht. Er würdigt sie herab und rechtfertigt sich.

Männer sind am anfälligsten für einen Streit, wenn sie selbst einen Fehler gemacht oder die Frau, die sie lieben, verärgert haben. Wenn er sie enttäuscht hat, will er ihr erklären, warum sie sich nicht zu ärgern braucht. Er meint, daß sie sich durch seine Erklärungen besser fühlen müßte. Was er nicht weiß, ist, daß ihr Bedürfnis, angehört und geschätzt zu werden, am größten ist, wenn es ihr nicht gutgeht.

Ohne erfolgreiche Rollenvorbilder ist es nicht leicht, Differenzen und Meinungsverschiedenheiten auf gesunde Weise auszutragen. Meistens stritten sich unsere Eltern entweder gar nicht, oder gerieten sich gleich schrecklich in die Haare.

Im folgenden Abschnitt soll demonstriert werden, wie Männer und Frauen unwillkürlich in einen Streit geraten. Es werden Vorschläge gemacht, wie man die Sache auf gesunde Weise austragen kann. Der Abschnitt enthält jeweils ihre rhetorische Frage und seine Interpretation. Im zweiten zeigen wir, wie der Mann sich rechtfertigt und die Frau sich dadurch herabgewürdigt fühlt. Im dritten Abschnitt verweisen wir auf Wege, mit denen Männer und Frauen sich so ausdrücken können, daß sie weniger verletzen und einen Streit vermeiden.

Die Anatomie eines Streits,
wenn er zu spät nach Hause kommt

Ihre rhetorische Frage	*Was er hört*
Wenn er zu spät kommt, sagt sie: »Wie konntest du nur so spät kommen?« Oder: »Warum hast du nicht angerufen?« Oder: »Was soll ich denn denken?«	Er hört: »Es gibt überhaupt keinen Grund für dich, so lange wegzubleiben. Du bist unverantwortlich und meiner Liebe und Zustimmung nicht würdig. Ich würde niemals so spät kommen. Ich bin besser als du.«

Wie er sich rechtfertigt	*Was sie hört*
Wenn er zu spät kommt und sie sich darüber ärgert, rechtfertigt er sich: »Es war so viel Verkehr!« oder: »Manchmal kommt eben alles anders, als man denkt.« Oder: »Du kannst nicht erwarten, daß ich immer pünktlich bin.«	Sie hört: »Du solltest dich nicht aufregen, denn ich habe gute und logische Gründe. Meine Arbeit ist wichtiger als du, und du stellst zu hohe Ansprüche.«

Wie sie weniger ablehnend sein kann	*Wie er sie besser ernst nehmen kann*
Sie kann sagen: »Ich mag es nicht, wenn du zu spät kommst. Ich würde mich freuen, wenn du mich das nächste Mal anrufen könntest, wenn es so spät wird.«	Er sagt: »Es ist so spät geworden. Es tut mir leid.« Das Wichtigste ist nun, daß er ihr zuhört, ohne viel zu erklären. Er sollte sie ernst nehmen und herausfinden, was sie braucht, um sich geliebt zu fühlen.

Die Anatomie eines Streits,
wenn er etwas vergessen hat

Ihre rhetorische Frage	*Was er hört*
Wenn er etwas vergessen hat, sagt sie: »Wie konntest du das nur vergessen?« Oder: »Warum hast du das nicht getan?« Oder: »Wie soll ich dir vertrauen?«	Er hört: »Es gibt überhaupt keinen Grund, das zu vergessen. Du bist dumm. Man kann dir nicht trauen. Ich trage soviel mehr zu unserer Beziehung bei.«

Wie er sich rechtfertigt	*Was sie versteht*
Wenn er etwas vergessen hat und sie sich darüber ärgert, rechtfertigt er sich: »Es war soviel zu tun, und ich habe es einfach vergessen. Das kann doch mal vorkommen.« Oder: »Das ist wirklich nicht so tragisch. Das heißt noch lange nicht, daß ich mir keine Mühe gebe.«	Sie hört: »Du solltest dich über solche Kleinigkeiten nicht so aufregen. Du bist zu anspruchsvoll und unvernünftig. Du solltest realistischer sein. Du lebst in einer Phantasiewelt.«

Wie sie weniger ablehnend sein kann	*Wie er sie besser ernst nehmen kann*
Wenn sie sich ärgert, kann sie sagen: »Ich mag es nicht, wenn du alles vergißt.« Oder sie macht es ganz anders, erwähnt überhaupt nicht, daß er etwas vergessen hat und fragt noch einmal, indem sie sagt: »Ich würde mich sehr freuen, wenn du...« (Er wird schon wissen, was er vergessen hat.)	»Ich habe es vergessen...Bist du mir jetzt böse?« Er sollte sie sprechen lassen, ohne ihr übelzunehmen, daß sie ärgerlich ist. Wenn sie ihren Ärger ausdrückt, wird sie merken, daß man sie anhört. Sie wird es zu schätzen wissen.

Die Anatomie eines Streits,
wenn er aus seiner Höhle zurückkommt

Ihre rhetorische Frage	*Was er hört*
Wenn er aus seiner Höhle zurückkommt, sagt sie: »Wie konntest du nur so gefühllos und kalt sein?« Oder: »Und was soll ich jetzt tun?« Oder: »Wie soll ich wissen, was in dir vorgeht?«	Er hört: »Es gibt überhaupt keinen Grund, dich von mir zurückzuziehen. Du bist grausam und lieblos. Du bist nicht der richtige Mann für mich. So wie du mit mir umgehst, würde ich das mit dir niemals machen.«

Wie er sich rechtfertigt	*Was sie versteht*
Wenn er aus seiner Höhle zurückkommt, und sie sich darüber ärgert, rechtfertigt er sich: »Ich brauchte etwas Zeit für mich allein. Es waren doch nur zwei Tage.« Oder: »Ich habe dir doch gar nichts getan. Warum regst du dich denn so auf?«	Sie hört: »Du solltest dich nicht verletzt oder alleingelassen fühlen. Wenn du es trotzdem tust, ist das dein Problem. Ich habe dafür kein Verständnis. Du bist arm dran. Du bist viel zu herrisch. Ich mache sowieso, was ich will. Deine Gefühle sind mir egal.«

Wie sie weniger ablehnend sein kann	*Wie er sie besser ernst nehmen kann*
Wenn es für sie sehr unangenehm ist, kann sie sagen: »Ich weiß, daß du dich manchmal zurückziehen mußt, aber es tut mir immer noch weh, wenn du es tust. Ich sage nicht, daß du Unrecht hast. Ich möchte nur, daß du weißt, was ich durchzumachen habe.«	Er sagt: »Ich verstehe ja, daß es wehtut. Es muß sehr schmerzhaft für dich sein, wenn ich mich zurückziehe. Laß uns darüber sprechen.« (Wenn sie das Gefühl hat, man hört ihr zu, ist es leichter für sie, sein Bedürfnis, sich hin und wieder zurückzuziehen, zu akzeptieren.)

Die Anatomie eines Streits,
wenn er sie enttäuscht

Ihre rhetorische Frage	*Was er hört*
Wenn er sie enttäuscht, sagt sie: »Wie konntest du das tun?« Oder: »Warum tust du niemals das, was du sagst?« Oder: »Hattest du nicht gesagt, du würdest das tun?« Oder: »Wann wirst du es jemals lernen?«	Er hört: »Du hast überhaupt keinen Grund, mich dermaßen zu enttäuschen. Du bist ein Narr. Ich hätte das niemals vergessen. Nichts kannst du richtig tun. Ich werde erst zufrieden sein, wenn du dich änderst.«

Wie er sich rechtfertigt	*Was sie versteht*
Wenn sie von ihm enttäuscht ist, rechtfertigt er sich: »Nächstes Mal wird alles besser.« Oder: »Es ist wirklich nicht so tragisch.« Oder: »Ich wußte gar nicht, wie du das gemeint hast.«	Sie hört: »Wenn du dich darüber ärgerst, ist das dein Problem. Du solltest flexibler sein. Reg dich nicht auf. Ich habe dafür überhaupt kein Verständnis.«

Wie sie weniger ablehnend sein kann	*Wie er sie besser ernst nehmen kann*
Wenn sie sich ärgert, kann sie sagen: »Ich mag es nicht, wenn man mich enttäuscht. Du hast doch gesagt, du würdest anrufen. Es ist nicht schlimm, aber ich muß dir sagen, wie ich mich fühle, wenn...«	Er sagt: »Ich weiß, ich habe dich verletzt. Laß uns darüber reden. Wie hast du dich gefühlt?« Er sollte sie sprechen lassen. *Sie braucht die Chance, angehört zu werden,* und sie wird sich bald besser fühlen. Nach einer Weile könnte er sagen: »Was kann ich für dich tun, um dich zu unterstützen?« Oder: »Wie kann ich dir jetzt helfen?«

Die Anatomie eines Streits,
wenn er ihre Gefühle nicht respektiert und sie verletzt

Ihre rhetorische Frage

Was er hört

Wenn er ihre Gefühle nicht akzeptiert und sie verletzt, sagt sie: »Warum hörst du mir nie zu?« Oder: »Machst du dir überhaupt noch etwas aus mir?« Oder: »Habe ich dich jeh so behandelt?«

Er hört: »Du bist ein übler und grausamer Mensch. Ich bin viel liebevoller als du. Ich werde dir das niemals verzeihen. Du solltest bestraft und vor die Tür gesetzt werden. Es ist alles dein Fehler.«

Wie er sich rechtfertigt

Was sie versteht

Wenn er ihre Gefühle nicht respektiert und sie noch wütender wird, rechtfertigt er sich: »So habe ich es doch nicht gemeint!« Oder: »Ich höre dir doch zu.« Oder: »Ich lache dich nicht aus, sondern an.«

Was sie hört, ist: »Du hast kein Recht, dich aufzuregen. Das ergibt überhaupt keinen Sinn. Du bist viel zu empfindlich, irgend etwas stimmt mit dir nicht. Du bist so eine Last.«

Wie sie weniger ablehnend sein kann

Wie er sie besser ernst nehmen kann

Sie kann sagen: »Ich mag es nicht, wie du mit mir redest.« Oder: »Du bist gemein! Ich brauche eine Verschnaufpause.« Oder: »So habe ich mir das nicht vorgestellt. Ich würde gerne in Ruhe mit dir darüber reden. Laß uns noch einmal von vorn anfangen.« Oder: »Ich habe es nicht verdient, so behandelt zu werden.« Ein Mann kann am besten auf kurze klare Sätze reagieren. Lange Lektionen oder umständliche Fragen bewirken das Gegenteil.

Er sollte tief durchatmen und ihre Reaktion anhören. Wenn sie dann eine Pause macht, könnte er sagen: »Du hast Recht. Manchmal höre ich einfach nicht zu. Es tut mir leid. Du hast es nicht verdient, so von mir behandelt zu werden. Laß uns noch mal von vorn anfangen.« Ein Gespräch noch einmal von vorn anzufangen ist ein gutes Mittel, um die Eskalation eines Streits zu verhindern. Wenn sie nicht noch einmal von vorn anfangen will, sollte er es ihr nicht übelnehmen.

Die Anatomie eines Streits,
wenn er es eilig hat und sie es nicht mag

Ihre rhetorische Frage	*Was er hört*
Sie beschwert sich: »Warum hast du es immer eilig?« Oder: »Warum mußt du ständig irgendwohin rasen?«	Er hört: »Du hast überhaupt keinen Grund, so zu hetzen. Du schaffst es nie, mich glücklich zu machen. Nichts kann dich verändern. Du bist unfähig und machst dir offensichtlich nichts aus mir.«

Wie er sich rechtfertigt	*Was sie versteht*
Er rechtfertigt sich: »So schlimm ist es doch gar nicht.« Oder: »Es war doch schon immer so.« Oder: »Da können wir jetzt auch nichts dran ändern.« Oder: »Mach dir keine Sorgen, es wird schon wieder.«	Sie hört: »Du hast kein Recht, dich zu beklagen. Du solltest lieber dankbar dafür sein, was du hast, und nicht eine so unzufriedene und traurige Miene machen. Es gibt überhaupt keinen Grund, sich zu beschweren. Du verbreitest nur schlechte Laune.«

Wie sie weniger ablehnend sein kann	*Wie er sie besser ernst nehmen kann*
Wenn sie sich ärgert, kann sie sagen: »Wir müssen uns beeilen, und ich hasse das. Immer wieder dasselbe Spiel.« Oder: »Ich liebe es, wenn wir mal nicht in Eile sind. Manchmal, wenn wir so hetzen, kann ich es einfach nicht ausstehen. Würdest du das nächste Mal darauf achten, daß wir eine Viertelstunde eher losfahren?«	Er sagt: »Ich mag es genausowenig wie du. Ich wünschte, wir könnten uns mehr Zeit lassen. Es ist einfach verrückt.« In diesem Beispiel ist er auf ihre Gefühle eingegangen. Selbst wenn er es manchmal gern eilig hat, kann er ihr in ihrem Moment der Frustration am besten helfen, indem er aufrichtiges Verständnis dafür zeigt.

Die Anatomie eines Streits,
wenn sie sich von oben herab behandelt fühlt

Ihre rhetorische Frage	*Was er hört*
Wenn sie in einem Gespräch merkt, daß sie von oben herab behandelt wird, fragt sie: »Wie kannst du nur so mit mir reden?« Oder: »Hörst du mir denn überhaupt noch zu?« Oder: »Wie kannst du so etwas sagen?«	Er hört: »Du hast überhaupt keinen Grund, mich so zu behandeln. Du liebst mich nicht. Es ist dir egal, was aus mir wird. Ich gebe soviel, und bekomme von dir nichts zurück.«

Wie er sich rechtfertigt	*Was sie versteht*
Er rechtfertigt sich: »Was du sagst, ergibt doch überhaupt keinen Sinn.« Oder: »Das habe ich überhaupt nicht gemeint.« Oder: »Das habe ich schon tausendmal gehört.«	Sie hört: »Du hast kein Recht, dich aufzuregen. Du bist irrational und verwirrt. Ich weiß, was richtig ist und du nicht. Ich bin schlauer als du. Du verursachst diesen Streit, nicht ich.«

Wie sie weniger ablehnend sein kann	*Wie er sie besser ernst nehmen kann*
Sie kann sagen: »Ich habe das Gefühl, alles, was ich sage, ist falsch. Ich verdiene das nicht. Bitte versteh mich doch.« Oder: »Ich hatte einen harten Tag. Ich weiß, es ist nicht dein Fehler. Ich brauche jetzt dein Verständnis.« Oder sie überhört seine Bemerkungen und bittet ihn um das, was sie braucht: »Ich bin in so einer schlechten Stimmung. Willst du mir nicht eine Weile zuhören? Ich würde mich dann gleich viel besser fühlen.« Männer brauchen viel gutes Zureden, damit sie zuhören.	Er sagt: »Es tut mir leid, daß es für dich so schwierig ist. Was soll ich gesagt haben?« Indem er ihr eine Chance gibt, noch einmal zu reflektieren, wie sie ihn verstanden hat, kann er sagen: »Tut mir leid. Ich verstehe, warum du ärgerlich geworden bist. Wie hast du dich gefühlt?« Dann macht er eine Pause und hört zu. Er muß der Versuchung widerstehen, sie mit Erklärungen zu unterbrechen. Erklärungen sind nur hilfreich, nachdem die Verletzung durch Zuhören geheilt ist, und nur *inklusive* Achtung und Verständnis.

In schwierigen Zeiten zusammenstehen

In jeder Beziehung gibt es schwierige Zeiten. Arbeitslosigkeit, ein Todesfall in der Verwandtschaft, Krankheit oder Überarbeitung. In solchen schwierigen Zeiten ist es besonders wichtig, daß man versucht, mit Liebe, Achtung und Verständnis miteinander umzugehen. Wir müssen akzeptieren und verstehen, daß wir und unsere Partner niemals vollkommen sind. Wenn wir lernen, mit kleinen Schwierigkeiten in unserer Beziehung umzugehen, wird es leichter, sich den großen Herausforderungen zu stellen, wenn sie auf uns zukommen.

In allen obengenannten Beispielen habe ich die Frau in der Rolle des Partners, der sich über das Verhalten anderer ärgert, dargestellt. Sicherlich ist es auch oft umgekehrt, und der Mann regt sich über die Frau auf. Insofern beziehen sich viele meiner Vorschläge ebenso auf Männer wie auf Frauen. Fragen Sie Ihren Partner, wie er auf meine Vorschläge reagieren würde. Sie werden erstaunt sein, was er zu sagen hat.

Wenn Sie einmal nicht wütend auf Ihren Partner sind, nehmen Sie sich die Zeit und probieren Sie aus, welche Worte am besten auf ihn wirken. Sagen Sie ihm, was bei Ihnen am besten funktioniert. Wenn Sie sich daran gewöhnen, im Ernstfall bestimmte vorformulierte Sätze zu verwenden, können Sie aufkeimende Spannungen rechtzeitig neutralisieren.

Auch sollten Sie niemals vergessen, daß es nicht so sehr auf die sorgfältige Wahl der Worte ankommt wie auf das Gefühl, das hinter den Worten steht. Auch wenn Sie exakt dieselben Worte wie in den Beispielen benutzen, wächst die Spannung zwischen Ihnen, wenn Ihr Partner nicht spürt, daß Sie ihn achten und ihm in seiner Person zustimmen. Wie gesagt, ist es manchmal die beste Lösung, um einen Streit zu vermeiden, wenn man ihn rechtzeitig kommen sieht und für eine Weile gar nichts tut. Machen Sie eine Pause und sammeln Sie sich. Anschließend können Sie sich mit größerem Verständnis, mehr Akzeptanz sowie größerer Achtung und Zustimmung für Ihren Partner weiter unterhalten.

Viele der oben aufgezählten Vorschläge erscheinen anfangs etwas unnatürlich. Vielleicht haben Sie den Eindruck, Sie werden an der Nase herumgeführt. Viele Menschen meinen, daß Liebe heißt, zu sagen »wie es ist«. Dieses übertrieben direkte Verhalten berücksichtigt jedoch nicht die Gefühle des Partners. Man kann direkt und ehrlich über Gefühle reden und sie trotzdem auf eine Weise ausdrücken, die nicht verletzend oder vorwurfsvoll ist. Wenn Sie einige der oben beschriebenen Beispiele praktizieren, können Sie Ihre Kommunikationsfähigkeiten üben und erweitern. Sie lernen, fürsorglicher und vertrauensvoller miteinander umzugehen. Nach einer Weile wird es Ihnen in Fleisch und Blut übergehen.

Wenn es Ihr Partner ist, der versucht, die beschriebenen Vorschläge anzuwenden, sollten Sie nicht vergessen, daß er damit den Versuch macht, Sie besser zu unterstützen. Es kann jedoch anfangs den Anschein erwecken, daß seine Versuche unnatürlich und vielleicht sogar unaufrichtig sind. Es ist nicht möglich, die Konditionierungen eines gesamten Lebens in ein paar Wochen aufzulösen. Achten Sie darauf, jeden kleinen Schritt zu würdigen, sonst könnten Sie allzu früh aufgeben.

Emotional geladene Streitgespräche und Kämpfe können vermieden werden, wenn es uns gelingt, die Bedürfnisse unseres Partners zu verstehen und daran zu denken, sie zu erfüllen. Die folgende Anekdote zeigt, wie ein Streit vermieden werden kann, wenn die Frau ihre Gefühle direkt zum Ausdruck bringt und der Mann sie ernst nimmt.

Ich erinnere mich an den Beginn einer Urlaubsreise mit meiner Frau. Wir hatten uns nach einer anstrengenden Arbeitswoche gerade ins Auto gesetzt und wollten wegfahren. Ich erwartete natürlich von Bonnie, daß sie angesichts der wunderbaren Perspektive eines Urlaubs nach harter Arbeit überglücklich sein müßte. Statt dessen seufzte sie tief und sagte: »Manchmal habe ich den Eindruck, mein Leben ist eine einzige langsame, tödliche Qual!«

Ich stutzte, atmete erst einmal tief durch und entgegnete ihr:

»Ich glaube, ich weiß, was du meinst. Ich fühle mich auch manchmal, als hätte man es darauf abgesehen, mir auch noch den letzten Tropfen Lebenssaft auszuwringen.« Dabei machte ich eine Bewegung, als würde ich einen Scheuerlappen auswringen.

Bonnie nickte nur zustimmend und lächelte. Ich konnte es kaum fassen, wie schnell sie sich wieder gefangen hatte. Wir wechselten das Thema, und unser Urlaub konnte beginnen. Vor sechs Jahren wäre das noch undenkbar gewesen. Wir wären aufgrund ihrer Äußerung in einen Streit geraten, und ich hätte sie dafür verantwortlich gemacht.

Ich wäre sauer auf sie gewesen, weil sie das Leben (mit mir) als Qual bezeichnete. Ich hätte es persönlich genommen und das Gefühl gehabt, sie beschwert sich über mich. Ich wäre sofort in die Defensive gegangen und hätte erklärt, daß unser Leben keineswegs eine Qual ist und sie dankbar dafür sein solle, daß wir so schöne Ferien machen können. Sie hätte daraufhin immer weiter ihren Standpunkt verteidigt, und es wäre tatsächlich ein qualvoller Urlaub geworden. All das, nur weil ich nicht in der Lage gewesen wäre, ihre Gefühle zu verstehen und ernst zu nehmen.

Diesmal hatte ich jedoch begriffen, daß sie nur ein vorübergehendes Gefühl zum Ausdruck gebracht hatte. Es hatte überhaupt nichts mit mir zu tun. Weil ich das verstand, brauchte ich mich auch nicht zu verteidigen. Indem ich ihren Standpunkt durch meinen Kommentar unterstützte und Verständnis zeigte, fühlte sie sich entsprechend gewürdigt. Als Reaktion darauf konnte sie mich akzeptieren, und ich fühlte ihre Liebe, ihre Akzeptanz und ihre Zustimmung. Weil ich gelernt hatte, ihre Gefühle zu schätzen, konnte ich ihr die Liebe geben, die sie brauchte. Wir mußten nicht streiten.

ZEHNTES KAPITEL

Punkte sammeln beim anderen Geschlecht

Männer meinen, sie können besonders viele Punkte bei einer Frau sammeln, wenn sie eine große Tat für sie vollbringen, ihr ein Auto kaufen oder sie auf eine Karibikkreuzfahrt einladen. Sie gehen davon aus, daß kleine Dinge, wie die Tür aufhalten, Blumen mitbringen oder sie in den Arm nehmen, wenig Punkte geben. In ihrem Denken ist es am effektivsten, die Zeit nicht mit Kleinigkeiten zu vergeuden, sondern alle Energie und Aufmerksamkeit lieber gleich in große Sachen zu investieren. Diese Rechnung geht jedoch nicht auf, denn Frauen vergeben ihre Punkte nach anderen Regeln.

Wenn eine Frau Punkte vergibt, dann gibt sie für jeden Liebesdienst einen Punkt, ganz gleich, wie groß oder klein er ist. Jeder Punkt hat den gleichen Wert.

Männer glauben, sie bekommen einen Punkt für ein kleines und dreißig für ein entsprechend größeres Geschenk. Sie verstehen nicht, daß Frauen anders denken, und zielen folglich immer auf ein oder zwei große Geschenke ab. Sie merken nicht, daß für eine Frau kleine Dinge ebenso wichtig sind wie große. Für eine Frau erzielt eine einzelne Rose genauso viele Punkte wie das rechtzeitige Bezahlen der Miete. Ohne Verständnis für diesen elementaren Unterschied in der Bewertung des Handelns einer Person werden sich Männer und Frauen ständig gegenseitig in ihren Beziehungen enttäuschen.

Der folgende Fall illustriert das.

In einer Therapiesitzung sagte Pam: »Ich tue so viel für Chuck, und er ignoriert mich einfach. Er hat nur seine Arbeit im Kopf.«

Chuck: »Aber meine Arbeit bezahlt unser schönes Haus und ermöglicht es uns, in Urlaub zu fahren. Sie sollte lieber froh sein.«

Pam: »Was wollen wir mit dem schönen Haus und dem Urlaub, wenn wir uns nicht lieben. Ich brauche mehr von dir.«

Chuck: »Du klingst ja, als würdest du weiß Gott wieviel mehr für mich tun.«

Pam: »Tu ich auch! Ich mache ständig irgend etwas für dich. Ich wasche ab, koche für dich, mache sauber – alles. Du tust nur eins – gehst zur Arbeit, damit wir unsere Rechnungen bezahlen können. Alles andere erwartest du von mir.«

Chuck ist ein erfolgreicher Arzt. Wie bei den meisten Freiberuflern ist seine Arbeit sehr zeitaufwendig, aber gut bezahlt. Er konnte überhaupt nicht verstehen, warum Pam so unzufrieden war. Er hatte ein gutes Einkommen, konnte gut für seine Frau und Familie sorgen, aber wenn er nach Hause kam, war seine Frau unglücklich.

Chuck meinte, je mehr Geld er mit seiner Arbeit machte, desto weniger brauchte er zu Hause zu tun, um seine Frau zufriedenzustellen. Er dachte, ein guter Verdienst würde ihm jeden Monat wenigstens 30 Punkte einbringen. Als er schließlich auch noch seine eigene Praxis eröffnete und sein Einkommen auf einen Schlag verdoppelte, dachte er, er macht mindestens 60 Punkte im Monat. Er hatte keine Ahnung, daß er für sein monatliches Einkommen bei Pam *nur einen einzigen Punkt* erhielt, ganz gleich wie hoch es war.

Chuck sah nicht, daß Pam aus ihrer Sicht immer weniger bekam, je mehr er verdiente. Seine neue Klinik erforderte mehr Zeit und Energie. Um das Defizit zu Hause auszugleichen, mußte Pam sich immer mehr um die privaten Dinge kümmern. Sie gab mehr von sich und merkte, daß sie mindestens 60 Punkte mehr als er in ihre Beziehung einbrachte. Das machte sie sehr unglücklich und ärgerlich.

Pam hatte das Gefühl, sie gab mehr und bekam weniger. Aus Chucks Sicht war es anders. Er gab seiner Meinung nach mehr (auch 60 Punkte), und mußte entsprechend auch mehr von seiner Frau bekommen. Aus seiner Sicht war ihr Konto ausgeglichen. Er war mit ihrer Beziehung zufrieden. Nur eins störte ihn: Seine Frau war immer unglücklich. Er warf ihr vor, zu große Ansprüche zu haben. Aus seiner Perspektive war sein neues Gehalt mindestens 60 Punkte wert, was ihre 60 voll ausglich. Diese Einstellung machte Pam noch wütender.

Pam und Chuck hörten sich ein Tonband mit meinem Beziehungsseminar an. Anschließend fiel es den beiden wie Schuppen von den Augen: Es war völlig falsch, sich gegenseitig ihre Schuld aufzurechnen. Statt dessen nahmen sie sich vor, die Sache in liebevollem Einverständnis zu lösen. Eine Beziehung, die kurz vor einer Scheidung stand, bekam die Chance, sich zum Besseren zu wenden.

Chuck lernte, daß es von großer Bedeutung war, wenn er kleine Dinge für seine Frau tat. Er war erstaunt, als er merkte, wie schnell die Dinge sich veränderten, als er mehr Zeit und Energie für seine Frau aufbrachte. Er begann zu begreifen, daß für eine Frau kleine Dinge genauso wichtig sind wie große. Erst jetzt verstand er, warum seine Arbeit bei Pam nur einen Punkt erzielte.

Pam hatte in der Tat gute Gründe, unglücklich zu sein. Sie brauchte Chucks persönliche Energie, seine Bemühungen und seine Aufmerksamkeit viel dringender als ihren reichen Lebensstil. Chuck entdeckte, daß er seine Frau viel glücklicher machen konnte, wenn er weniger Energie in das Geldverdienen investierte. Er erkannte, daß er viele Stunden in der vergeblichen Hoffnung gearbeitet hatte, seine Frau damit glücklicher zu machen. Als er erst einmal verstanden hatte, was wirklich für sie zählte, war er viel optimistischer, wenn er nach Hause kam, denn er wußte, wie er sie glücklich machen konnte.

Kleine Ursachen – große Wirkung

Es gibt eine ganze Reihe von Möglichkeiten, wie ein Mann bei seiner Partnerin ohne größeren Kraftaufwand Punkte sammeln kann. Es kommt lediglich darauf an, die Energie und die Aufmerksamkeit, die er ja bereits gibt, in eine andere Richtung zu lenken. Vieles, worauf es ankommt, weiß der Mann bereits. Aber er glaubt immer noch, daß die kleinen Dinge im Vergleich zu den »großen«, die er für sie tut, unbedeutend sind.

Einige Männer achten am Anfang ihrer Beziehung durchaus auf die kleinen Dinge, hören aber schon bald wieder damit auf. Eine rätselhafte instinktive Kraft treibt sie dazu, ihre Energien auf eine »große« Sache für ihre Partnerin zu konzentrieren. Daraufhin vernachlässigen sie all die vielen Kleinigkeiten, auf die es in einer erfüllenden Beziehung mit einer Frau ankommt. Um eine Frau wirklich zufriedenzustellen, muß ein Mann genau wissen, was sie braucht, um sich geliebt und umsorgt zu fühlen.

Die weibliche Art des Punktesammelns, ist nicht etwa eine Laune, sondern echtes menschliches Bedürfnis. Frauen brauchen in einer Beziehung viele Liebesbezeugungen, um sich wirklich geliebt zu fühlen. Nur eine oder zwei, ganz gleich wie gewichtig sie sind, werden und können sie nicht zufriedenstellen.

Das kann für einen Mann außerordentlich schwer zu verstehen sein. Eine Art, es zu illustrieren, ist die Vorstellung, daß Frauen ein Reservoir an Liebe haben, das sie regelmäßig auffüllen müssen, so wie ein Auto Treibstoff tanken muß. Das Reservoir muß immer wieder aufs neue gefüllt werden, damit es weitergeht. *Viele* Dinge zu tun (und damit viele Punkte zu erzielen), ist das Geheimnis, um das Liebesreservoir einer Frau zu füllen. Eine Frau fühlt sich geliebt, wenn ihr Reservoir voll ist. Sie ist dann in der Lage, größeres Vertrauen, mehr Akzeptanz, Anerkennung, Bewunderung, Zustimmung und Ermutigung zu geben.

Es folgen 77 Methoden, wie ein Mann das Liebesreservoir seiner Partnerin immer bis oben hin gefüllt halten kann.

Siebenundsiebzig Methoden, um bei einer Frau Punkte zu sammeln

1. Wenn Sie nach Hause kommen, gehen Sie als erstes zu ihr, bevor Sie irgend etwas anderes unternehmen. Gehen Sie auf sie zu und nehmen Sie sie in den Arm.
2. Fragen Sie sie, wie ihr Tag war und schenken Sie ihr Aufmerksamkeit und Interesse.
3. Üben Sie sich im Zuhören und Fragenstellen.
4. Widerstehen Sie der Versuchung, ihre Probleme lösen zu wollen – unterstreichen Sie sie statt dessen.
5. Geben Sie ihr ungefragt zwanzig Minuten ungeteilte Aufmerksamkeit. (Lesen Sie dabei *keine* Zeitung.)
6. Bringen Sie ihr öfter einen Blumenstrauß mit, als Überraschung, aber auch zu besonderen Gelegenheiten.
7. Verabreden Sie sich mit ihr bereits am Mittwoch fürs Wochenende, anstatt damit bis Freitagabend zu warten.
8. Wenn sie normalerweise das Abendessen zubereitet oder wenn sie damit dran ist, aber müde aussieht oder beschäftigt ist, bieten Sie ihr an, es ihr abzunehmen.
9. Sagen Sie ihr, daß sie gut aussieht.
10. Nehmen Sie ihre Gefühle ernst, wenn es ihr nicht gutgeht.
11. Bieten Sie ihr Hilfe an, wenn sie müde ist.
12. Wenn Sie zu spät kommen, rufen Sie sie an und sagen ihr Bescheid.
13. Wenn sie Sie um Unterstützung bittet, sagen Sie entweder »Ja« oder »Nein«, ohne ihr ein schlechtes Gewissen einzureden, weil sie gefragt hat.
14. Immer wenn Sie sich zurückziehen müssen, sagen Sie ihr vorher Bescheid, daß Sie bald zurück sein werden oder daß Sie ein bißchen Zeit brauchen, um über die Dinge nachzudenken.
15. Wenn Sie sich beruhigt haben und zurückgekommen sind, sprechen Sie darüber, was Sie stört, aber auf respektvolle, nicht auf vorwurfsvolle Weise, damit sie es nicht für schlimmer hält, als es ist.

16. Wenn sie mit Ihnen redet, schalten Sie den Fernseher aus und legen Sie die Zeitung weg. Sehen Sie ihr dabei in die Augen.

17. Wenn sie normalerweise das Geschirr spült, tauschen Sie gelegentlich die Rollen und bieten Sie ihr an, selbst Hand anzulegen, besonders wenn sie müde ist.

18. Achten Sie darauf, ob sie müde ist oder ob es ihr nicht gutgeht. Fragen Sie sie, ob Sie etwas für sie tun können.

19. Wenn Sie in die Stadt fahren, fragen Sie sie, ob Sie ihr etwas mitbringen können.

20. Teilen Sie ihr *vorher* mit, wenn Sie einen Mittagsschlaf halten oder kurz weggehen wollen.

21. *Nehmen Sie sie viermal täglich in den Arm.*

22. Rufen Sie sie von der Arbeit aus an, um sie zu fragen, wie es ihr geht, oder um ihr ewas Aufregendes zu erzählen. Sagen Sie ihr bei dieser Gelegenheit, daß Sie sie lieben.

23. Machen Sie die Betten und putzen Sie das Bad.

24. Achten Sie darauf, ob der Abfalleimer voll ist, und leeren Sie ihn unaufgefordert aus.

25. Putzen Sie Ihr Auto und räumen Sie es auch innen auf, bevor Sie mit ihr ausfahren.

26. Waschen Sie sich, bevor Sie mit ihr ins Bett gehen, oder benutzen Sie ein Eau de toilette, wenn sie das mag.

27. Halten Sie zu ihr, wenn sie sich über jemanden ärgert.

28. Bieten Sie ihr an, ihren Rücken oder ihre Füße (oder beides) zu massieren.

29. Seien Sie öfter zärtlich, ohne sie sexuell anzumachen.

30. Seien Sie geduldig, wenn sie Ihnen etwas mitteilen will. Schauen Sie nicht auf die Uhr.

31. Lassen Sie die Fernbedienung liegen und wechseln Sie nicht die Programme, wenn Sie gemeinsam fernsehen.

32. Seien Sie in der Öffentlichkeit zärtlich zu ihr.

33. Schlagen Sie mehrere Restaurants vor, wenn Sie Essen gehen wollen. Helfen Sie ihr bei der Entscheidung.

34. Besorgen Sie ein Abonnement für Theater, Konzert, Oper, Ballett oder irgendwas, was *sie* mag.

35. Finden Sie Gelegenheiten, bei denen Sie sich beide elegant anziehen können.

36. Haben Sie Verständnis, wenn sie zu spät kommt oder sich im letzten Moment entschließt, doch noch etwas anderes anzuziehen.

37. Schenken Sie ihr in Gesellschaft mehr Aufmerksamkeit als allen anderen.

38. Machen Sie ihr kleine Geschenke – eine Schachtel Pralinen oder ein neues Parfüm.

39. Machen Sie einen romantischen Kurzurlaub mit ihr.

40. Lassen Sie sie unauffällig mitbekommen, daß Sie immer ein Bild von ihr bei sich tragen. Nehmen Sie öfter mal ein neues.

41. Schreiben Sie ihr einen Brief oder eine Karte anläßlich Ihres Hochzeitstages oder Geburtstages.

42. Fahren Sie langsam und vorsichtig, ganz so, wie sie es gern hat. Schließlich sitzt sie völlig hilflos auf dem Beifahrersitz.

43. Achten Sie darauf, wie sie sich fühlt, und äußern Sie sich dazu. »Du siehst heute aus, als hättest du gute Laune.« Oder: »Du siehst heute müde aus.« Fragen Sie dann: »Wie war dein Tag?«

44. Gehen Sie zusammen tanzen, oder nehmen Sie zusammen Tanzunterricht.

45. Überraschen Sie sie mit einem Liebesbrief oder einem Gedicht.

46. Behandeln Sie sie so, wie Sie sie in den ersten Wochen Ihrer Beziehung behandelt haben.

47. Schärfen Sie die Küchenmesser.

48. Wechseln Sie eine Glühbirne, *sofort* nachdem sie durchgebrannt ist.

49. Fahren Sie für sie zum Glascontainer, und entsorgen Sie die alten Flaschen.

50. Lesen Sie ihr aus der Zeitung vor oder schneiden Sie etwas aus, das sie interessieren könnte.

51. Wenn jemand für sie anruft, schreiben Sie ihr die Nachricht sauber und ordentlich auf.

52. Wischen Sie, nachdem Sie geduscht haben, den Boden trocken und machen Sie die Dusche sauber.

53. Halten Sie ihr die Tür auf.

54. Tragen Sie ihr die Einkaufstasche.

55. Wenn Sie gemeinsam verreisen, übernehmen Sie den Gepäckdienst und beladen Sie das Auto.

56. Bieten Sie Ihre Hilfe an, wenn ein Topf besonders schmutzig ist oder andere Dinge schwierig zu reinigen sind.

57. Machen Sie eine Liste von Dingen, die repariert werden müssen, und hängen Sie sie in die Küche. Immer wenn Sie Zeit haben, tun Sie etwas. Lassen Sie die Liste nicht zu lang werden.

58. Wenn sie für Sie kocht, machen Sie ihr ein Kompliment.

59. Zeigen Sie Ihr Interesse an den Dingen, die sie im Laufe des Tages tut, an den Büchern, die sie liest, und an den Menschen, mit denen sie umgeht.

60. Wenn Sie ihr zuhören, versichern Sie ihr von Zeit zu Zeit ihr Interesse.

61. Wenn sie krank war, bleiben Sie auf dem laufenden über ihren Zustand.

62. Gehen Sie zur gleichen Zeit wie sie zu Bett.

63. Geben Sie ihr einen Kuß und sagen Sie auf Wiedersehen, wenn Sie gehen.

64. Bedanken Sie sich ausdrücklich, wenn sie etwas für Sie getan hat.

65. Nehmen Sie davon Kenntnis, wenn sie beim Frisör war, und versichern Sie ihr, daß es gut aussieht.

66. Nehmen Sie sich Zeit, mit ihr allein zu sein.

67. Nehmen Sie das Telefon nicht ab, wenn Sie gerade mit ihr in einem Gespräch sind oder wenn sie Ihnen gerade ihre Gefühle mitteilt.

68. Gehen Sie zusammen auf eine Radtour, selbst wenn es nur ganz kurz ist.

69. Organisieren Sie ein Picknick und bereiten Sie es vor. (Vergessen Sie nicht das weiße Tischtuch.)

70. Sprechen Sie mit ihr über Empfängnisverhütung.

71. Gehen Sie mit ihr alleine spazieren. Lassen Sie die Kinder einmal zu Hause.
72. Versuchen Sie, ihr einen Wunsch von den Augen abzulesen. Zeigen Sie ihr, daß Sie sich um sie sorgen, aber machen Sie sich nicht zum Märtyrer.
73. Lassen Sie sie wissen, daß Sie sie vermißt haben, wenn sie einmal weg war.
74. Bringen Sie ihr ihr Lieblingsgebäck oder ihr Lieblingsdessert mit.
75. Sagen Sie ihr täglich, daß Sie sie lieben.
76. Bitten Sie sie, diese Liste nach Belieben zu erweitern.
77. Lassen Sie die Klobrille unten und urinieren Sie nicht im Stehen.

Es grenzt an ein Wunder, was diese kleinen Dinge bei einer Frau bewirken können. Sie halten ihr Liebesreservoir gefüllt und die Punkte ausgeglichen. Wenn das Punktekonto zwischen beiden Partnern ausgeglichen ist, weiß eine Frau, daß sie geliebt wird und sie kann selbst ohne Vorbehalte lieben.

Auch für den Mann ist es heilsam, kleine Dinge für die Frau zu tun. Tatsächlich sind diese Kleinigkeiten geeignet, sowohl ihre als auch seine Ressentiments zu heilen. Er fängt an, sich sehr stark und effizient zu fühlen, weil sie die Fürsorge erhält, die sie braucht. Beide sind zufrieden.

Natürlich sollten die Frauen besonders aufmerksam sein, damit sie die kleinen Dinge, die der Mann für sie tut, würdigen können.

Mit einem Lächeln und einem Dankeschön kann sie ihm zeigen, daß er einen Punkt gemacht hat. Ein Mann braucht diese Anerkennung und Ermutigung, um weiterhin geben zu können. Er muß spüren, daß er etwas bewirken kann. Männer hören immer dann auf zu geben, wenn sie nicht mehr wissen, was sie tun können, um etwas zu erreichen. Die Frau muß ihn wissen lassen, daß das, was er tut, auf sie wirkt.

Das heißt nicht, daß sie ihm vormachen muß, daß nun alles eitel Sonnenschein ist, nur weil er einmal für sie den Müll weggebracht hat. Aber sie kann davon Kenntnis nehmen und »Danke« sagen. Allmählich wird immer mehr Liebe von beiden Seiten kommen.

Eine Frau muß die instinktive Neigung eines Mannes verstehen, alle seine Energien auf eine große Sache zu konzentrieren und die Bedeutung kleiner Dinge zu unterschätzen. Wenn sie diese männliche Eigenart akzeptiert, kann sie sich und ihrem Partner viele Schmerzen ersparen. Anstatt ihn zurückzuweisen, weil er angeblich nicht genug tut, kann sie mit ihm auf konstruktive Weise zusammenarbeiten, um das Problem aus der Welt zu schaffen.

Sie kann ihm wiederholt zu verstehen geben, daß sie es zu schätzen weiß, wenn er so hart arbeitet. Wenn es ihm dann einmal gelingt, seine Aufmerksamkeit auf eine »Kleinigkeit« zu richten, kann sie ihm danken und sagen, wie gut ihr das tut.

Wenn er vergißt, auf die kleinen Dinge zu achten, kann sie sich in Erinnerung rufen, daß das keineswegs heißt, daß er sie nicht mehr liebt, sondern daß er sich statt dessen wieder zu stark auf die großen Dinge konzentriert. Anstatt dann einen Streit zu beginnen oder ihn zu bestrafen, kann sie sein persönliches Engagement unterstützen, indem sie ihn um seine Hilfe bittet. Wenn er mehr anerkannt und gewürdigt wird, kann ein Mann allmählich lernen, die kleinen Dinge des Lebens ebenso wichtig zu nehmen wie die großen.

Er wird immer weniger unter Erfolgszwang stehen, wird sich entspannen und mehr Zeit mit seiner Frau und seiner Familie zubringen können.

Aufmerksamkeit in neue Bahnen lenken

Es ist schon eine Weile her, daß ich zum erstenmal mit dem Gedanken konfrontiert wurde, meine Energien auf die kleinen Dinge des Lebens zu lenken. Als ich meine Frau Bonnie kennenlernte, stellte ich meine Arbeit über alles andere. Ich schrieb nicht nur Bücher und gab Seminare, sondern hatte auch noch eine psychologische Praxis, in der ich 50 Stunden pro Woche tätig war. Im ersten Jahr unserer Ehe mußte sie mir immer wieder sagen, wie wichtig es ihr war, mehr Zeit mit mir zu verbringen. Wiederholt gab sie mir zu verstehen, daß sie unter Einsamkeit litt und durch meine Haltung in ihren Gefühlen sehr verletzt war.

Manchmal blieb ihr nichts anderes übrig, als mir ihre Gefühle in einem Brief mitzuteilen. Wir nannten das einen »Liebesbrief«, weil sie mir jedesmal am Ende sagte, wie lieb sie mich hat, trotz all der Gefühle von Ärger, Trauer, Angst und Sorge, die Inhalt des Briefes waren. Im folgenden Kapitel werden wir auf diese Art von Liebesbriefen eingehen und feststellen, wie wichtig sie sind. Wir werden lernen, wie man einen solchen Liebesbrief verfaßt. Wegen meiner überlangen Arbeitszeiten schrieb sie mir folgenden Liebesbrief:

Lieber John,
ich schreibe Dir diesen Brief, um Dir meine Gefühle mitzuteilen. Bitte versteh mich nicht falsch. Ich will Dir auf keinen Fall Vorschriften machen.
Ich bin traurig darüber, daß du soviel Zeit mit Deiner Arbeit verbringst. Ich bin traurig darüber, daß Du nach Hause kommst und keine Energie mehr für mich übrig hast. Ich würde gern mehr Zeit mit Dir verbringen.
Es tut mir weh, daß Du Dich mehr um Deine Klienten sorgst als um mich. Ich finde es schade, daß Du immer müde bist, wenn Du zu mir kommst. Ich vermisse Dich sehr.
Ich fürchte, Du willst gar nicht mehr Zeit mit mir verbringen. Ich fürchte, ich bin nur eine weitere Last in Deinem Leben. Ich fürchte, ich nerve Dich mit meinen Gefühlen. Ich fürchte, meine Gefühle sind nicht wichtig für Dich.
Es tut mir leid, wenn dieser Brief für Dich nicht gerade erfreulich ist. Ich weiß, Du tust Dein Bestes. Ich weiß durchaus Deine harte Arbeit zu schätzen.
Ich liebe Dich,
Deine Bonnie

Erst als sie mir ihre Gefühle in diesem Brief mitteilte, wurde mir klar, daß ich tatsächlich mit meinen Klienten großzügiger war als mit ihr. Ich schenkte ihnen meine ungeteilte Aufmerksamkeit, kam dann erschöpft nach Hause und nahm keine Notiz mehr von meiner Frau. Nicht, daß ich meine Frau nicht geliebt oder mich nicht um sie gesorgt hätte. Aber ich hatte nichts mehr übrig, was ich ihr hätte geben können. Ich dachte, ich täte mein Bestes, um ihr und unserer Familie ein besseres Leben (sprich: mehr Geld) zu ermöglichen. Als ich endlich begriffen hatte, wie sie sich fühlte, entwickelte ich einen Plan, um dieses Problem in unserer Beziehung zu lösen.

Anstatt acht Klienten täglich zu sehen, verabredete ich mich nur noch mit sieben. Ich tat einfach so, als sei meine Frau der achte Klient. Ich kam jeden Abend eine Stunde früher nach Hause. Ich stellte mir vor, daß meine Frau mein wichtigster Klient ist. Ich schenkte ihr dieselbe ungeteilte Aufmerksamkeit, wie ich sie auch meinen Klienten widmete. Wenn ich nach Hause kam, tat ich kleine Dinge für sie. Der Erfolg dieser »Strategie« kam postwendend. Nicht nur sie war glücklicher, sondern auch ich.

Allmählich dämmerte mir, daß es im Leben nicht nur darauf ankam, beruflich erfolgreich zu sein. Es war viel wichtiger, für die vielen kleinen Dinge, die ich tat, um für meine Frau und meine Familie zu sorgen, von ihnen geliebt und geachtet zu werden. Ich verlangsamte mein Tempo, und zu meinem Erstaunen blühte nicht nur unsere Beziehung auf, sondern auch meine Arbeit wurde effizienter, ohne daß ich so hart dafür arbeiten mußte.

Der Erfolg, den ich im privaten Bereich hatte, spiegelte sich in meiner Arbeit wider. Ich erkannte, daß Erfolg in der Arbeit nicht nur durch härteres Arbeiten errungen werden kann. Er war ebenso davon abhängig, ob ich in der Lage war, in meinen Klienten Vertrauen zu wecken. Wenn ich mich von meiner Familie geliebt und angenommen fühlte, steigerte das nicht nur mein Selbstvertrauen, sondern auch andere vertrauten mir leichter und schätzten meine Arbeit mehr.

Bonnies Unterstützung spielte eine große Rolle bei diesen Veränderungen. Sie teilte mir nicht nur in aufrichtiger und liebevoller Weise ihre Gefühle mit, sondern ließ auch nicht nach, mich immer wieder zu bitten, Dinge für sie zu tun, und mir anschließend die Anerkennung zu geben, die ich so nötig hatte. Allmählich merkte ich, wie wunderbar es ist, wenn man für die kleinen Dinge, die man tut, geliebt wird. Es war eine große Erleichterung, nicht mehr den großen Dingen hinterherjagen zu müssen. Es war eine Offenbarung.

Ich war in meiner Beziehung zu Bonnie davon ausgegangen, daß unser Punktestand immer ausgeglichen war, weil ich jeden Tag so schwer im Büro arbeitete. Ich beging den Irrtum, daß meine 50-Stunden-Woche 50 Punkte erzielte, um für all die liebevolle Unterstützung, die Bonnie mir und unserer Familie angedeihen ließ, zu »bezahlen«. Als ich anfing, kleine Dinge für sie zu tun, entdeckte ich, daß Frauen tatsächlich einen einzigen Punkt für alles geben, was man für sie tut, ganz gleich, wie klein oder groß es ist.

Wenn Frauen keine Punkte geben

Frauen haben das außergewöhnlich nützliche Talent, sich über die kleinen Dinge im Leben genauso zu freuen wie über die großen. Für Männer ist das ein Segen. Die meisten Männer streben nach Erfolg, weil sie glauben, daß sie erst dadurch der Liebe einer Frau würdig werden. Tief in ihrem Unterbewußtsein wollen sie geliebt und bewundert werden. Sie wissen nicht, daß sie Liebe und Bewunderung auf sich ziehen können, *ohne* erfolgreich zu sein.

Frauen können Männer von dieser Sucht nach Erfolg heilen, indem sie die kleinen Dinge, die er tut, würdigen. Ohne zu verstehen, wie wichtig es für einen Mann ist, von einer Frau anerkannt zu werden, besteht jedoch die Gefahr, daß die Frau einfach vergißt, ihm ihre Anerkennung zu signalisieren, die ihm zusteht.

Frauen wissen kleine Dinge instinktiv zu schätzen. Nur, wenn eine Frau das Gefühl hat, der Punktestand ist unausgeglichen, und sie nicht sieht, daß er Anerkennung braucht, wenn sie sich vernachlässigt und ungeliebt fühlt, dann ist es für sie schwer, dankbar dafür zu sein, was ein Mann für sie tut. Sie lehnt ihn dann innerlich ab, weil sie ihm einen zu großen Vorschuß gegeben hat, ohne etwas dafür wiederzubekommen. Diese Ablehnung blockiert ihre Fähigkeit, sich über die kleinen Dinge zu freuen.

Ablehnung ist nicht gesund. Es ist, als bekäme man eine Grippe oder einen Schnupfen. Wenn sie unter Ablehnung leidet, neigt sie dazu, alles, was der Mann für sie getan hat, zurückzuweisen, weil sie gemäß der weiblichen Punktezählung viel, viel mehr getan hat als er.

Wenn es 40 zu 10 für die Frau steht, fängt sie allmählich an, sich innerlich immer ablehnender zu zeigen. Wenn eine Frau das Gefühl hat, mehr gegeben zu haben, als sie wiederbekommen hat, verändert sie sich innerlich. In ihrem Unterbewußtsein zieht sie die 10 Punkte, die er bekommen hat, von ihren 40 ab, so daß schließlich das Verhältnis in ihrer Beziehung auf 30 zu 0 steht. Aus ihrer Sicht mag das mathematisch völlig korrekt und auch verständlich sein, aber so funktioniert es nicht.

Wenn sie seine Punkte von ihren abzieht, bringt sie ihn mit einer Null in Verbindung. Aber er ist keine Null. Er hat nicht null Punkte verdient, sondern zehn. Wenn er nach Hause kommt, schaut sie ihn mit kaltem Blick an und spricht mit einer Stimme, die ihm zu verstehen gibt, daß er eine Null ist. Sie verleugnet, was er getan hat. Sie reagiert auf ihn, als hätte er nichts gegeben, obwohl er in Wirklichkeit zehn Punkte verdient hat.

Eine Frau reduziert die Punkte des Mannes, weil sie sich ungeliebt fühlt. Die Ungleichheit ihrer Leistungen macht es ihr schwer, selbst die zehn Punkte, die er für sich beanspruchen kann, zu würdigen. Das ist natürlich nicht fair, aber so funktioniert es.

An dieser Schwelle wendet sich meistens das Blatt in einer Beziehung. Der Mann fühlt sich nicht mehr anerkannt und verliert seine Leistungsmotivation. Er bekommt ebenfalls die Krankheit der Ablehnung. Sie reagiert mit noch mehr Zurückweisung, und die Situation wird immer schlimmer. Die Krankheit der Ablehnung wird akut.

Dieses Problem kann nur gelöst werden, wenn beide Partner erhebliches Mitgefühl und Verständnis füreinander aufbringen. Er braucht Vertrauen und sie Fürsorge. Sonst wird ihre »Krankheit« schlimmer.

Die Auflösung gegenseitiger Ablehnung kann mit der Übernahme von Verantwortung erreicht werden. Sie muß Verantwortung dafür übernehmen, daß sie es soweit hat kommen lassen. Sie ist selbst dafür verantwortlich, daß sie immer mehr getan und damit zu einem ungleichen Punktestand beigetragen hat. Sie muß mit ihrer Krankheit der Ablehnung umgehen, als sei es eine reguläre Erkältung. Sie muß sich Ruhe gönnen und sich in der Beziehung zurückhalten, nicht mehr soviel geben. Sie sollte sich einmal richtig verwöhnen und ihrem Partner erlauben, sich mehr um sie zu kümmern.

Normalerweise gibt eine Frau ihrem Partner keine Chance, sich um sie zu kümmern, wenn sie voller Ablehnung ist. Wenn er es dennoch versucht, wird sie den Wert von allem, was er getan hat, abstreiten. Sie schlägt ihm die Tür vor der Nase zu. Nur wenn sie selbst die Verantwortung dafür übernimmt, zuviel gegeben zu haben, kann sie aufhören, ihn für ihr Problem verantwortlich zu machen, und ihre Puncteliste noch einmal neu anfangen. Sie kann ihm wieder eine Chance geben und die Situation durch ihr neues Verständnis verbessern.

Wenn ein Mann das Gefühl hat, sie erkennt ihn nicht an, hört er auf, sich um sie zu sorgen. Wenn er sich für die Beziehung verantwortlich fühlt, muß er Verständnis dafür aufbringen, daß es für sie sehr schwer ist, ihm trotz ihrer »Krankheit« für seine Liebe Punkte zu geben. Seine eigene innere Ablehnung kann er loswerden, indem er versteht, daß sie ihn erst wieder annehmen muß, bevor sie erneut geben kann. Er sollte das im Auge behalten, wenn er ihr seine kleinen Liebes- und Aufmerksamkeitsbezeugungen zukommen läßt. Er darf nicht erwarten, daß sie gleich von Anfang an soviel Anerkennung zeigt, wie er eigentlich verdient hätte.

Er sollte zunächst geben, ohne zuviel zu erwarten, bis sie sich von ihrer »Krankheit« erholt hat. In der Gewißheit, dieses Problem lösen zu können, wird es ihm leichtfallen, sich ebenfalls von seiner Krankheit der Ablehnung zu erholen. Wenn er nicht nachläßt, ihr Aufmerksamkeit zu schenken, und sie sich darauf konzentriert, eine Pause im Geben zu machen, und sich statt dessen für eine Weile auf das dankbare Entgegenkommen seiner Fürsorge verlegt, kann die Balance schnell wiederhergestellt werden.

Warum Männer weniger geben

Nur selten liegt es in der Absicht eines Mannes, viel zu nehmen und wenig zu geben. Dennoch sind Männer dafür bekannt, daß sie in einer Beziehung weniger geben als die Frau. Sie kennen das vielleicht aus Ihrer eigenen Beziehung. Häufig hört man die Klage der Frau, daß der Mann zu Beginn einer Beziehung noch sehr liebevoll ist und allmählich immer passiver wird. Aber auch die Männer fühlen sich unfair behandelt. Am Anfang sind die Frauen äußerst dankbar für alles und voller Liebe. Mit der Zeit aber ist ihnen Dankbarkeit und Zuwendung immer schwerer zu entlocken. Wenn man bedenkt, daß Männer und Frauen ihr Tun unterschiedlich bewerten und sich gegenseitig auf verschiedene Weise Punkte zumessen, ist diese rätselhafte Entwicklung gar nicht so schwer zu verstehen.

Es gibt fünf Hauptgründe, aus denen heraus ein Mann irgendwann aufhört zu geben:

1. Marsianer idealisieren Fairneß.

Ein Mann konzentriert in seiner Arbeit alle seine Energien auf ein Projekt und geht davon aus, daß er damit in seiner Beziehung mindestens 50 Punkte erzielen kann. Dann kommt er nach Hause und wartet darauf, daß seine Frau ebenfalls 50 Punkte erarbeitet. Er übersieht dabei, daß er aus ihrer Perspektive lediglich einen Punkt erhalten hat. *Er hört auf zu geben, weil er glaubt, er hat bereits genug gegeben.*

In seinem Denken ist das, was er tut, fair und liebevoll. Er erlaubt ihr, den Punktestand auszugleichen und sich im Wert von 50 Punkte um ihn zu kümmern. Er weiß nicht, daß seine schwere Arbeit im Büro nur einen Punkt erzielt. Seine Vorstellung von Fairneß kann nur funktionieren, wenn er versteht und respektiert, daß Frauen für jeden Liebesdienst, gleich wie groß, nur einen Punkt verleihen. Diese erste Einsicht hat eine erhebliche praktische Bedeutung für das Zusammenleben von Mann und Frau:

Für Männer: Vergessen Sie nie, daß für Frauen große *und* kleine Dinge gleichermaßen einen Punkt ergeben. Alle Liebesbeweise werden gleichermaßen gebraucht und gewertet. Um keine Ressentiments zu erzeugen, sollten Sie sich darin üben, die kleinen Dinge für sie zu tun, die bei ihr so große Wirkung erzeugen. Erwarten Sie nicht, daß Ihre Frau mit großen Dingen zufrieden ist. Machen Sie ihr kleine *und* große Liebesbezeugungen.

Für Frauen: Vergessen Sie nie, daß Männer vom Mars kommen. Sie sind von Natur aus nicht motiviert, die kleinen Dinge zu beachten und zu tun. Wenn sie weniger geben, liegt es nicht daran, daß sie ihre Frau nicht lieben, sondern, daß sie der Meinung sind, sie haben bereits ihren Teil getan. Versuchen Sie es nicht persönlich zu nehmen. Ermutigen Sie ihn statt dessen, sich um Sie zu sorgen, indem Sie ihn bitten, mehr zu tun. Warten Sie nicht, bis Sie nicht mehr ohne seine Unterstützung sein können oder der Punktestand völlig unausgeglichen ist. Fordern Sie nichts von ihm, sondern vertrauen Sie ihm, daß er sich gern um Sie kümmert, auch wenn er ein wenig dazu ermuntert werden muß.

2. Venusfrauen idealisieren bedingungslose Liebe.

Eine Frau gibt soviel sie kann. Erst wenn sie ausgebrannt und leer ist, merkt sie, daß sie wenig zurückbekommen hat. Frauen rechnen nicht von Anfang an alles auf, so wie die Männer es tun. Sie geben freizügig und gehen davon aus, daß die Männer es genauso machen.

Männer sind jedoch anders, wie wir gesehen haben. Ein Mann gibt freizügig, solange, bis der Punktestand, so wie er ihn sieht, unausgeglichen ist. Dann hört er auf zu geben. Im allgemeinen gibt ein Mann gerne sehr viel auf einmal und lehnt sich dann zurück, um seinerseits zu empfangen.

Wenn ein Mann erlebt, daß seine Frau ihm frohen Mutes sehr viel gibt, geht er instinktiv davon aus, daß sie von sich aus auf den Punktestand achtet und er sehr viele Punkte gut haben muß. Er käme nie auf den Gedanken, daß er weniger gegeben haben könnte, denn von seinem Standpunkt aus würde er sofort aufhören zu geben, wenn er merkt, der Punktestand wird zu seinen Gunsten unausgeglichen.

Ihm selbst würde es äußerst schwerfallen, mit einem Lächeln auf den Lippen mehr zu geben, als er wirklich muß. Wenn sein Punktestand ausgeglichen ist, ist für ihn Schluß. Wenn eine Frau lächelnd immer weiter gibt, geht der Mann davon aus, daß dabei der Punktestand immer noch ausgeglichen ist. Er weiß nicht, daß Venusfrauen die unerhörte Fähigkeit besitzen, lächelnd zu geben und zu geben, bis der Punktestand bei 30 zu 0 angekommen ist. Diese Einsichten haben eine erhebliche praktische Bedeutung für das Zusammenleben von Mann und Frau:

Für Männer: Vergessen Sie nie, wenn eine Frau lächelnd gibt, heißt das noch lange nicht, daß der Punktestand ausgeglichen ist.

Für Frauen: Vergessen Sie nie, wenn Sie freizügig einem Mann geben, meint der, daß der Punktestand ausgeglichen ist. Wenn Sie ihn motivieren wollen, mehr zu geben, müssen Sie feinfühlig zum rechten Zeitpunkt aufhören zu geben. Ermutigen Sie ihn, indem Sie ihn in kleinen Dingen um seine Hilfe bitten und ihm dann die nötige Anerkennung schenken.

3. Marsianer geben, wenn man sie bittet.

Marsmänner sind stolz darauf, autonom zu sein. Sie fragen niemals jemanden um Hilfe, es sei denn, sie haben sie wirklich bitter nötig. Auf dem Mars gilt es als unhöflich, jemandem seine Hilfe anzubieten, wenn man nicht ausdrücklich darum gebeten wird. Auf der Venus ist es genau umgekehrt. Venusfrauen zögern keine Minute, ihre Hilfe anzubieten. Wenn sie jemanden lieben, geben sie alles, was sie haben. Sie warten nicht, bis sie aufgefordert werden. Je mehr sie jemanden lieben, desto großzügiger sind sie.

Wenn ein Mann einer Frau nicht seine Hilfe anbietet, geht sie irrtümlicherweise davon aus, daß er sie nicht liebt. Vielleicht stellt sie sogar seine Liebe auf die Probe, indem sie ihn partout nicht um seine Unterstützung bittet und wartet, bis er von sich aus drauf kommt. Wenn er dann nicht reagiert, wird sie sehr ablehnend. Sie versteht nicht, daß er auf eine Aufforderung wartet, um seine Hilfe anzubieten.

Wir haben gesehen, daß ein ausgeglichener Punktestand für Männer etwas sehr Wichtiges ist. Wenn ein Mann das Gefühl hat, er hat in einer Beziehung mehr gegeben, wird er instinktiv anfangen, um mehr Unterstützung zu bitten. Von Natur aus fühlt er sich dann eher berechtigt, Hilfe entgegenzunehmen, und bittet auch darum. Wenn er jedoch in einer Beziehung weniger gegeben hat, wäre das Letzte, was er tun würde, seine Partnerin zu bitten, ihm mehr Aufmerksamkeit zu schenken. Instinktiv wird er nicht darum bitten, daß man sich um ihn kümmert, sondern nach Möglichkeiten suchen, wie er sich um seine Partnerin kümmern kann.

Wenn eine Frau nicht um Hilfe bittet, geht der Mann davon aus, daß der Punktestand ausgeglichen ist oder daß er mehr gibt als sie. Er weiß nicht, daß sie darauf wartet, daß er seine Hilfe anbietet. Diese dritte Einsicht hat ebenfalls eine praktische Bedeutung für das Zusammenleben von Mann und Frau: *Für Frauen:* Denken Sie daran, daß Männer Hinweise brauchen, wann und wie sie mehr geben können. Sie wollen gefragt werden. Sie brauchen einen Anstoß. Nur dann erkennen sie, was sie zu tun haben. Viele Männer wissen von sich aus nicht, wie sie eine Frau unterstützen können. Selbst wenn ein Mann spürt, daß er zuwenig gibt, wird er nicht automatisch das Richtige tun. Statt dessen wird er, in der Annahme, daß Erfolg und Geld die Dinge schon in Ordnung bringen werden, seine Energie vielleicht noch mehr auf die großen Dinge – die Arbeit – konzentrieren, statt auf die wichtigen Kleinigkeiten.

Für Männer: Denken Sie daran, daß eine Frau nicht instinktiv um Hilfe bittet, wenn sie sie braucht. Statt dessen erwartet sie, daß Sie, wenn Sie sie lieben, ihr Hilfe anbieten. Üben Sie sich darin, ihr in kleinen Dingen Ihre Unterstützung anzubieten.

4. Venusfrauen sagen sogar dann noch ja, wenn der Punktestand schon völlig unausgeglichen ist.

Männer durchschauen nicht, daß eine Frau immer ja sagen wird, wenn sie sie um ihre Hilfe bitten, selbst wenn sich der Punktestand schon längst zu ihren Ungunsten verschoben hat. Wenn sie sich um ihren Mann kümmern können, tun sie es. Es ist nicht mit ihrem Denken vereinbar, Punkte aufzurechnen. Männer sollten deshalb von ihrer Frau nicht zuviel verlangen. Wenn sie nämlich erst einmal das Gefühl hat, sie gibt mehr, als sie bekommt, wird sie sich allmählich abwenden.

In den ersten zwei Jahren unserer Ehe bin ich ungefähr einmal pro Woche mit meiner Frau ins Kino gegangen. Eines Tages platzte ihr der Kragen. Sie sagte: »Wir tun immer nur, was du willst, nie was ich will.«

Ich fiel aus allen Wolken. Ich hatte geglaubt, daß sie, solange sie ja sagte, genauso zufrieden mit der Situation war wie ich. Ich dachte, sie geht genauso gern ins Kino wie ich.

Gelegentlich hatte sie vorgeschlagen, doch einmal in die Oper zu gehen, oder auch mal zu einem Symphoniekonzert. Wenn wir mit dem Auto am Theater vorbeifuhren, sagte sie: »Sieht interessant aus. Laß uns doch mal hingehen.«

Später in der Woche hatte ich dann aber immer gesagt: »Laß uns doch ins Kino gehen, der Film hat unheimlich gute Kritiken bekommen.«

Sie sagte dann: »Na gut.«

Ich hatte sie immer so verstanden, daß sie genauso gern ins Kino geht wie ich. In Wahrheit wollte sie jedoch nur mit mir zusammensein. Der Film war nicht schlecht, aber viel lieber wäre sie zu einem örtlichen kulturellen Ereignis gegangen. Immer wieder erwähnte sie das. Aber weil sie meine Frage, ob sie ins Kino mitkomme, bejahte, hatte ich keine Ahnung, daß sie ihre Wünsche opferte, um mich glücklich zu machen.

Hier sind weitere zentrale Einblicke in die Psyche des Mannes, die uns verraten, warum er weniger gibt. Beide sind von erheblicher praktischer Bedeutung für das Zusammenleben von Mann und Frau:

Für Männer: Vergessen Sie nicht, wenn sie zu Ihren Vorschlägen ja sagt, heißt das nicht, daß Ihr Punktestand ausgeglichen ist. Sie wird auch dann noch ja sagen, wenn der Punktestand bereits bei 20 zu 0 für sie steht. »Klar, ich hole die Sachen aus der Reinigung.« Oder: »Sicher, ich erledige diesen Anruf für dich.«

Wenn sie tut, was Sie wollen, heißt das nicht, daß es auch ist, was *sie* will. Fragen Sie sie nach ihren Wünschen. Sammeln Sie Informationen darüber, was sie mag, und bieten Sie ihr dann an, etwas davon zu machen.

Für Frauen: Denken Sie daran, wenn Sie dem Ansuchen eines Mannes sofort zustimmen, macht das auf ihn den Eindruck, als hätte er mehr gegeben oder als sei der Punktestand zumindest ausgeglichen. Wenn Sie spüren, daß Sie mehr geben als erhalten, dann hören Sie auf, immer zu tun, was er will. Bitten Sie ihn statt dessen auf elegante Weise, mehr auf Ihre Bedürfnisse einzugehen.

5. Marsmänner verteilen Strafpunkte.

Die meisten Frauen wissen nicht, daß Männer, wenn sie sich ungeliebt und verlassen fühlen, Strafpunkte verteilen. Schenkt eine Frau einem Mann kein Vertrauen, weist ihn zurück, erkennt ihn nicht an, ärgert sich über ihn oder entzieht ihm ihre Zustimmung, dann gibt er ihr Minus- oder Strafpunkte.

Fühlt sich ein Mann verletzt oder ungeliebt, weil seine Frau seine Leistungen nicht entsprechend gewürdigt hat, meint er, er hätte das Recht, ihr die Punkte, die sie bereits verdient hat, wieder wegzunehmen. Wenn sie bereits zehn Punkte hat, erklärt er sie vielleicht als ungültig, wenn er sich von ihr verletzt fühlt. Ist er noch mehr verletzt, gibt er ihr vielleicht sogar 20 Strafpunkte. Dann schuldet sie ihm zehn, obwohl sie vor einer Minute noch zehn guthatte.

Für Frauen ist das sehr verwirrend. Sie hat ihm vielleicht gerade einen Liebesdienst im Gegenwert von 30 Punkten erwiesen, und in einem kurzen Augenblick des Zorns nimmt er ihr alles wieder weg. In seinem Denken ist es nun sein gutes Recht, nichts mehr für sie zu tun, weil sie ja nun ihm etwas schuldet. Er meint, das sei fair. Aus seiner Sicht mag das mathematisch vielleicht hinkommen, aber fair ist es auf keinen Fall.

Strafpunkte haben verheerende Folgen für jede Beziehung. Die Frau fühlt sich respektlos behandelt, und der Mann hört auf, ihr seine Aufmerksamkeit zu schenken. Wenn er in seinem Denken all die liebevolle Unterstützung, die sie ihm geschenkt hat, verneint, sobald sie etwas Negativität ausdrückt (was sich von Zeit zu Zeit nicht vermeiden läßt), verliert er seine Motivation, ihr etwas zu geben. Er wird passiv. Diese fünfte Einsicht hat ebenfalls eine erhebliche praktische Bedeutung für das Zusammenleben von Mann und Frau:

Für Männer: Denken Sie daran, daß Strafpunkte unfair sind und nicht zum Ziel führen. In Momenten, in denen Sie sich ungeliebt, angegriffen oder verletzt fühlen, verzeihen Sie ihr, und erinnern Sie sich an all die guten Dinge, die sie Ihnen hat zukommen lassen. Bestrafen Sie sie nicht, indem Sie alles negieren. Bitten Sie sie lieber um die Unterstützung, die Sie brauchen, und sie wird sie Ihnen geben. Sagen Sie ihr respektvoll, daß sie Sie verletzt hat. Geben Sie ihr eine Chance zu merken, daß sie Ihnen weh getan hat, und die Gelegenheit, sich zu entschuldigen. Bestrafung führt zu nichts. Sie werden sich viel besser fühlen, wenn Sie ihr die Möglichkeit lassen, Ihnen zu geben, was Sie brauchen. Denken Sie daran, sie ist eine Venusfrau – sie weiß nicht, was Sie benötigen und wodurch sie Sie verletzt hat.

Für Frauen: Erinnern Sie sich daran, daß Männer die Angewohnheit haben, Strafpunkte zu verteilen. Es gibt zwei Methoden, um sich vor dieser Unsitte zu schützen.

Die erste Methode ist zu erkennen, daß es falsch ist, daß er Ihnen Ihre Punkte wegnimmt. Sagen Sie ihm respektvoll, was Sie davon halten. Im nächsten Kapitel werden wir darauf eingehen, wie man schwierige oder negative Gefühle ausdrücken kann.

Die zweite Methode ist zu erkennen, daß er Ihnen Punkte wegnimmt, wenn er sich ungeliebt und verletzt fühlt, und sie Ihnen sofort wieder zurückgibt, wenn er sich geliebt und umsorgt fühlt. Wenn er sich für die kleinen Dinge, die er tut, mehr und mehr geliebt fühlen kann, wird er allmählich immer weniger Strafpunkte verteilen. Versuchen Sie zu verstehen, wie verschieden seine Liebesbedürfnisse sind, damit Sie ihn nicht verletzen.

Wenn Sie in der Lage sind zu sehen, *wie* er verletzt wurde, lassen Sie ihn wissen, daß es Ihnen leid tut. Es ist ganz wichtig, daß Sie ihm dann die Liebe geben, die er zuvor nicht bekommen hat. Wenn er sich nicht anerkannt fühlt, geben Sie ihm die Anerkennung, die er braucht. Wenn er sich zurückgewiesen oder manipuliert fühlt, geben Sie ihm die Akzeptanz, die er sucht. Wenn er sich mißtraut fühlt, geben Sie ihm Vertrauen. Wenn er das Gefühl hat, Sie schmälern seinen Verdienst, schenken Sie ihm die Bewunderung, auf die er hofft. Wenn er sich abgelehnt fühlt, schenken Sie ihm die Zustimmung, die er verdient. Wenn ein Mann sich geliebt fühlt, wird er aufhören, Strafpunkte zu verteilen.

Das Schwierigste dabei ist zu erkennen, *was* ihn verletzt. Ein Mann, der sich in seine Höhle zurückzieht, weiß fast nie, was ihn verletzt hat. Wenn er dann wieder herauskommt, spricht er meistens nicht darüber. Wie soll die Frau denn wissen, womit sie ihm weh getan hat? Indem Sie verstehen, wie die unterschiedlichen Liebesbedürfnisse des Mannes aussehen, erhalten

Sie einen Informationsvorsprung, der Ihnen eine völlig neue Dimension des Miteinanders von Mann und Frau erschließen kann.

Durch Kommunikation können Frauen ebenfalls in Erfahrung bringen, was passiert ist. Je weiter eine Frau sich öffnet und je besser sie ihre Gefühle auf respektvolle Weise »an den Mann bringen« kann, desto mehr ist der Mann in der Lage, selbst zu lernen, sich zu öffnen und seine Verletztheit und seinen Schmerz der Frau mitzuteilen.

Männer verteilen ihre Punkte auf andere Weise als Frauen. Jedesmal wenn eine Frau sich darüber freut, was ein Mann für sie getan hat, fühlt er sich geliebt und gibt ihr einen Punkt dafür. Um in einer Beziehung den Punktestand ausgeglichen zu halten, braucht ein Mann eigentlich nichts weiter als Liebe. Frauen wissen meist gar nicht, welche Kraft ihre Liebe hat, und versuchen oft unnötigerweise, die Liebe des Mannes zu verdienen, indem sie mehr für ihn tun, als sie eigentlich müßten.

Wenn eine Frau würdigt, was ein Mann für sie tut, bekommt er in der Regel all die Liebe, die er braucht. Männer sehnen sich in erster Linie nach Anerkennung. Ohne Anerkennung ist alles, was sie für ihn tut, ohne Bedeutung.

Ähnlich verhält es sich mit der Vorliebe der Frau für die kleinen Aufmerksamkeiten. Die kleinen Dinge sind es, die das Herz der Frau gewinnen. Viele Kleinigkeiten befriedigen das primäre Liebesbedürfnis der Frau nach Fürsorge, Verständnis und Respekt.

Männer fühlen sich erst dann geliebt, wenn sie liebevoll auf sein Verhalten reagiert. Auch Männer haben ein »Liebesreservoir«, jedoch wird das Reservoir des Mannes nicht durch die Dinge gefüllt, die die Frau für ihn tut. Es kommt darauf an, wie sie auf ihn reagiert oder was sie ihm für Gefühle entgegenbringt.

Wenn eine Frau ein Essen vorbereitet, gibt der Mann ihr vielleicht einen Punkt, vielleicht aber auch zehn Punkte, je nachdem, welche Gefühle sie ihm entgegenbringt. Wenn die Frau insgeheim den Mann ablehnt, kann sie ihm trotzdem ein

Essen zubereiten. Das wird ihm jedoch wenig bedeuten. Vielleicht verteilt er sogar einen Minuspunkt, weil er spürt, daß sie ihn innerlich ablehnt. Das Geheimnis, wie man einen Mann zufriedenstellt, liegt darin, ihm Liebe in Form von Gefühlen und nicht notwendigerweise in Form von Handlungen entgegenzubringen.

Wenn eine Frau liebt, wird automatisch ihr Handeln ihre Liebe zum Ausdruck bringen. Wenn ein Mann Liebe durch sein Verhalten zum Ausdruck bringt, folgen automatisch seine Gefühle und werden liebevoller.

Entschließt sich ein Mann, der keine Liebe fühlt, trotzdem etwas Liebevolles zu tun, und wird dafür mit Liebe belohnt, wird seine Liebe zunehmen. Etwas zu *tun* bringt das Herz des Mannes in Schwung.

Frauen sind da ganz anders. Wenn eine Frau sich ungeliebt fühlt, liegt das meistens an ihrem Gefühl, daß sich niemand um sie kümmert, niemand sie versteht und respektiert. Sie wird sich selbst nicht als liebevoller empfinden, wenn sie noch etwas mehr für ihren Partner tut. Im Gegenteil, es könnte ihre Abneigung gegen ihn sogar verstärken. Wenn eine Frau für einen Mann keine Liebe empfinden kann, muß sie ihre Kraft zunächst darauf richten, ihre negativen Energien zu heilen, und ganz bestimmt nicht darauf, noch mehr zu geben.

Der Mann muß sein liebevolles Verhalten seiner Partnerin gegenüber schulen, denn nur dann wird er am ehesten ihre Liebesbedürfnisse befriedigen. Seine Taten werden sowohl das Herz der Frau öffnen als auch sein eigenes. Er wird seine Liebe wieder spüren. Das Herz des Mannes öffnet sich, wenn er eine Frau zufriedenstellen kann.

Die Frau muß ihre liebevolle innere Einstellung schulen, denn nur dann wird sie seine Liebesbedürfnisse erfüllen. Indem eine Frau in der Lage ist, ihre liebevolle Haltung und ihr Gefühl für einen Mann zum Ausdruck zu bringen, fühlt er sich motiviert, mehr zu geben. Das wiederum kann ihr helfen, ihr Herz noch weiter zu öffnen. Das Herz einer Frau öffnet sich, wenn sie all die Fürsorge bekommen kann, die sie braucht.

Oft entgeht es einer Frau, wenn der Mann ihre Liebe wirklich braucht. Genau dann könnte sie leicht 20 und mehr Punkte auf einmal bei ihm machen. Hier sind einige Beispiele:

Wie Frauen bei Männern viele Punkte sammeln können

Was passiert	*Punkte, die er ihr gibt*

Er macht einen Fehler, und sie sagt nicht: »Ich habe es dir ja gesagt!« und gibt ihm auch keine Ratschläge.   10–20

Er enttäuscht sie, und sie bestraft ihn nicht.   10–20

Er verfährt sich, und sie macht keine Affäre daraus.   10–20

Er verfährt sich, und sie findet etwas Gutes an der Situation. Sie sagt: »Wir hätten niemals diesen wunderschönen Sonnenuntergang gesehen, wenn wir die direkte Strecke gefahren wären.«   20–30

Er vergißt, ihr etwas mitzubringen, und sie sagt: »Nicht so schlimm. Kannst du das nächste Mal dran denken?«   10–20

Er vergißt, ihr etwas mitzubringen, und sie sagt mit Langmut: »Nicht so schlimm. Wirst du es mir bei nächster Gelegenheit mitbringen?«
                                                                    20–30

Sie hat ihn verletzt und kann verstehen, daß er verletzt ist. Sie entschuldigt sich und schenkt ihm die Liebe, die er braucht. . . .   10–40

Sie bittet ihn um seine Unterstützung. Er sagt nein, und sie ist nicht durch seine Ablehnung verletzt, sondern vertraut darauf, daß er es tun würde, wenn er könnte. Sie weist ihn nicht zurück und entzieht ihm auch nicht ihre Liebe.   10–20

Später bittet sie ihn noch einmal. Wieder sagt er nein. Sie macht ihm keinen Vorwurf, sondern akzeptiert, daß er ihr gerade nicht helfen kann.   20–30

Sie bittet ihn um seine Hilfe, ohne Druck auf ihn auszuüben (wenn der Punktestand annähernd ausgeglichen ist). 1– 5

Sie bittet ihn um seine Hilfe, ohne Druck auf ihn auszuüben, obwohl sie bereits ärgerlich ist.   10–30

Sie macht ihm keine Vorwürfe, wenn er sich zurückzieht. . .   10–20

Wenn er aus seiner Höhle zurückkommt, heißt sie ihn willkommen, ohne ihn zu bestrafen oder abzuweisen.   10–20

Er entschuldigt sich für einen Fehler, und sie nimmt es mit liebevoller Akzeptanz und Vergebung an 10–50

Er bittet sie, etwas für ihn zu tun, und sie sagt einfach nein, ohne eine Reihe von Gründen aufzuzählen 1–10

Er bittet sie, etwas für ihn zu tun. Sie sagt ja und behält ihre gute Laune 1–10

Er will sich nach einem Streit mit ihr versöhnen und fängt an, kleine Dinge für sie zu tun. Sie dankt ihm dafür 10–30

Sie freut sich, wenn er nach Hause kommt 10–20

Sie fühlt Ablehnung, aber anstatt sie auszudrücken, geht sie in ein anderes Zimmer, bleibt allein, sammelt sich, kommt wieder zurück und ist wieder liebevoll und herzlich 10–20

Zu besonderen Gelegenheiten übersieht sie seine Fehler, die sie normalerweise aufregen 20–40

Sie genießt es, mit ihm zu schlafen 10–40

Er verlegt seine Schlüssel, ohne daß sie ihn spüren läßt, daß sie ihn für einen vollkommenen Chaoten hält 10–20

Sie ist höflich und diskret, wenn sie nach einer Verabredung ihr Mißfallen oder ihre Enttäuschung über ein Restaurant oder einen Film zum Ausdruck bringt 10–20

Sie gibt keine Ratschläge, wenn er fährt oder das Auto einparkt. Statt dessen bedankt sie sich, daß er sie gefahren hat 10–20

Sie bittet um seine Hilfe, anstatt ihm vorzuhalten, was er alles falsch gemacht hat 10–20

Sie teilt ihm ihre negativen Gefühle mit, aber auf eine konzentrierte Art, ohne ihm Vorwürfe zu machen oder ihn zu maßregeln . . 10–40

Die vorangegangenen Beispiele machen deutlich, auf welche Weise Männer anders Punkte vergeben als Frauen. Das heißt nicht, daß eine Frau sämtliche aufgezählten Dinge tun soll. Die Liste zeigt Situationen auf, in denen er besonders verletzlich ist. Wenn es ihr gelingt, ihn in diesem Moment zu unterstützen, statt zu demütigen, wird er sich bei der Verteilung seiner Punkte großzügig erweisen.

Im vierten Kapitel habe ich bereits erwähnt, daß die Fähigkeit einer Frau, in schweren Zeiten Liebe zu geben, steigt und fällt wie eine Welle. Wenn ihre Liebesfähigkeit hoch ist (beim Aufsteigen der Welle), kann sie viele Pluspunkte sammeln. Sie sollte nicht von sich verlangen, zu allen Zeiten gleichermaßen liebevoll zu sein.

Das Liebesbedürfnis des Mannes ist ebenso Schwankungen unterworfen wie die Fähigkeit einer Frau, Liebe zu geben. In keinem der aufgezählten Beispiele gibt es eine feste Anzahl von Punkten, die ein Mann vergibt. Wenn sein Liebesbedürfnis groß ist, neigt er dazu, mehr Punkte zu verteilen.

Wenn er zum Beispiel einen Fehler gemacht hat und es ihm peinlich ist, ihm leid tut oder er sich dafür schämt, braucht er ihre Liebe mehr als sonst. Er wird ihr daher mehr Punkte geben, wenn sie sich in einem solchen Moment als Stütze erweist. Je größer der Fehler, desto mehr Punkte gibt er für ihre Liebe. Wenn er hingegen in einem solchen Fall überhaupt keine Liebe bekommt, gibt er ihr Strafpunkte, deren Höhe sich ebenfalls danach richtet, wie nötig er die Liebe seiner Partnerin hat. Wenn er sich auf Grund eines großen Fehlers von ihr abgewiesen fühlt, kann es passieren, daß er ihr ein Menge Strafpunkte gibt.

Daher kann ein Mann sehr böse auf eine Frau werden, wenn er einen Fehler gemacht hat, und sie ihn dies spüren läßt. Der Grad seiner Wut ist von der Größe seines Fehlers abhängig. Ein kleiner Fehler treibt ihn ein wenig in die Defensive, ein großer sehr. Frauen wundern sich, warum ein Mann sich für einen großen Fehler nicht einfach entschuldigen kann. Die Antwort ist, weil er Angst hat, daß man ihm nicht verzeiht. Es ist zu schmerzhaft für ihn zuzugeben, daß er versagt hat. Anstatt zu sagen, daß es ihm leid tut, wird er vielleicht auch noch wütend auf sie, weil sie sich ärgert, und gibt *ihr* Strafpunkte.

Ist ein Mann in einer negativen Verfassung, so sollte sie ihn behandeln wie einen heftigen Wirbelsturm, der sich schon bald wieder verzieht. Sie sollte ihn sich selbst überlassen und sich ruhig verhalten. Er wird es ihr danken, indem er ihr nach dem Gewitter Pluspunkte dafür gibt, daß sie ihm keine Vorwürfe gemacht und nicht versucht hat, ihn zu ändern. Stellt sie sich dem Wirbelsturm entgegen, so führt dies zu einer Katastrophe, und er wird ihr die Schuld geben, weil sie sich eingemischt hat.

Für viele Frauen mag das neu sein. Wenn sich auf der Venus jemand ärgert, käme niemand auf die Idee, das zu ignorieren oder in Deckung zu gehen. Auf der Venus gibt es keine Wirbelstürme. Wenn eine Venusfrau einen Wutanfall bekommt, gehen die anderen auf sie zu und versuchen zu verstehen, um was es geht. Sie stellen eine Menge Fragen. Auf dem Mars sucht man sich den nächstbesten Graben, um darin abzuwarten bis der Wirbelsturm sich verzieht.

Es ist eine große Hilfe, wenn Frauen begreifen, daß Männer andere Bedürfnisse haben. Wenn Männer Strafpunkte verteilen, ist das sehr verwirrend für Frauen. Plötzlich wissen sie nicht mehr, ob sie ihre Gefühle mitteilen dürfen. Sicherlich wäre es wunderbar, wenn alle Männer einsehen würden, wie unfair Strafpunkte sind, und sich über Nacht ändern würden – aber leider geht das ja nicht. Jede Veränderung braucht ihre Zeit. Es hilft jedoch einer Frau ein wenig zu wissen, daß ein Mann seine Strafpunkte ebenso schnell wieder zurücknimmt, wie er sie gegeben hat.

Das spielt sich so ähnlich ab, wie bei einer Frau, die mehr gegeben hat und sich deshalb ärgert. Sie zieht seine Punkte von ihren zuviel gegebenen ab und gibt ihm eine Null oder noch weniger. Zu solchen Zeiten kann ein Mann nichts weiter tun als Verständnis für ihre Krankheit der Ablehnung haben und ihr noch mehr Liebe als gewöhnlich geben.

In den Zeiten, in denen der Mann Strafpunkte verteilt, muß dann eben die Frau entsprechend sehen, daß er die männliche Variante der »Krankheit« hat. Er braucht dann ebenfalls besondere Zuwendung, um wieder gesund zu werden. Im Gegenzug wird er ihr für ihre Zuwendung sofort durch die Vergabe von Pluspunkten danken und damit den Punktestand ausgleichen.

Indem eine Frau lernt, wie sie bei einem Mann viele Punkte sammeln kann, wird sie innerlich viel flexibler. Sie kann nun ihren Mann auch in den schwierigen Zeiten unterstützen, wenn er sich innerlich von ihr entfernt hat oder verletzt scheint. Sie sollte nicht versuchen, ihm zu geben, was bei *ihr* wirken würde (siehe: »Siebenundsiebzig Methoden, um bei einer Frau Punkte zu sammeln«), sondern ihre Energien so einsetzen, indem sie ihm gibt, was für *ihn* wichtig ist (siehe: »Wie Frauen bei Männern viele Punkte sammeln können«).

Sowohl Männer als auch Frauen können großen Gewinn daraus ziehen, wenn sie daran denken, wie unterschiedlich sie Punkte sammeln. Unsere Beziehung zu verbessern, muß keine zusätzliche Energie erfordern und auch nicht besonders schwierig sein. Beziehungen sind nur anstrengend, sofern wir nicht gelernt haben, unsere Energien in Richtungen zu lenken, die unser Partner voll würdigen kann.

ELFTES KAPITEL

Wie teile ich meine schwierigsten Gefühle mit? – Die Liebesbrieftechnik

Wenn wir ärgerlich, frustriert oder wütend sind, ist es nicht leicht, in einem liebevollen Ton zu kommunizieren. Wenn negative Emotionen entstehen, geht das auf Kosten der Liebe in unserer Beziehung. Vertrauen, Fürsorge, Verständnis, Akzeptanz, Anerkennung und Respekt gehen verloren. Zu solchen Zeiten artet oft auch ein Gespräch, das mit den besten Absichten begonnen wurde, in einen Streit aus. Im Eifer des Gefechts vergessen wir, wie wir auf eine Weise mit unserem Partner kommunizieren können, die sowohl für ihn wie für uns funktioniert.

In solchen schwierigen Zeiten neigen Frauen unbewußt dazu, Männern Vorwürfe zu machen und ihnen für ihre Handlungen ein schlechtes Gewissen zu verursachen. Anstatt daran zu denken, daß ihr Partner alles tut, was in seiner Kraft steht, nehmen sie immer nur das Schlimmste an und äußern sich kritisch und ablehnend. *Wenn ein Schwall negativer Gefühle hochkommt, ist es besonders schwierig für eine Frau, auf vertrauensvolle, akzeptierende und anerkennende Weise zu ihrem Mann zu sprechen.* Sie sieht nicht, wie negativ und schmerzlich ihr Verhalten für ihre Partnerschaft ist.

Wenn Männer ärgerlich werden, neigen sie dazu, die Gefühle der Frau geringzuschätzen. Anstatt zu bedenken, daß ihre Partnerin verletzlich und empfindlich ist, vergessen sie völlig deren Bedürfnisse, schimpfen sie aus und behandeln sie rücksichtslos. *Wenn ein Schwall negativer Gefühle hochkommt, ist es für einen Mann besonders schwer, auf treusorgende, verständnisvolle und respektvolle Weise mit seiner Frau zu reden.*

Zu solchen Zeiten bleiben alle Gespräche ohne Wirkung. Zum Glück gibt es eine Alternative. Anstatt Ihrem Partner verbal Ihre Gefühle mitzuteilen, schreiben Sie ihm einen Brief. Beim Briefeschreiben können Sie Ihre eigenen Gefühle ausdrücken, ohne sich darüber Gedanken machen zu müssen, Ihren Partner zu verletzen. Indem Sie Ihren Gefühlen freien Lauf lassen, kommen Sie wieder zu sich und können wieder liebevoll mit Ihrem Partner umgehen. Wenn Männer Briefe schreiben, werden sie wieder fürsorglicher, verständnisvoller und respektvoller. Wenn Frauen Briefe schreiben, werden sie vertrauensvoller, akzeptierender und anerkennender.

Das Aufschreiben negativer Gefühle ist ein ausgezeichnetes Mittel, um sich darüber klarzuwerden, in was für einen lieblosen Ton man verfallen kann. Selbsterkenntnis ist der erste Schritt zur Besserung. Durch das Schreiben kann die Intensität negativer Gefühle abgeschwächt und Platz für positive gemacht werden. Wenn Sie wieder zu sich selbst gekommen sind, können Sie zu Ihrem Partner gehen und mit ihm auf liebevollere Weise sprechen, ohne ihn zu verurteilen oder ihm Vorwürfe zu machen. Dadurch werden auch Ihre eigenen Chancen verstanden und akzeptiert zu werden, wieder viel größer.

Eine der besten Methoden, auf Ihren Partner zuzugehen und auf liebevolle Weise mit ihm zu sprechen, ist die Liebesbrieftechnik. Wenn Sie Ihre Gefühle verstehen lernen, indem Sie sie aufschreiben, vermindern Sie automatisch ihre Negativität, während die positiven Gefühle stärker werden.

Die Liebesbrieftechnik besteht aus drei Teilen:

▷ Schreiben Sie einen Liebesbrief. Drücken Sie Ihren Ärger, Ihre Trauer, Ihre Angst, Ihren Kummer *und* Ihre Liebe aus.
▷ Schreiben Sie einen Antwortbrief, in dem Sie die Rolle Ihres Partners einnehmen und schreiben, was Sie von Ihrem Partner gern hören würden.
▷ Zeigen Sie Ihren Liebesbrief und die Antwort darauf Ihrem Partner.

Diese Methode der Selbsterkenntnis ist sehr flexibel. Sie können entweder alle drei Elemente verwenden, nur eins oder auch zwei. Manchmal wollen Sie vielleicht nur vom ersten Teil Gebrauch machen, um sich Ihre negativen Gefühle von der Seele zu schreiben. Manchmal wollen Sie das vielleicht mit dem zweiten Schritt kombinieren, um darüber zu meditieren, was Sie eigentlich von Ihrem Partner erwarten. Sie können auch alle drei Schritte tun, um Ihren Liebesbrief und die »Antwort« gemeinsam mit Ihrem Partner zu analysieren.

Wenn Sie alle drei Schritte nacheinander tun, lassen Sie sich auf eine äußerst wirkungsvolle Selbsterfahrung ein, die für beide Beteiligten eine heilende Wirkung hat. Manchmal würden jedoch alle drei Schritte zuviel Zeit in Anspruch nehmen oder wären unangebracht. In einigen Situationen ist es am wirksamsten, nur den Liebesbrief zu verfassen. Wir wollen nun einige Beispiele für solche Liebesbriefe ansehen.

Erster Schritt: Schreiben Sie einen Liebesbrief

Suchen Sie einen ungestörten Ort und schreiben Sie Ihrem Partner einen Brief. Obwohl es ein Liebesbrief ist, drücken Sie darin Ihr gesamtes Gefühlsspektrum aus: Wut, Trauer, Angst, Kummer und nicht zuletzt auch Ihre Liebe. Eine solche Form erlaubt es Ihnen, alle Ihre Gefühle zu verstehen und zum Ausdruck zu bringen. Wenn Ihnen das gelingt, werden Sie wieder in der Lage sein, mit Ihrem Partner auf gelassene, liebevolle Weise zu kommunizieren.

Gewöhnlich haben wir eine ganze Palette von Gefühlen auf einmal, wenn wir uns ärgern. Wenn sich zum Beispiel der Mann auf eine Weise verhält, die für sie sehr enttäuschend ist, so fühlt sie möglicherweise zugleich *Ärger,* weil er so unsensibel ist, *Trauer* darüber, daß ihm seine Arbeit wichtiger ist, und *Angst,* daß er sich nichts mehr aus ihr machen könnte. In der umgekehrten Situation empfindet er *Ärger,* weil sie so undankbar ist, *Trauer* darüber, daß sie ihm nicht genug Vertrauen entgegenbringt, und *Angst,* daß sie ihm nie mehr verzeihen könnte. Beide fühlen *Reue,* daß sie sich gegenseitig ihre Zuneigung vorenthalten, zugleich aber voller *Liebe* füreinander sind, sich daran erfreuen, einander zum Partner zu haben und sich nach Liebe und Aufmerksamkeit des anderen sehnen.

Um unsere liebevollen Gefühle zu entdecken, müssen wir oft zuerst alle unsere negativen Gefühle zulassen und spüren. Durch die Liebesbrieftechnik projizieren wir sie jedoch nicht auf unseren Partner, sondern schreiben sie uns von der Seele. Dadurch daß wir alle vier Ebenen negativer Gefühle (Ärger, Trauer, Angst und Reue) aufschreiben, vermindern wir die Intensität unserer negativen Gefühle und erlaubt uns, daß wir unsere positiven Gefühle wieder in ihrer ganzen Fülle erleben.

Hier sind einige Grundregeln zum Verfassen eines einfachen Liebesbriefes:

▷ Adressieren Sie den Brief an Ihren Partner. Tun Sie so, als würde er Ihnen voller Liebe und Verständnis zuhören.

▷ Beginnen Sie mit Ihrem Ärger, Ihrer Wut. Schreiben Sie dann über Ihre Trauer, Ihre Angst, Ihre Reue und schließlich über Ihre Liebe. Schreiben Sie in jedem Brief *über alle diese Gefühle.*

▷ Schreiben Sie ein paar Sätze über jedes Gefühl. Machen Sie die Abschnitte zu jedem Gefühl ungefähr gleich lang. Schreiben Sie in einer einfachen Sprache.

▷ Machen Sie nach jedem Abschnitt eine Pause und konzentrieren Sie sich auf das nächste Gefühl. Schreiben Sie über das, was Sie dabei fühlen.

▷ *Schließen Sie Ihren Brief nicht ab, bevor Sie nicht auch über Ihre Liebe geschrieben haben.* Seien Sie geduldig und warten Sie, bis sie kommt.

▷ Unterzeichnen Sie den Brief mit Ihrem Namen. Nehmen Sie sich einen Augenblick Zeit, um darüber nachzudenken, was Sie von Ihrem Partner eigentlich wollen oder brauchen. Fassen Sie das in einem Postskriptum zusammen.

Um Ihnen das Schreiben Ihrer Liebesbriefe leichter zu machen, haben wir ein Formblatt entworfen. Sie können es kopieren und als Modell für Ihre eigenen Briefe verwenden. Jede der fünf Sektionen wird durch einige Beispielsätze eingeleitet, die Ihnen den Einstieg in die Beschreibung Ihrer Gefühle erleichtern sollen. Sie können einige dieser Beispielsätze benutzen oder auch alle. Im allgemeinen sind die Sätze, die mit »Ich bin wütend...«, »Ich bin traurig...«, »Ich habe Angst...«, »Es tut mir leid...«, »Ich will...« und »Ich liebe...« beginnen am befreiendsten. Aber letztlich sind alle Sätze sinnvoll, die Ihnen helfen, Ihre Gefühle zu spüren und auszudrücken. Normalerweise dauert das Verfassen eines Liebesbriefes etwa 20 Minuten.

Ein Liebesbrief

Liebe(r)   Datum

Ich schreibe Dir diesen Brief, um meine Gefühle mit Dir zu teilen.

Ärger: (Ich finde es nicht gut, daß... Ich bin frustriert, weil... Ich bin wütend, weil... Ich bin verärgert, weil... Ich will...)

Trauer: (Ich bin enttäuscht, weil... Ich bin traurig, weil... Ich fühle mich verletzt, weil... Ich wollte... Ich will...)

Angst: (Ich mache mir Sorgen, weil... Ich habe Angst, daß... Ich fürchte, daß... Ich will nicht, daß... Ich brauche... Ich will...)

Reue: (Es ist mir peinlich, daß... Es tut mir leid, daß... Ich schäme mich, weil... Ich wollte nicht... Ich will...)

Liebe: (Ich liebe... Ich möchte... Ich verstehe, daß... Ich verzeihe... Ich freue mich, daß... Vielen Dank... Ich weiß...)

Postskriptum: Die Antwort, die ich gerne von Dir hören würde:
...

Hier sind einige typische Situationen und einige Beispiele für Liebesbriefe, die Ihnen helfen können, die Liebesbrieftechnik besser zu verstehen.

Ein Liebesbrief über Vergeßlichkeit

Als Tom seinen Nachmittagsschlaf einmal länger als geplant ausgedehnt und darüber vergessen hatte, seine Tochter Haley zum Zahnarzt zu fahren, wurde seine Frau Samantha sehr wütend. Anstatt aber Tom mit ihrer Wut und Ablehnung zu konfrontieren, setzte sie sich hin und schrieb den folgenden Liebesbrief. Anschließend konnte sie Tom wesentlich ausgeglichener und toleranter begegnen.

Weil sie diesen Brief geschrieben hatte, verspürte Samantha keinerlei Bedürfnis mehr, ihrem Mann eine Standpauke zu halten. Anstatt sich mit ihm in einen Streit zu verwickeln, machte sie sich anschließend einen schönen Abend mit ihm. In der nächsten Woche vergaß Tom nicht noch einmal, Haley zum Zahnarzt zu bringen.

Hier ist Samanthas Liebesbrief:

Lieber Tom,
Ärger: Ich bin wütend, weil Du vergessen hast, unsere Tochter zum Zahnarzt zu fahren. Ich bin ärgerlich, weil du verschlafen hast. Ich hasse es, wenn Du Dich einfach hinlegst und darüber alles andere vergißt. Ich bin es leid, mich für alles verantwortlich fühlen zu müssen. Du erwartest, daß ich alles allein tue. Ich habe es satt.
Trauer: Ich bin traurig darüber, daß Haley ihren Termin versäumt hat. Ich bin traurig, daß Du es vergessen hast. Ich bin traurig, weil ich das Gefühl habe, ich kann mich nicht auf Dich verlassen. Ich bin traurig darüber, daß Du so hart arbeiten mußt. Ich bin traurig, daß Du so müde bist. Ich bin traurig, weil Du nur so wenig Zeit für mich hast. Ich fühle mich verletzt, weil Du Dich nicht freust, wenn du mich siehst. Ich fühle mich verletzt, wenn Du Dinge vergißt. Ich habe das Gefühl, es ist Dir alles egal.

Angst: Ich habe Angst, daß ich alles allein machen muß. Ich habe Angst davor, Dir zu vertrauen. Ich habe Angst, daß Dir alles egal ist. Ich habe Angst, daß ich mich das nächste Mal selbst darum kümmern muß. Ich will nicht alles alleine machen. Ich brauche Dich. Ich habe Angst davor, Dich zu brauchen. Ich habe Angst, daß Du nie verantwortlich sein wirst. Ich habe Angst, daß Du Dich überarbeitest. Ich habe Angst, daß Du krank wirst.

Reue: Ich bin betroffen, wenn Du Deine Termine nicht einhältst. Ich bin betroffen, wenn Du zu spät kommst. Es tut mir leid, daß ich soviel von Dir fordere. Es tut mir leid, daß ich Dich nicht einfach akzeptieren kann. Ich bin beschämt, daß ich Dich nicht mehr lieben kann. Ich möchte Dich nicht zurückweisen.

Liebe: Ich liebe Dich. Ich kann verstehen, daß Du müde warst. Du arbeitest so hart. Ich weiß, Du tust nur Dein Bestes. Ich verzeihe Dir, daß Du den Termin vergessen hast. Danke, daß Du so schnell einen neuen Termin vereinbart hast. Danke, daß Du Haley zum Zahnarzt fahren wolltest. Ich weiß, daß Du Dir in Wirklichkeit sehr große Mühe gibst. Ich bin glücklich, daß es Dich in meinem Leben gibt. Ich möchte gern einen schönen, liebevollen Abend mit Dir verbringen.

Deine Samantha

Postskriptum: Ich möchte gerne von Dir hören, daß Du Dich dafür verantwortlich fühlst, Haley nächste Woche zum Zahnarzt zu fahren.

Ein Liebesbrief über Teilnahmslosigkeit

Jim machte sich bereit, am nächsten Morgen auf eine Geschäftsreise zu gehen. Am Abend vor seiner Abreise versuchte seine Frau Virginia, sich einen schönen Abend mit ihm zu machen und bemühte sich, Nähe zwischen ihnen beiden herzustellen. Sie brachte eine reife Mangofrucht mit ins Schlafzimmer und bot ihm ein Stück an. Jim war beschäftigt. Er saß im

Bett und las ein Buch. Auf ihr Angebot sagte er nur kurz: »Danke, ich habe keinen Hunger.« Virginia fühlte sich zurückgewiesen und verließ das Zimmer. Tief in ihrem Inneren war sie verletzt und wütend. Anstatt zurückzugehen und sich über seine Unhöflichkeit und Gefühllosigkeit zu beklagen, ging sie in die Küche und schrieb einen Liebesbrief.

Nachdem sie ihren Liebesbrief geschrieben hatte, konnte sie ihren Mann leichter akzeptieren und ihm verzeihen. Sie ging zurück ins Schlafzimmer und sagte: »Dies ist unsere letzte Nacht, bevor du fährst. Wir sollten es uns doch ein bißchen gemütlich machen.« Jim legte sein Buch zur Seite, und sie hatten noch einen wunderbaren Abend voller Intimität und Nähe. Das Schreiben des Liebesbriefes hatte Virginia die Kraft und Liebe gegeben, direkter darauf zu bestehen, die Aufmerksamkeit ihres Partners zu bekommen. Sie brauchte ihm nicht einmal den Brief zu zeigen.

So lautete ihr Brief:

Lieber Jim,

Ärger: Ich bin frustriert, daß Du an unserem letzten Abend unbedingt dieses Buch lesen mußt. Ich bin wütend darüber, daß Du mich ignorierst. Ich bin wütend, weil Du diese kostbare Zeit nicht mit mir verbringst. Ich bin wütend, weil wir so wenig Zeit miteinander verbringen. Es gibt immer etwas Wichtigeres als mich. Ich möchte spüren, wie Du mich liebst.

Trauer: Ich bin traurig darüber, daß Du nicht mit mir zusammen sein willst. Ich bin traurig darüber, daß Du so schwer arbeitest. Ich habe das Gefühl, Du würdest es nicht einmal merken, wenn ich nicht mehr da bin. Ich bin traurig, weil Du immer so beschäftigt bist. Ich bin traurig, weil Du nicht mit mir sprechen willst. Ich fühle mich verletzt, weil Du Dich nicht um mich kümmerst. Ich habe das Gefühl, ich bin für Dich nichts Besonderes.

Angst: Ich habe Angst, Du weißt nicht einmal, warum ich mich ärgere. Ich habe Angst, Du machst Dir nichts mehr aus mir. Ich habe Angst, Dir meine Gefühle mitzuteilen. Ich habe Angst, von Dir zurückgewiesen zu werden. Ich habe Angst, daß wir uns noch weiter voneinander entfernen. Ich habe Angst, daß ich daran nichts mehr ändern kann. Ich habe Angst, daß ich Dich langweile. Ich habe Angst, daß Du mich nicht magst.

Reue: Es ist mir so unangenehm, daß ich unbedingt mit Dir zusammen sein will, während Du Dir anscheinend gar nichts aus mir machst. Ich bereue, daß mich das so wütend macht. Es tut mir leid, wenn ich zu anspruchsvoll klinge. Es tut mir leid, daß ich nicht liebevoller und toleranter sein kann. Es tut mir leid, daß ich Dir die kalte Schulter gezeigt habe, als Du nicht mit mir zusammen sein wolltest. Es tut mir leid, daß ich Dir nicht noch eine zweite Chance gegeben habe. Es tut mir leid, daß ich aufgehört habe, Deiner Liebe zu trauen.

Liebe: Ich liebe Dich wirklich. Darum habe ich uns doch die schöne Mangofrucht mitgebracht. Ich wollte Dir etwas Gutes tun. Ich wollte mit Dir auf besondere Weise zusammensein. Ich möchte immer noch einen besonderen Abend mit Dir verbringen. Ich verzeihe Dir, daß Du so teilnahmslos mir gegenüber warst. Ich verzeihe Dir, daß Du nicht sofort reagiert hast. Ich verstehe, daß Du gerade dabei warst, etwas Interessantes zu lesen. Laß uns zusammen einen schönen Abend verbringen.

Ich liebe Dich,
Virginia

Postskriptum: Die Antwort, die ich gern von Dir hören würde: »Ich liebe Dich, Virginia, und ich würde ebenfalls gerne einen schönen Abend mit Dir verbringen. Ich werde Dich vermissen.«

Ein Liebesbrief über das Streiten

Michael und Vanessa waren unterschiedlicher Meinung über eine finanzielle Entscheidung. Es dauerte nur ein paar Minuten, und sie waren in einen Streit verwickelt. Als Michael merkte, daß er gleich explodieren würde, hielt er inne, atmete einmal tief durch und sagte: »Ich brauche etwas Zeit, um darüber nachzudenken. Anschließend werde ich mich dazu äußern.« Dann ging er in sein Zimmer und schrieb den folgenden Liebesbrief.

Nachdem er damit fertig war, konnte er wieder zurückkommen und über die Sache auf verständnisvollere Weise sprechen, ohne zu streiten. Sie konnten endlich das Problem auf kooperative, liebevolle Weise lösen.

Dies ist der Liebesbrief:

Liebe Vanessa,

Ärger: Es ärgert mich, daß Du so emotional wirst. Ich bin wütend darüber, daß Du mich mißverstehen willst. Ich bin wütend, daß Du bei einem Gespräch zwischen uns nicht sachlich bleiben kannst. Es geht mir auf die Nerven, daß Du so empfindlich und leicht verletzbar bist. Es ärgert mich, daß Du mir mißtraust und mich zurückweist.

Trauer: Ich bin traurig darüber, daß wir uns streiten. Es tut weh, Deine Zweifel und Dein Mißtrauen zu spüren. Es tut weh, Deine Liebe zu verlieren. Ich bin traurig darüber, daß wir uns gestritten haben. Ich bin traurig darüber, daß wir so unterschiedliche Ansichten haben.

Angst: Ich habe Angst, einen Fehler zu machen. Ich habe Angst, daß ich nicht tun kann, was ich will, ohne daß Du Dich darüber ärgerst. Ich habe Angst, Dir meine Gefühle mitzuteilen. Ich habe Angst, daß Du mich verurteilst. Ich habe Angst, dazustehen wie ein Idiot. Ich habe Angst, daß Du mich nicht gut findest. Ich habe Angst, zu Dir zu sprechen, wenn Du wütend bist. Ich weiß nicht, was ich sagen soll.

Reue: Es tut mir leid, daß ich Dich verletzt habe. Es tut mir leid, daß ich nicht mit Dir übereinstimmen kann. Es tut mir leid, daß ich so hartherzig werde. Es tut mir leid, daß ich mich Deinen Vorstellungen so widersetze. Es tut mir leid,

daß ich es so eilig habe, immer das zu tun, was ich will. Es
tut mir leid, daß ich Deine Gefühle nicht akzeptieren kann.
Du hast es nicht verdient, so von mir behandelt zu werden.
Es tut mir leid, daß ich Dich verurteilt habe.
Liebe: Ich liebe Dich und möchte unser Problem gemeinsam mit Dir aus der Welt schaffen. Ich glaube, ich könnte
jetzt auf Deine Gefühle hören. Ich möchte Dich unterstützen. Ich verstehe, daß ich Deine Gefühle verletzt habe. Es
tut mir leid, daß ich Deine Gefühle mißachtet habe. Ich
liebe Dich so sehr. Ich möchte gern der Mann Deines
Lebens sein, nicht der Schwächling, der zu allem ja und
amen sagt. Ich möchte, daß Du zu mir aufblicken kannst.
Ich möchte meine eigene Identität wahren und Dich in
Deiner unterstützen. Wenn wir das nächste Mal miteinander reden, werde ich geduldiger und verständnisvoller
sein. Du hast es verdient.
Ich liebe Dich,
Michael

Postskriptum: Die Antwort, die ich gerne von Dir hören
würde: »Ich liebe Dich, Michael. Ich weiß es wirklich zu
schätzen, was für ein treusorgender und verständnisvoller
Mann Du bist. Ich bin sehr zuversichtlich, daß wir das
gemeinsam durchstehen.«

Ein Liebesbrief über Frustration und Enttäuschung

Jean hinterließ eine Nachricht für ihren Mann Bill, in der sie ihn
bat, einige wichtige Briefe von der Post abzuholen. Irgendwie
passierte es, daß Bill die Nachricht nie bekam. Als er ohne die
Post zu Hause ankam, reagierte Jean frustriert und enttäuscht.

Obwohl es nicht Bills Fehler war, hörte Jean nicht auf, Bemerkungen darüber zu machen, wie wichtig die Post gewesen
wäre und wie frustriert sie sei. Die Folge war, daß Bill schließlich den Eindruck hatte, sie mache ihn dafür verantwortlich und
greife ihn an. Jean sah nicht, daß er alle ihre Gefühle von
Frustration und Enttäuschung persönlich nahm. Bill war kurz

davor, zu explodieren und sie zu verurteilen, weil sie sich so darüber ärgerte.

Anstatt seine Abwehrhaltung auf sie abzuwälzen und ihr damit den Rest des Abends zu verderben, zog er sich für zehn Minuten zurück, um einen Liebesbrief zu schreiben. Als er damit fertig war, kam er beruhigt zurück, gab seiner Frau einen Kuß und sagte: »Es tut mir leid, daß Du Deine Post nicht bekommen hast. Ich wünschte, ich hätte Deine Nachricht erhalten. Liebst Du mich trotzdem noch?« Jean reagierte, indem sie sich ihm wieder zuwandte und ihm zeigte, wie sehr sie sein Verhalten zu schätzen wußte. Statt »Kalten Krieg« zu spielen, verbrachten sie einen wundervollen Abend miteinander.

Dies ist Bills Liebesbrief:

Liebe Jean,
Ärger: Ich hasse es, wenn Du Dich so aufregst. Ich hasse es, wenn Du mich für alles verantwortlich machst. Ich bin wütend, weil Du so unglücklich bist. Ich bin wütend, daß Du Dich nicht darüber freust, mich zu sehen. Ich habe das Gefühl, alles, was ich tue, ist nicht gut genug für Dich. Ich möchte, daß Du anerkennst, was ich mache, und Dich freust, wenn ich nach Hause komme.

Trauer: Ich bin traurig darüber, daß Du so frustriert und enttäuscht bist, daß Du nicht mit mir zufrieden bist. Ich möchte, daß Du glücklich bist. Ich bin traurig darüber, daß die Arbeit immer unserer Liebe im Wege steht. Ich bin traurig darüber, daß Du nicht all die wundervollen Dinge, die wir in unserem Leben haben, zu schätzen weißt. Ich bin traurig darüber, daß ich nicht mit der Post, die Du so dringend brauchst, nach Hause gekommen bin.

Angst: Ich habe Angst, daß ich Dich nicht glücklich machen kann und Du den ganzen Abend unzufrieden sein wirst. Ich habe Angst, offen mit Dir zu sein oder Dir zu nahe zu kommen. Ich habe Angst, Deine Liebe zu brauchen. Ich habe Angst, ich bin nicht gut genug für Dich. Ich habe Angst, daß Du mir daraus einen Strick drehst.

Reue: Es tut mir leid, daß ich die Post nicht abgeholt habe. Es tut mir leid, daß Du so traurig bist. Es tut mir leid, daß ich nicht daran gedacht habe, Dich anzurufen. Ich wollte Dich bestimmt nicht verärgern. Ich wollte, daß Du Dich freust, mich zu sehen. Wir haben jetzt vier Tage frei, und ich möchte, daß es ganz besondere vier Tage werden.

Liebe: Ich liebe Dich. Ich möchte, daß Du glücklich bist. Ich verstehe, daß Du Dich ärgerst. Ich verstehe, daß Du etwas Zeit brauchst, in der Du Dich einfach nur ärgerst. Ich weiß, daß Du nicht willst, daß ich mich schlecht fühle. Du brauchst nur eine Umarmung und etwas Mitgefühl. Es tut mir leid, daß ich manchmal überhaupt nicht weiß, was ich tun soll, und anfange, Dir Vorwürfe zu machen. Ich danke Dir, daß Du meine Frau bist. Ich liebe Dich so sehr. Du mußt nicht vollkommen sein und brauchst auch nicht immer vor Glück zu strahlen. Ich verstehe, daß Du Dich darüber ärgerst, daß ich die Post nicht mitgebracht habe. Ich liebe Dich,

Bill

Postskriptum: Die Antwort, die ich gerne von Dir hören würde: »Ich liebe Dich, Bill. Ich weiß zu schätzen, was Du für mich tust. Danke, daß Du mein Mann bist.«

Zweiter Schritt: Einen Antwortbrief schreiben

Das Schreiben eines Antwortbriefes ist der zweite Schritt der Liebesbrieftechnik. Wenn Sie sowohl Ihre negativen als auch Ihre positiven Gefühle ausgedrückt haben, ist es heilsam, sich noch drei bis fünf Minuten Zeit zu nehmen und einen Antwortbrief zu schreiben. In diesem Brief werden Sie die Antwort aufschreiben, die Sie gern von Ihrem Partner auf Ihren Brief bekämen.

Es funktioniert folgendermaßen: Stellen Sie sich vor, Ihr Partner ist in der Lage, auf liebevolle Weise auf Ihre verletzten

Gefühle, die Sie in Ihrem Brief zum Ausdruck gebracht haben, einzugehen. Schlüpfen Sie kurzfristig in die Rolle Ihres Partners und schreiben Sie sich selbst einen Brief. Schreiben Sie über all die Dinge, die Sie gern von Ihrem Partner hören würden. Schreiben Sie, wie Sie an seiner Stelle auf Ihre verletzten Gefühle reagieren würden. Folgende Form ist eine Starthilfe:

Ein Antwortbrief

Liebe(r)   Datum

Vielen Dank für . . .

Ich verstehe, daß . . .

Es tut mir leid, daß . . .

Du verdienst, daß . . .

Ich möchte gern, daß . . .

Ich mag an Dir besonders, . . .

Ich liebe Dich,
Dein(e) . . .

Diese Form kann nützlich sein, um Bewußtsein dafür zu schaffen, was Sie wirklich brauchen, um sich geliebt und verstanden zu fühlen. Die Form ist im Prinzip dieselbe wie beim Liebesbrief, es gibt nur weniger Einleitungssätze. Sie sollten sich jedoch nicht auf die angegebenen Sätze beschränken. Machen Sie von ihnen Gebrauch, wenn sie Ihnen nützen, und erweitern Sie sie nach Belieben.

Manchmal ist das Schreiben eines Antwortbriefes noch wirkungsvoller als ein Liebesbrief. Aufzuschreiben, was wir wirklich wollen und brauchen, macht uns offener dafür, die Unterstützung anzunehmen, die wir brauchen. Dazu kommt, daß wir es unserem Partner leichter machen, liebevoll auf uns zu reagieren, wenn wir uns seine Reaktion vorher vorstellen.

Manchen Menschen fällt es leicht, ihre negativen Gefühle aufzuschreiben, aber sie haben Schwierigkeiten, ihre positiven, liebevollen Gefühle zu finden. Für solche Menschen ist es besonders wichtig, einen Antwortbrief zu schreiben und zu erforschen, was sie gern als Reaktion auf ihren Brief von ihrem Partner hören würden. Achten Sie dabei besonders auf innere Widerstände, die Sie haben, wenn Sie sich vorstellen, daß Ihr Partner Sie unterstützt und umsorgt. Sie können daran sehen, wie schwierig es für Ihren Partner sein muß, zu solch schwierigen Zeiten liebevoll mit Ihnen umzugehen.

Manchmal haben besonders Frauen Mühe, Antwortbriefe zu schreiben. Sie erwarten, daß Ihr Partner weiß, was er zu sagen hat. Sie haben ein unterschwelliges Gefühl, das ihnen sagt: »Ich möchte ihm nicht sagen, was ich brauche. Wenn er mich wirklich liebt, weiß er das von selbst.« Männer wissen jedoch überhaupt nicht, was Frauen brauchen. Man muß es ihnen erst sagen, denn sie kommen vom Mars.

Die Reaktion eines Mannes zeigt in der Regel eher, von welchem Planeten er kommt, und nicht, wie stark seine Liebe ist. Wenn er von der Venus käme, wüßte er genau, was er zu sagen hat. Leider kommt er jedoch vom Mars. Männer wissen nicht, wie sie auf die Gefühle einer Frau reagieren sollen. In unserer Kultur ist es nicht üblich, daß Männer lernen, was Frauen brauchen. Wenn sie in ihrer Kindheit gesehen und gehört hätten, daß ihr Vater mit liebevollen Worten auf die Verstimmungen ihrer Mutter reagiert, wüßten sie vielleicht besser, was sie tun können. So können sie es jedoch nicht wissen, weil es ihnen niemand beigebracht hat. Antwortbriefe sind ein ausgezeichnetes Mittel für Männer, etwas über die Bedürfnisse von Frauen zu erfahren.

Frauen kommen zu mir und fragen: »Wenn ich ihm sage, was ich gern von ihm hören würde, und er es dann ausspricht, wie weiß ich dann, daß er es nicht einfach so dahersagt? Ich befürchte, er meint es dann gar nicht ernst.«

Das ist natürlich eine wichtige Frage. Wenn ein Mann sie nicht wirklich liebt, wird er sich auch nicht die Mühe machen, ihr zu geben, was sie braucht. Wenn er wenigstens den Versuch macht, ihr eine Reaktion zu zeigen, die ihrem Wunsch nahekommt, kann sie davon ausgehen, daß er wirklich an ihr interessiert ist. Wenn es nicht überzeugend klingt, liegt es daran, daß es für ihn etwas Neues ist. Es ist nicht leicht, sich neue Verhaltensweisen anzueignen. Vielleicht fühlt er sich als Schwächling. Es ist eine kritische Zeit. Sie sollte ihm viel Anerkennung und Ermutigung geben. Er ist auf ihr Feedback angewiesen, um zu wissen, ob er auf dem richtigen Weg ist.

Wenn seine Versuche, sie zu unterstützen, etwas halbherzig erscheinen, liegt das normalerweise daran, daß er Angst hat, daß seine Bemühungen nichts fruchten. Wenn die Frau ihn wissen läßt, daß sie seinen Versuch zu schätzen weiß, wird er sich das nächste Mal sicherer fühlen und in der Lage sein, aufrichtiger auf sie zuzugehen. Ihr Partner ist kein Narr. Wenn er merkt, daß sie ihm gegenüber offen ist und er die Chance hat, ganz anders viel besser auf sie zu reagieren, wird er nicht zögern und es tun. Es dauert nur alles seine Zeit.

Auch Frauen können viel über Männer und ihre Bedürfnisse lernen, wenn sie den Antwortbrief eines Mannes lesen. Oft ist die Frau über die Reaktion des Mannes auf sie verblüfft. Sie hat keine Ahnung, warum er ihre Versuche, ihm zu helfen, ablehnt. Sie versteht nicht, was er braucht. Manchmal widersetzt sie sich ihm, weil sie denkt, er möchte, daß sie sich ganz aufgibt. Meistens will er jedoch, daß sie ihm vertraut, ihn anerkennt und akzeptiert.

Um von unserem Partner unterstützt zu werden, müssen wir ihm zeigen, welche Bedürfnisse wir haben, und bereit sein, Hilfe anzunehmen. Antwortbriefe können uns dafür öffnen. *Wenn wir keine Hilfe annehmen können, funktioniert auch keine Kommunikation.* Jemandem von seinen verletzten Gefühlen zu erzählen und dabei zu denken: »Du kannst mir ja doch nicht helfen«, schadet einer Beziehung und verletzt den Partner. Dann ist es besser, nichts zu sagen.

Hier ist ein Beispiel eines Liebesbriefes und des dazugehörigen Antwortbriefes. Der Antwortbrief hat die Form des Postskriptums, ist aber diesmal erheblich länger und ausführlicher.

Ein Liebesbrief über innere Widerstände und die Antwort darauf

Als Theresa ihren Mann Paul um Hilfe bat, weigerte er sich und erweckte den Anschein, daß sie ihn mit ihren Forderungen erdrückt.

Lieber Paul,

Ärger: Ich bin wütend darüber, daß Du Dich mir widersetzt. Ich bin wütend, weil Du mir nicht Deine Hilfe anbietest. Ich bin wütend, weil ich jedesmal betteln muß. Ich tue so viel für Dich. Ich brauche Deine Hilfe.

Trauer: Ich bin traurig darüber, daß Du mir nicht helfen willst. Ich bin traurig, weil ich mich ganz allein fühle. Ich möchte mehr mit Dir zusammen unternehmen. Ich vermisse Deine Bereitschaft, mir zu helfen.

Angst: Ich habe Angst, Dich um Hilfe zu fragen. Ich habe Angst vor deiner Wut. Ich habe Angst, daß Du nein sagen könntest, und mich damit verletzt.

Reue: Es tut mir leid, daß ich Dich so zurückweise. Es tut mir leid, daß ich ständig auf Dir herumhacke und Dich kritisiere. Es tut mir leid, daß ich Dich nicht mehr schätze. Es tut mir leid, daß ich soviel gebe und dann von Dir verlange, dasselbe zu tun.

Liebe: Ich liebe Dich. Ich weiß, daß Du nur Dein Bestes tust. Ich weiß, daß Du Dich sehr um mich bemühst. Ich möchte Dich gern auf liebevollere Weise bitten. Du bist Deinen Kindern so ein liebevoller Vater.

Ich liebe Dich,

Theresa

Postskriptum: Die Antwort, die ich gern von Dir hören würde:

Liebe Theresa,

Danke, daß Du mich liebst. *Danke*, daß Du mir Deine Gefühle mitteilst. *Ich verstehe*, daß es weh tut, wenn ich so tue, als seien Deine Bitten an mich zu anspruchsvoll. *Ich verstehe*, daß es weh tut, wenn ich mich Dir widersetze. *Es tut mir leid*, daß ich Dir nicht öfter meine Hilfe anbiete. *Du verdienst* meine Unterstützung, und *ich will* Dir auch mehr helfen. *Ich liebe Dich wirklich* und bin so glücklich, daß Du meine Frau bist.

Ich liebe Dich,

Paul

Dritter Schritt: Lesen Sie Ihren Liebesbrief und die Antwort darauf gemeinsam mit Ihrem Partner

Aus den verschiedensten Gründen ist es wichtig, daß Sie Ihre Briefe mit Ihrem Partner teilen. Sie geben Ihrem Partner damit die Möglichkeit, Sie zu unterstützen. Außerdem erhalten Sie das Verständnis, das Sie brauchen, und Ihr Partner bekommt auf liebevolle und respektvolle Weise das notwendige Feedback.

Veränderungen in der Beziehung werden durch diese Technik angeregt. Nähe und Intimität werden gefördert. Ihr Partner erfährt, was für Sie wichtig ist und wie er Sie wirksam unterstützen kann. Die Liebesbrieftechnik hilft Paaren, wieder miteinander ins Gespräch zu kommen, nachdem die Kommunikation auf einem Nullpunkt angelangt ist. Sie lehrt uns auf ungefährliche Weise, mit unseren negativen Gefühlen in Kontakt zu kommen.

Es gibt fünf verschiedene Methoden, wie Sie Ihre Briefe mit Ihrem Partner teilen können. Wir gehen bei den angegebenen Beispielen davon aus, daß *sie* einen Brief geschrieben hat. Die Methoden funktionieren jedoch genausogut, wenn *er* den Brief verfaßt hat.

▷ Er liest ihren Liebesbrief und den Antwortbrief laut vor, und sie hört zu. Dann nimmt er sie bei der Hand und gibt ihr seine eigene liebevolle Antwort, diesmal mit geschärftem Bewußtsein dafür, was sie wirklich braucht.

▷ Sie liest ihm ihren Liebesbrief und den Antwortbrief laut vor, und er hört zu. Dann nimmt er sie bei der Hand und gibt ihr seine eigene liebevolle Antwort, diesmal mit geschärftem Bewußtsein dafür, was sie wirklich braucht.

▷ Er liest zuerst ihren Antwortbrief laut vor und anschließend ihren Liebesbrief. Es ist viel leichter für einen Mann, negative Gefühle zur Kenntnis zu nehmen, wenn er bereits weiß, wie er darauf reagieren soll. Indem sie den Mann wissen läßt, was von ihm erwartet wird, vermeidet sie, daß er in Panik gerät, wenn er von den erschreckenden negativen Gefühlen erfährt. Nachdem er ihren Liebesbrief vorgelesen hat, nimmt er sie bei der Hand und gibt ihr seine eigene liebevolle Antwort, diesmal mit geschärftem Bewußtsein dafür, was sie wirklich braucht.

▷ Erst liest sie ihm ihren Antwortbrief und anschließend ihren Liebesbrief vor. Schließlich nimmt er sie bei der Hand und gibt ihr seine eigene liebevolle Antwort, diesmal mit geschärftem Bewußtsein dafür, was sie wirklich braucht.

▷ Sie gibt ihm ihre Briefe, und er liest sie still für sich innerhalb der nächsten vierundzwanzig Stunden. Nachdem er die Briefe gelesen hat, dankt er ihr dafür, daß sie sie geschrieben hat, nimmt sie bei der Hand und gibt ihr seine eigene liebevolle Antwort, diesmal mit geschärftem Bewußtsein dafür, was sie wirklich braucht.

Einige Menschen haben auf Grund vergangener Erfahrungen große Schwierigkeiten, Liebesbriefe zu verstehen. In diesem Fall sollte man von ihnen nicht erwarten, daß sie einen lesen. Aber auch wenn Ihr Partner sich entschließt, einen Ihrer Liebesbriefe zu lesen, kann es passieren, daß er nicht sofort liebevoll darauf reagieren kann. Nehmen wir Paul und Theresa als Beispiel.

Wenn Paul sich nicht gleich besser fühlt, nachdem er die Briefe seiner Partnerin gelesen hat, liegt das vielleicht daran, daß er *in diesem Moment* nicht liebevoll reagieren kann. Möglicherweise schockiert ihn die darin ausgedrückte Wut und Verletztheit, und er geht in die Defensive. Wenn das so ist, sollte er erst einmal etwas Abstand gewinnen, um über das Gelesene nachzudenken.

Manchmal sieht man nur die Wut in einem Brief, und es dauert eine Weile, bis man auch die Liebe darin entdeckt. Es hilft, den Brief nach einer Weile noch einmal zu lesen, besonders den Reue- und Liebesteil. Wenn ich einen Liebesbrief von meiner Frau anschaue, lese ich zuerst den Liebesteil und dann den Rest.

Ärgert sich ein Mann, nachdem er einen Liebesbrief gelesen hat, sollte er ebenfalls einen Liebesbrief schreiben, in dem er die negativen Gefühle verarbeiten kann, die er beim Lesen ihres Briefes bekommen hat. Ich selbst weiß manchmal gar nicht genau, warum ich mich eigentlich ärgere, bis meine Frau mir ihren Brief zeigt. Plötzlich habe ich etwas, worüber ich schreiben kann. Indem ich selbst einen Brief schreibe, kann ich meine liebevollen Gefühle wiederfinden. Lese ich ihren Brief anschließend noch einmal, so entdecke ich plötzlich hinter der Verletztheit die Liebe, die in ihm ausgedrückt wird.

Kann ein Mann nicht sofort mit Liebe reagieren, dann sollte er wissen, daß auch das in Ordnung ist. Seine Partnerin muß sein Bedürfnis, die Dinge erst einmal zu überdenken, verstehen und akzeptieren. Um seine Partnerin zu unterstützen, kann er vielleicht sagen: »Vielen Dank, daß Du mir diesen Brief geschrieben hast. Ich brauche einige Zeit, um darüber nachzudenken. Danach können wir gern darüber reden.« Es ist wichtig, daß er zu diesem Zeitpunkt keine Kritik an dem Brief äußert, denn beim späteren gemeinsamen Lesen eines solchen Briefes sollte man sich ganz sicher fühlen können.

Diese Vorschläge, wie man Liebesbriefe gemeinsam lesen kann, gelten auch für den Fall, daß eine Frau Schwierigkeiten hat, liebevoll auf einen Brief ihres Partners zu reagieren. Ich empfehle im allgemeinen, daß beide Partner ihre eigenen Briefe dem anderen vorlesen. Auch die umgekehrte Handhabung kann jedoch hilfreich sein. Versuchen Sie beides, und finden Sie heraus, welche der beiden Methoden bei Ihnen die beste Wirkung zeigt.

Eine sichere Atmosphäre für Liebesbriefe

Das gemeinsame Lesen eines Liebesbriefes kann eine ziemlich heikle Angelegenheit sein. Die Person, die ihre wahren Gefühle niederschreibt, ist dabei sehr verletzbar. Wenn Ihr Partner Sie in einer solchen Situation abweist, kann das sehr schmerzhaft sein und schlimme Folgen haben. Der Zweck eines Liebesbriefes ist es, Gefühle bloßzulegen, um dem Partner zu ermöglichen näherzukommen. Das funktioniert jedoch nur so lange, wie man sich dabei sicher fühlen kann. Der Empfänger eines Briefes muß besonders respektvoll mit den Gefühlen des Absenders umgehen. Wenn er nicht imstande ist, seinem Partner aufrichtige, respektvolle Unterstützung zuteil werden zu lassen, sollte er erst gar nicht zuhören und lieber solange warten, bis er es kann.

Bevor Sie einen Liebesbrief mit Ihrem Partner gemeinsam lesen und darüber sprechen, sollten Sie darauf achten, daß es in der richtigen Absicht geschieht. Lesen Sie die folgenden Sätze genau durch und beherzigen Sie ihren Rat, wenn Sie daran gehen, Ihre Gefühle bloßzulegen:

> Ich habe diesen Brief geschrieben, um meine positiven Gefühle zu finden und dir die Liebe zu geben, die du verdienst. Dazu gehört, daß ich dir meine negativen Gefühle mitteile, die mich innerlich so zurückhaltend machen.
>
> Dein Verständnis wird mir helfen, mich zu öffnen und meine negativen Gefühle loszulassen. Ich vertraue darauf, daß du mich ernst nimmst und, so gut du kannst, auf meine

Gefühle eingehst. Ich weiß deinen guten Willen, mir zuzuhören und mich zu unterstützen, zu schätzen.

Darüber hinaus hoffe ich, daß dieser Brief dir helfen wird, meine Wünsche, Bedürfnisse und Sehnsüchte kennenzulernen.

Ihr Partner, der den Brief hört, sollte folgendes beherzigen:

Ich verspreche, mein Bestes zu tun, um den Wert deiner Gefühle zu verstehen, unsere Unterschiedlichkeit zu akzeptieren, deine Bedürfnisse ebenso wie meine eigenen zu respektieren und anzuerkennen, daß auch du dein Bestes tust, um deine Gefühle und deine Liebe mit mir zu teilen.

Ich verspreche, deinen Gefühlen zuzuhören und sie weder zu korrigieren noch zu negieren. Ich verspreche, dich zu akzeptieren und nicht zu versuchen, dich zu ändern.

Wenn ich nicht sofort mit der gebotenen Liebe, die du verdienst, reagieren kann, werde ich mich für eine kleine Weile zurückziehen und über deine Gefühle reflektieren.

Ich werde zurückkommen, sobald ich kann. Um meine liebenden Gefühle zu finden, werde ich gegebenenfalls selbst von der Liebesbrieftechnik Gebrauch machen und meine Liebesbriefe mit dir teilen.

Ich bin gewillt, deinen Gefühlen zuzuhören, weil du mir am Herzen liegst und ich darauf vertraue, daß wir es gemeinsam schaffen.

Anfangs mag es sogar nützlich sein, sich die Absichtserklärungen gegenseitig vorzulesen. Sie werden Ihnen helfen, daran zu denken, die Gefühle Ihres Partners zu respektieren und liebevoll auf sie zu reagieren.

Miniliebesbriefe

Wenn Sie einmal sehr verstimmt sind und noch nicht einmal die 20 Minuten erübrigen können, die man braucht, um einen Liebesbrief zu schreiben, können Sie versuchen, einen Miniliebesbrief zu schreiben. Das dauert nur etwa drei bis fünf Minuten und kann trotzdem eine große Hilfe sein. Hier sind zwei Beispiele:

Lieber Max,
ich bin so wütend, daß Du wieder zu spät gekommen bist. Ich bin so traurig, weil Du mich vergessen hast.
Ich habe Angst, daß Du Dir nichts mehr aus mir machst. Es tut mir leid, daß ich unversöhnlich bin.
Ich liebe Dich und verzeihe Dir, daß Du zu spät gekommen bist. Ich weiß, daß Du mich wirklich liebst. Danke, daß Du es wenigstens versucht hast.
Deine Sandie

Lieber Henry,
ich bin wütend darüber, daß Du immer so müde bist. Ich bin wütend, daß Du immerzu fernsiehst.
Ich bin traurig, weil Du nicht mit mir sprechen willst.
Ich befürchte, daß wir uns völlig auseinanderleben werden. Ich habe Angst, daß ich Dich wütend mache.
Es tut mir leid, daß ich beim Abendessen so unfreundlich war. Es tut mir leid, daß ich Dich für unsere Probleme verantwortlich mache.
Ich vermisse Deine Liebenswürdigkeit.
Könntest Du Dich heute abend oder irgendwann in den nächsten Tagen für eine Stunde mit mir verabreden, damit wir darüber reden können, was mit unserer Beziehung los ist?
Deine Lesley

Postskriptum: Ich würde gern von Dir folgendes hören:

»Vielen Dank, daß Du mir Deine Gefühle mitteilst. Ich verstehe, daß Du mich vermißt. Laß uns heute abend zwischen acht und neun zusammenkommen.«

Wann man einen Liebesbrief schreiben sollte

Immer wenn Sie sich über irgend etwas ärgern und sich gern besser fühlen würden, ist es Zeit, einen Liebesbrief zu schreiben. Es gibt unzählige Gelegenheiten für einen Liebesbrief. Hier sind einige der häufigsten:

▷ *An einen Intimpartner.*
▷ *An einen Freund, ein Kind oder ein anderes Familienmitglied.*
▷ *An einen Geschäftspartner oder einen Kunden.* Statt am Ende zu sagen »Ich liebe Dich«, können Sie sagen: »Ich weiß es zu schätzen...« oder »Ich respektiere...«. In den meisten Fällen empfiehlt es sich jedoch nicht, den Brief dem Adressaten tatsächlich zukommen zu lassen.
▷ *An sich selbst.*
▷ *An Gott oder eine höhere Macht.* Teilen Sie Ihre enttäuschten Gefühle über Ihr Leben Gott mit und bitten Sie ihn um Unterstützung.
▷ *Liebesbrief mit Rollentausch.* Wenn es Ihnen schwerfällt, jemandem zu vergeben, tun Sie für ein paar Minuten so, als wären Sie der oder die Betreffende und schreiben Sie den Liebesbrief so, wie Sie ihn gern von der Person bekommen würden. Es ist erstaunlich, wie schnell man jemandem verzeihen lernen kann.
▷ *Monsterliebesbrief.* Wenn Sie sich einmal wirklich ärgern, innerlich vor Wut toben und nur noch Gemeinheiten im Kopf haben, geben Sie Ihren Gefühlen in einem Brief Raum. Dann verbrennen Sie den Brief. Verlangen Sie nicht von Ihrem Partner, Ihnen den Brief vorzulesen, es sei denn, sowohl Sie als auch er sind sich vollkommen sicher, daß Sie

mit negativen Gefühlen umgehen können und wollen. In diesem Fall können sogar Monsterliebesbriefe hilfreich sein.

▷ *Zeitreiseliebesbrief.* Wenn Ereignisse in der Gegenwart Ihnen zu schaffen machen und Sie an unverarbeitete Gefühle Ihrer Kindheit erinnern, stellen Sie sich vor, Sie können einen Zeitsprung zurück in Ihre Kindheit machen und Ihrer Mutter oder Ihrem Vater einen Brief schreiben, in dem Sie Ihre Gefühle mitteilen und um ihre Hilfe bitten.

Warum wir Liebesbriefe schreiben müssen

Wir haben bereits festgestellt, daß es für Frauen äußerst wichtig ist, über ihre Gefühle zu sprechen, sich umsorgt, verstanden und respektiert zu fühlen. Genauso wichtig ist es für Männer zu spüren, daß man sie würdigt, akzeptiert und ihnen vertraut. Das größte Problem in Beziehungen tritt meist dann auf, wenn eine Frau ihren Ärger mitteilt und der Mann sich deshalb ungeliebt fühlt. Für ihn klingen ihre negativen Gefühle kritisch, vorwurfsvoll, fordernd und abweisend. Wenn er dann ihre Gefühle zurückweist, fühlt sie sich ungeliebt. Das Ganze kann genausogut andersherum ablaufen, indem ein Mann seine Gefühle mitteilt und die Frau sie zurückweist.

Im allgemeinen hängt Erfolg oder Mißerfolg einer Beziehung im wesentlichen von zwei Faktoren ab: von der Fähigkeit des Mannes, liebevoll und respektvoll die Gefühle der Frau anzunehmen, *und* von der Fähigkeit der Frau, den Mann auf liebevolle und respektvolle Weise an ihren Gefühlen teilhaben zu lassen. Jede Beziehung erfordert es, daß die Partner sich über ihre wechselnden Gefühle und Bedürfnisse austauschen. Es wäre sicher utopisch, die vollkommene Verständigung zu erwarten. Glücklicherweise gibt es zwischen dem jetzigen mangelhaften Zustand und der absoluten Vollkommenheit noch einen riesigen Spielraum, innerhalb dessen wir uns entwickeln können.

Ebenso unrealistisch wäre es zu erwarten, daß eine Verständigung immer leicht fiele. Bestimmte Gefühle sind sehr schwer zu vermitteln, ohne dabei den Zuhörer zu verletzen. Paare, die ansonsten wunderbare und liebevolle Beziehungen pflegen, geraten bisweilen bis an den Rand der Verzweiflung, wenn sie einen Weg der Verständigung suchen, die für beide Seiten gleich gut funktioniert. Es ist schwer, den Standpunkt des anderen wirklich zu verstehen, besondes wenn er nicht das sagt, was man hören will. Ebenso schwer ist es, dem anderen gegenüber Respekt zu zeigen, wenn die eigenen Gefühle verletzt worden sind.

Viele Paare denken, wenn sie nicht erfolgreich liebevoll miteinander kommunizieren können, heißt das, sie lieben einander nicht genug. Natürlich hat Liebe viel mit Verstehen zu tun, aber die *Fähigkeit* der Kommunikation ist oftmals wichtiger als die Bereitschaft. Glücklicherweise ist sie erlernbar.

Viel erfolgreichere Kommunikationsgewohnheiten wären uns längst in Fleisch und Blut übergegangen, wenn wir in Familien aufgewachsen wären, die sich aufrichtig und liebevoll verständigen können. In früheren Generationen bedeutete jedoch »liebevolle Verständigung« im allgemeinen lediglich das Vermeiden negativer Gefühle um jeden Preis. Negative Gefühle wurden als Krankheit betrachtet oder als etwas, das man lieber unter den Teppich kehrt.

In weniger »zivilisierten Familien« schloß »liebevolle Verständigung« vielleicht das Ausagieren negativer Gefühle durch körperliche Strafen, Anschreien, Ohrfeigen, den Rohrstock und sämtliche Arten verbaler Beschimpfungen ein – und das alles unter dem Vorzeichen, die Kinder lehren zu wollen, was richtig und was falsch ist.

Hätten unsere Eltern gewußt, wie man liebevoll kommuniziert ohne die negativen Gefühle zu unterdrücken, hätten wir als Kinder gefahrlos unsere eigenen negativen Reaktionen und Gefühle erforschen können. Wir hätten gelernt, insbesondere unsere schwierigen Gefühle zu kommunizieren. Wir hätten 18 Jahre lang Zeit gehabt, nach der Methode »Versuch und Irrtum« das Ausdrücken unserer Gefühle auf respektvolle und angemessene Weise zu üben.

Wären die Dinge ein wenig anders verlaufen, hätten wir beobachten können, wie es unserem Vater gelingt, liebevoll unserer Mutter zuzuhören, wie sie ihre Frustrationen und Enttäuschungen ausbreiten und zum Ausdruck bringen kann. Wir hätten täglich die Erfahrung machen können, wie unser Vater unserer Mutter die liebevolle Fürsorge und das Verständnis schenkt, das sie von einem liebenden Partner erwarten kann.

Wir hätten unsere Mutter beobachten können, wie sie unserem Vater vertraut und ihre Gefühle offen mitteilt, ohne ihm Vorwürfe zu machen oder ihn dabei abzulehnen. Wir hätten erlebt, wie man sich ärgern kann, ohne jemanden durch Mißtrauen, emotionale Manipulationen, Vermeiden, Ablehnung, Arroganz oder Gefühlskälte abzustoßen.

In 18 Jahren des Heranwachsens hätten wir allmählich gelernt, unsere Emotionen in den Griff zu bekommen – auf die gleiche Weise, wie wir das Einmaleins gelernt haben. Kommunikation wäre nichts anderes als eine erlernte Fähigkeit wie Laufen, Springen, Singen oder Lesen.

Die wenigsten von uns hatten dieses Glück. Statt dessen haben wir 18 Jahre lang vermeintliche aber untaugliche Kommunikationsmittel eingeübt. Weil uns die Verständigung auf der Gefühlsebene entgangen ist, bleibt es für uns eine schwierige und scheinbar unlösbare Aufgabe, liebevoll mit jemandem umzugehen, wenn wir negative Gefühle in uns haben.

Um zu verstehen, wie schwierig das ist, überlegen Sie sich einmal, wie Sie auf folgende Fragen antworten würden:

▷ Ihre Eltern haben negative Gefühle »verarbeitet«, indem sie sich vielleicht entweder permanent gestritten oder jede Auseinandersetzung vermieden haben. Wie drücken *Sie* heute Ihre Liebe aus in Momenten, in denen Sie ärgerlich oder wütend sind?

▷ Wie bringen Sie Ihre Kinder dazu, Ihnen zuzuhören ohne sie anzuschreien oder zu bestrafen, wenn Sie selbst von Ihren Eltern angeschrien oder betraft worden sind, damit sie die Oberhand behalten konnten?

▷ Wie bitten Sie heute um Hilfe, wenn Sie sich als Kind immer wieder vernachlässigt und enttäuscht gefühlt haben?

▷ Wie sprechen Sie mit Ihrem Partner, wenn Ihre Gefühle sagen: »Ich hasse dich«?

▷ Wie sagen Sie: »Es tut mir leid«, wenn Sie als Kind für Ihre Fehler bestraft worden sind?

▷ Wie geben Sie Ihre Fehler zu, wenn Sie Angst vor Strafe und Zurückweisung haben?

▷ Wie können Sie in der Gegenwart Ihre Gefühle zeigen, wenn Sie als Kind immer wieder zurückgewiesen oder verurteilt wurden, sobald Sie Ihrem Ärger Luft gemacht oder geweint haben?

▷ Wie sollen Sie um etwas bitten, was Sie gerne hätten, wenn man Ihnen als Kind immer wieder gesagt hat, daß es falsch ist, etwas zu verlangen?

▷ Wie sollen Sie wissen, was Sie fühlen, wenn Ihre Eltern weder die Zeit, noch die Geduld, noch die Aufmerksamkeit besessen haben, Sie zu fragen, wie Sie sich fühlen oder was Ihnen nicht paßt?

▷ Wie können Sie die Unvollkommenheiten Ihres Partners akzeptieren, wenn Sie als Kind vollkommen zu sein hatten, um der Liebe Ihrer Eltern würdig zu sein?

▷ Wie können Sie Verständnis für die schmerzhaften Gefühle Ihres Partners haben, wenn niemand auf Ihre Gefühle geachtet hat?

▷ Wie können Sie verzeihen, wenn man Ihnen nicht verziehen hat?

▷ Wie sollen Sie Ihren Schmerz und Ihre Trauer mit Ihren Tränen heilen, wenn man Ihnen als Kind immer wieder gesagt hat: »Hör auf zu heulen!« oder: »Wann wirst du endlich erwachsen?« oder: »Sei keine Memme!«.

▷ Wie sollen Sie Verständnis für die Enttäuschung Ihres Partners haben, wenn Sie als Kind für den Schmerz Ihrer Mutter verantwortlich gemacht wurden, lange bevor Sie überhaupt verstehen konnten, daß Sie *nicht* dafür verantwortlich waren?

▷ Wie sollen Sie sich öffnen und Ihrem Partner vertrauen, wenn die ersten Menschen, denen Sie in Ihrer Unschuld vertraut haben, Sie enttäuscht haben?

▷ Wie sollen Sie Ihre Gefühle jemandem auf liebevolle und respektvolle Weise mitteilen, wenn Sie in den ersten 18 Jahren Ihres Lebens keine Möglichkeit hatten, es zu üben, ohne daß Ihnen Ablehnung und Isolation drohten?

Die Antwort auf all diese Fragen ist dieselbe: Es ist möglich, liebevolle Kommunikation zu erlernen, aber wir müssen etwas dafür tun. Wir müssen 18 Jahre Vernachlässigung aufholen. Wenn Sie Schwierigkeiten mit der Kommunikation haben, ist das kein unüberwindliches Schicksal und auch nicht die Schuld Ihres Partners. Es ist lediglich der Mangel an richtiger Erziehung und an Gelegenheit, gefahrlos Kommunikation zu üben.

Als Sie die obenstehenden Fragen gelesen haben, sind Ihnen vielleicht einige Gefühle hochgekommen. Versäumen Sie nicht diese einmalige Gelegenheit, sich selbst zu heilen. Nehmen Sie sich 20 Minuten Zeit – am besten jetzt gleich – und schreiben Sie einen Liebesbrief an Ihre Eltern. Nehmen Sie einfach einen Stift und ein Blatt Papier zur Hand und fangen Sie an, Ihre Gefühle niederzuschreiben. Machen Sie Gebrauch von dem Muster, wie wir es weiter oben angegeben haben. Versuchen Sie es jetzt, und Sie werden staunen, was passiert.

Das innere Kind heilen

Bitte lesen Sie diesen Abschnitt erst, nachdem Sie Ihren ersten Liebesbrief geschrieben haben, selbst wenn es nur ein Minilie- besbrief war.

Sie haben also jetzt Ihren ersten Liebesbrief geschrieben. Vielleicht haben Sie dabei gespürt, daß ein Kind in Ihnen lebendig ist. Dieses Kind ist der emotionale Teil Ihres Wesens. Es ist der Teil, der Ihre Liebe am meisten braucht. Sie können diesem verborgenen Aspekt von sich helfen, zu wachsen und sich zu entwickeln, indem Sie fortfahren, Liebesbriefe zu schreiben und sie möglichst mit Ihrem Partner oder dem jeweiligen Adressaten teilen.

Wenn das Kind in Ihnen oder Ihr emotionales Wesen die Liebe und das Verständnis erhält, die es braucht, werden Sie wie von selbst anfangen, besser zu kommunizieren. Sie werden allmählich lernen, in einer liebevolleren Art auf bestimmte Situationen zu reagieren. Obwohl wir alle darauf programmiert worden sind, unsere Gefühle zu verbergen und eher defensiv als liebevoll zu reagieren, können wir uns selbst umerziehen. Es ist nicht hoffnungslos.

Um radikal umdenken zu lernen, müssen wir uns in unsere frühe Kindheit zurückversetzen. Wir müssen akzeptieren, daß in uns ein kindliches Wesen lebendig ist, das keine Chance bekommen hat, erwachsen zu werden. Das Kind in uns ist niemals wirklich angehört, niemals angenommen und geliebt worden.

Ihr inneres Kind muß sich sicher fühlen, um seine Gefühle, seine negativen Emotionen und seine Wünsche ausdrücken zu können. Es muß wie ein kleines Kind behandelt werden, das weinend im Arm seiner Mutter oder seines Vaters liegt. Auch wenn wir erwachsen sind, haben wir noch immer ein kleines Kind in uns, das Liebe und Geduld braucht, um allmählich heranzuwachsen und zu lernen, seine Gefühle auf liebevolle Weise auszudrücken. Wenn wir diesen kindlichen Anteil in uns mit Respekt und Liebe behandeln, können die noch offenen emotionalen Wunden unserer Vergangenheit geheilt werden.

Viele Menschen werden viel zu schnell erwachsen, indem sie ihre Gefühle verdrängen und unterdrücken. Sie haben ein Kind in sich, das darauf wartet, nach außen zu kommen und geliebt zu werden. Wenn sie nicht wissen, wie sie dieses Kind in sich pflegen und behüten sollen, wird sein Schmerz und seine Unzufriedenheit sie immer beeinträchtigen.

Es steht außer Zweifel, daß die meisten körperlichen Leiden in direktem Zusammenhang mit ungelösten emotionalen Schmerzen stehen. Unterdrückter emotionaler Schmerz wird oft zu körperlichem Schmerz. Er führt zur Krankheit und kann einen allzu frühen Tod verursachen. Außerdem ist bekannt, daß *alle* unsere destruktiven Zwänge, unsere fixe Ideen und unser Suchtverhalten Ausdruck der ungestillten Sehnsucht nach Liebe des Kindes in uns ist.

Die Karrierebesessenheit des Mannes ist nichts anderes als sein verzweifelter Versuch, Liebe zu gewinnen, in der Hoffnung, seinen inneren emotionalen Schmerz und seine Unruhe zu überwinden. Die besessene Suche der Frau nach äußerlicher Vollkommenheit ist ihr verzweifelter Versuch, der Liebe würdig zu sein und ihre emotionalen Schmerzen zu lindern. Jede Form von Übertreibungen und Extremität kann die Funktion haben, den Schmerz des inneren Kindes zu betäuben.

Unsere Gesellschaft bietet vielerlei Ablenkungen, die uns darin unterstützen, unserem Schmerz aus dem Weg zu gehen. Liebesbriefe können uns helfen, unseren Schmerz anzuschauen, ihn zu fühlen und dann zu heilen. Jedesmal wenn Sie einen Liebesbrief schreiben, geben Sie dem Kind in Ihnen die Liebe, das Verständnis und die Aufmerksamkeit, die es braucht, um sich besser zu fühlen.

Die ganze Wahrheit sagen

Liebesbriefe sind besonders wirksam, weil sie Ihnen helfen, die *ganze* Wahrheit zu sagen. Nur einen Teil Ihrer Gefühle zu erforschen, führt nicht zu der erwünschten Heilung. Zum Beispiel:

▷ Wenn Sie Ihren Ärger fühlen, hilft Ihnen das unter Umständen überhaupt nichts. Es macht Sie womöglich nur noch ärgerlicher. Je mehr Sie auf Ihrem Ärger herumreiten, desto ärgerlicher werden Sie.

▷ Wenn es Ihnen nicht gelingt, Ihre Trauer hinter sich zu lassen, und Sie stundenlang weinen, fühlen Sie sich am Ende völlig ausgelaugt und verbraucht.

▷ Wenn Sie ausschließlich Ihre Ängste fühlen, werden Sie womöglich nur noch ängstlicher.

▷ Wenn Ihnen alles leid tut, ohne daß Sie irgendwann darüber hinwegkommen, schämen Sie sich schließlich und fühlen sich schuldig. Dadurch kann Ihr Selbstbewußtsein Schaden nehmen.

▷ Wenn Sie versuchen, immer nur liebevolle Gefühle zu haben, sind Sie gezwungen, all Ihre negativen Emotionen zu unterdrücken, und werden nach ein paar Jahren völlig taub und gefühllos sein.

Liebesbriefe sind auch deshalb so wirkungsvoll, weil Sie durch das Aufschreiben Ihrer Gefühle angeleitet werden, die Wahrheit über *alle* Ihre Gefühle zu erfahren. Um Ihren inneren Schmerz zu heilen, müssen Sie sich auf die vier wichtigsten Gründe für emotionale Schmerzen einlassen können: auf Ärger, Trauer, Angst und Reue.

Indem Sie sich alle vier Ebenen emotionaler Schmerzen von der Seele schreiben, erlösen Sie sich von Ihrem Schmerz. Nur über ein oder zwei negative Gefühle zu schreiben ist nicht genug. Viele unserer negativen emotionalen Reaktionen sind keine wirklichen Gefühle, sondern Verteidigungsmechanismen, die unbewußt in Gang gesetzt werden, um uns von tiefgreifenden, echten Gefühlen zu schützen.

Zum Beispiel:

▷ Menschen, die leicht wütend werden, versuchen damit oft, ihre Verletztheit, ihre Trauer, ihre Angst und ihre Reue zu vertuschen. Wenn es ihnen gelingt, ihre verletzlichen Gefühle hochkommen zu lassen, verschwindet ihre Wut und sie können wieder liebevoll sein.

▷ Menschen, die leicht weinen, haben es oft schwer, wütend zu werden. Wenn man ihnen jedoch dabei behilflich ist, ihren Ärger auszudrücken, fühlen sie sich gleich viel besser und liebevoller.

▷ Menschen, die von Natur aus ängstlich sind, müssen ihren Ärger fühlen und ausdrücken. Dann verschwindet ihre Angst.

▷ Menschen, die sich oft schuldig fühlen und denen alles leid tut, müssen sich ihrer Verletztheit und ihrer Wut öffnen, um sich selbst wieder lieben zu können.

▷ Menschen, die immerzu nur »lieb« sein wollen, wundern sich oft, warum sie depressiv oder gefühllos sind. Sie sollten sich einmal fragen: »Wenn ich jetzt meiner Wut Luft machen und dadurch etwas in Bewegung bringen würde, wie sähe das aus?« Sie sollten sich selbst Antworten auf diese Frage geben und sie aufschreiben. Dadurch kommen sie mit ihren Gefühlen, die hinter der Depression und Taubheit verborgen sind, in Berührung. Auch Liebesbriefe können auf diese Weise eingesetzt werden.

Es folgen einige Beispiele, auf welche Weise Männer und Frauen ihre negativen Emotionen benutzen, um ihren wirklichen Schmerz zu vermeiden oder zu unterdrücken. Vergessen Sie nicht, daß das ein völlig automatischer Vorgang ist, der nicht unserer bewußten Kontrolle unterliegt.

Denken Sie einmal über folgende Fragen nach:

▷ Lächeln Sie manchmal, wenn Sie in Wirklichkeit sauer sind?
▷ Sind Sie jemals wütend geworden, während Sie in Wirklichkeit tief in Ihrem Inneren Angst hatten?
▷ Lachen Sie manchmal und machen Witze, wenn Sie in Wirklichkeit traurig und verletzt sind?
▷ Sind Sie mit Schuldzuweisungen schnell bei der Hand, wenn Sie sich selbst schuldig fühlen oder Angst haben?

Die folgende Tabelle zeigt, wie Männer und Frauen oft ihre wahren Gefühle negieren. Natürlich passen nicht alle Männer in das beschriebene Schema. Ebenso entsprechen ja nicht alle Frauen der Klischeevorstellung einer Frau. Die Tabelle hilft uns zu verstehen, an welchen Stellen unsere emotionalen Verteidigungsmechanismen einsetzen.

Wie wir unsere wahren Gefühle verschleiern

Wie Männer ihren Schmerz verbergen (dieser Vorgang ist normalerweise unbewußt)

Wie Frauen ihren Schmerz verbergen (dieser Vorgang ist normalerweise unbewußt)

Männer können in *Wut* einen Ausweg sehen, um schmerzliche Gefühle wie Trauer, Verletztheit, Reue, Schuld und Angst zu meiden.	Frauen können in *Betroffenheit* und *Sorge* einen Ausweg sehen, um schmerzliche Gefühle wie Ärger, Schuld, Angst und Enttäuschung zu meiden.
Männer können in *Teilnahmslosigkeit* und *Mutlosigkeit* einen Ausweg sehen, um das schmerzhafte Gefühl von Ärger zu meiden.	Frauen können in *Verwirrtheit* einen Ausweg sehen, um Ärger, Irritation und Frustration zu meiden.
Männer können auch *Beleidigtsein* vermeiden, in ihren Gefühlen verletzt zu werden.	Frauen können durch *Unwohlsein* peinlichen Situationen, Ärger, Trauer und Reue aus dem Wege gehen.
Männer können *Ärger* und *Selbstgerechtigkeit* vorschieben, um Angst und Unsicherheit zu vermeiden.	Frauen können *Ängstlichkeit* und *Unsicherheit* vorschieben, um Ärger, Verletztheit und Trauer zu vermeiden.
Männer können *Scham* empfinden, um Wut und Trauer zu meiden.	Frauen können *Trauer* spüren, um Wut und Angst zu meiden.
Männer können *Ruhe* und *Gelassenheit* als Ausweg sehen, um Ärger, Angst, Enttäuschung und Demütigung zu vermeiden.	Frauen können *Hoffnung* als Ausweg sehen, um Ärger, Niedergeschlagenheit, Trauer und Reue zu vermeiden.
Männer können *Zuversichtlichkeit* als Ausweg sehen, um Angst vor Unzulänglichkeit zu vermeiden.	Frauen können *Ausgelassenheit* und *Anpassungsfähigkeit* als Ausweg sehen, um Trauer und Enttäuschung zu vermeiden.
Männer können *Aggressivität* an den Tag legen, um Angst zu vermeiden.	Frauen können *Liebe* und *Vergebung* einsetzen, um Verletztheit und Wut zu vermeiden.

Es ist schwierig, die negativen Gefühle eines anderen Menschen zu verstehen und zu akzeptieren, wenn wir unsere eigenen negativen Gefühle unterdrücken. Je mehr wir in der Lage sind, die eigenen unverarbeiteten Gefühle aus unserer Kindheit zu heilen, desto leichter ist es, unsere gegenwärtigen Gefühle auf verantwortliche Weise auszudrücken und die Gefühle unseres Partners zu verstehen, ohne daß wir uns gegenseitig verletzen, ungeduldig, frustriert oder angegriffen sind.

Je mehr Widerstände wir gegen das Spüren unseres inneren Schmerzes haben, desto vehementer werden wir uns weigern, die Gefühle anderer zu verstehen. Wenn andere in Ihrer Gegenwart kindliche Gefühle zum Ausdruck bringen und Sie dabei ein Gefühl von Intoleranz und Ungeduld bekommen, ist das ein Anzeichen dafür, wie Sie sich selbst oder das Kind in sich behandeln.

Um uns neu erziehen zu können, müssen wir erst einmal die Verantwortung für das Kind in uns übernehmen. *Wir müssen erkennen, daß es ein emotionales Wesen in uns gibt, das aufgebracht sein kann, auch wenn unser rationaler erwachsener Verstand sagt, daß es keinen Grund zur Beunruhigung gibt.* Wir müssen den emotionalen Teil unseres Wesens finden und für ihn das Sorgerecht übernehmen. Wir müssen das Kind in uns fragen: »Was ist los? Bist du verletzt? Wie fühlst du dich? Was hat dich so geärgert? Worüber bist du wütend? Was macht dich traurig? Wovor hast du Angst? Was willst du?«

Indem wir in vorurteilsfreier und mitfühlender Weise auf unsere Gefühle hören, werden wie durch ein Wunder unsere negativen Gefühle geheilt, und wir können auf alle möglichen Situationen auf viel liebevollere und respektvollere Weise reagieren. Indem wir unsere kindlichen Gefühle zulassen und verstehen, öffnen wir uns automatisch den liebevollen Gefühlen, die alles, was wir sagen, durchdringen.

Wenn im Kindesalter unsere Emotionen immer wieder erhört und auf liebevolle Weise angenommen worden sind, fahren wir uns als Erwachsene nicht so schnell in negativen Emotionen fest. Die meisten Menschen wurden jedoch nicht auf diese Weise von ihren Eltern unterstützt, sie müssen es daher allein übernehmen, sich neu zu erziehen.

Sicherlich kennen Sie die Erfahrung, von negativen Emotionen ergriffen zu werden. Dies sind einige alltägliche Situationen, in denen unverarbeitete Gefühle aus unserer Kindheit uns in der Gegenwart, im Streß des Erwachsenseins, betreffen können:

▷ Wenn etwas sehr Frustrierendes passiert ist, bleibt ein Gefühl des Ärgers in uns haften, sogar nachdem unser erwachsenes Ich schon längst gesagt hat, daß wir uns wieder abregen, liebevoll und zufrieden sein können.

▷ Wenn etwas sehr Enttäuschendes passiert ist, bleibt ein Gefühl von Trauer und Verletztheit in uns haften, sogar nachdem unser erwachsenes Ich schon längst gesagt hat, daß wir uns wieder für etwas begeistern, glücklich und voll guter Hoffnung sein können.

▷ Wenn etwas sehr Beunruhigendes passiert ist, bleibt ein Gefühl von Angst und Sorge in uns haften, selbst nachdem unser erwachsenes Ich schon längst gesagt hat, daß wir wieder selbstsicher, zuversichtlich und innerlich gelassen sein können.

▷ Wenn etwas sehr Peinliches passiert ist, bleibt ein Gefühl von Schuld und Scham in uns haften, sogar nachdem unser erwachsenes Ich schon längst gesagt hat, daß wir uns wieder sicher, gut und wunderbar fühlen können.

Als Erwachsene versuchen wir meistens, diese negativen Gefühle zu beherrschen, indem wir sie vermeiden. Wir setzen die Macht unserer Gewohnheiten ein, um das schmerzhafte Weinen und den Hilferuf des Kindes in uns zu betäuben. Wir trinken lieber ein Glas Wein, anstatt uns auf ein möglicherweise schmerzliches Gefühl einzulassen. Aber es wird wiederkommen. Ganz sicher.

Es ist absurd, aber wir geben unseren negativen Emotionen dadurch, daß wir ihnen aus dem Weg zu gehen versuchen, die Macht, unser Leben zu beherrschen. Indem wir lernen, auf unsere Emotionen zu hören, sie zu pflegen und zu nähren, verlieren sie allmählich die Kontrolle über uns.

Wenn das Kind in uns empört ist, können wir nicht so gut kommunizieren, wie wir das gerne möchten. Zu solchen Zeiten holen uns die unverarbeiteten Gefühle aus unserer Kindheit wieder ein. Das Kind, dem niemals erlaubt worden ist, sich völlig auszuleben und nach Herzenslust zu schreien, fängt nun aufs neue an, sich bemerkbar zu machen, um nur allzuoft wiederum eingesperrt und zur Folgsamkeit gezwungen zu werden.

Die unbewältigten Gefühle unserer Kindheit dominieren unser Erwachsenenbewußtsein. Sie üben die Kontrolle über unser Verhalten aus und verhindern, daß wir auf liebevolle Weise kommunizieren können. Erst wenn wir in der Lage sind, geduldig und einfühlsam auf diese scheinbar irrationalen Gefühle aus unserer Vergangenheit (die scheinbar in unser Leben immer dann eindringen, wenn wir sie am wenigsten gebrauchen können) zu hören, werden sie aufhören, uns in unserer Kommunikation zu behindern.

Das Geheimnis beim Vermitteln schwieriger Gefühle liegt darin, daß man sich mit Weisheit und Kraft die negativen Gefühle von der Seele schreibt, um die positiven Gefühle an sich herankommen zu lassen. Je mehr wir imstande sind, mit unseren Partnern so zu kommunizieren, wie sie es verdient haben, desto besser werden unsere Beziehungen sein. Teilen Sie Ihrem Partner Ihren Ärger auf liebevolle Weise mit und es wird für ihn wesentlich leichter, Sie zu unterstützen.

Werden Sie aktiv!

Das Schreiben von Liebesbriefen ist ein ausgezeichnetes Mittel zur Selbsthilfe. Voraussetzung des Erfolges ist jedoch eine gewisse Regelmäßigkeit. Ich empfehle, daß Sie sich mindestens einmal wöchentlich, wenn Sie etwas ärgert, hinsetzen und einen Liebesbrief schreiben.

Liebesbriefe helfen nicht nur dann, wenn Sie sich über Ihren Partner ärgern, sondern auch gegen Ärger ganz allgemein. Das Schreiben von Liebesbriefen baut Sie wieder auf, wenn Sie voller Haß, unglücklich, ängstlich, deprimiert, genervt, müde, festgefahren oder einfach gestreßt sind. Wollen Sie sich besser fühlen, so schreiben Sie einen Liebesbrief. Vielleicht wird es Ihre Stimmung nicht sofort heben, aber die Richtung, die Sie damit einschlagen, führt Sie schließlich zum Ziel.

Es gibt eine Vielzahl von Büchern und Arbeitsmaterialien über das Thema der Selbsthilfe. Bücher können Sie darin unterstützen, in Kontakt mit Ihren Gefühlen zu kommen. Denken Sie jedoch daran, daß Sie erst dann Ihr inneres Kind heilen können, wenn Sie es zu Wort kommen lassen. Bücher können Sie anregen, sich selbst mehr zu lieben, aber erst indem Sie auf Ihre Gefühle hören, sie aufschreiben und darüber reden, werden Sie wirklich aktiv.

Manchmal können Sie, indem Sie Ihre Gefühle allein für sich selbst aufschreiben, tiefere Gefühlsebenen finden, die Ihnen in Gesellschaft verborgen bleiben. Auch wenn Sie sich in einer Therapie befinden, empfehle ich Ihnen, sich selbst Liebesbriefe zu schreiben.

Indem Sie sich zurückziehen, können Sie sich sicher fühlen und tiefer in Ihre Gefühle hineingehen. Selbst wenn Sie in einer Beziehung sind und überzeugt sind, daß Sie mit Ihrem Partner über alles reden können, empfehle ich Ihnen, gelegentlich ganz für sich allein Ihre Gefühle aufzuschreiben. Es ist sehr wohltuend, sich selbst Liebesbriefe zu schreiben. Sie widmen sich Zeit, in der Sie von niemandem abhängig sind.

Führen Sie ein Tagebuch, in dem Sie Ihre Liebesbriefe aufbewahren oder legen Sie eine Mappe an. Erleichtern Sie sich das Schreiben, indem Sie sich an das Muster in diesem Kapitel halten.

Heben Sie Ihre Liebesbriefe auf jeden Fall auf, um sie gelegentlich zu lesen, vor allem, wenn Sie einmal nicht wütend sind. Mit ihrer Unterstützung können Sie sich dann darin üben, Ihre Gefühle mit größerer Objektivität zu sehen. Diese Objektivität wird Ihnen helfen, Ihre negativen Gefühle zu einem anderen Zeitpunkt auf respektvollere Weise auszudrücken.

Männern, die es nicht gewohnt sind, emotionale Briefe zu schreiben, mag der Gebrauch des Computers helfen, die Hemmschwelle zu überwinden, die sie beim Schreiben eines Liebesbriefes haben.

Das private Schreiben von Liebesbriefen ist sehr heilsam, aber es ersetzt nicht unser Bedürfnis, angehört und verstanden zu werden. Wenn Sie einen Liebesbrief schreiben, schenken Sie sich selbst Liebe, lesen Sie jedoch einen Brief gemeinsam mit Ihrem Partner, so schenkt ein anderer Ihnen Liebe. Um in unserer Fähigkeit, uns selbst zu lieben, zu wachsen, müssen wir auch lernen, Liebe anzunehmen. *Das Teilen und Mitteilen unserer wahren Gefühle öffnet uns das Tor zur Intimität, durch die die Liebe in unser Leben Einzug halten kann.*

Um Liebe annehmen zu können, brauchen wir Menschen in unserem Leben, mit denen wir gefahrlos und in aller Offenheit unsere Gefühle teilen können. Es ist von unschätzbarem Wert, wenn Sie in Ihrem Leben Freunde haben, mit denen Sie über jedes Gefühl sprechen und bei denen Sie sich darauf verlassen können, daß sie Sie nicht durch Kritik, Urteile oder Ablehnung verletzen.

Erst wenn Sie keine Scheu mehr davor haben, sich mit Ihren gesamten Gefühlen zu offenbaren, können Sie auch unbeschränkt Liebe empfangen. Mit dieser Liebe ist es leichter, negative Emotionen wie Haß, Wut und Angst zu befreien. Das heißt nicht, daß Sie alles, was Sie im stillen Kämmerlein an Gefühlen in sich entdeckt haben, auch mitteilen müssen. Gibt es jedoch Gefühle, deren Mitteilung Ihnen angst macht, dann sollte diese Angst geheilt werden.

Ein Therapeut oder ein guter Freund können eine unschätzbare Quelle der Liebe und Heilung sein, vorausgesetzt, Sie können ihm Ihre intimsten Gefühle mitteilen. Haben Sie keinen Therapeuten, dann kann es sehr hilfreich sein, sich Ihre Briefe gelegentlich von einem Freund vorlesen zu lassen. Es ist wichtig, einen Liebesbrief ab und zu mit einer anderen Person, die Ihnen nahesteht und Verständnis hat, zu teilen.

Die Unterstützung, die man durch eine Gruppe von Menschen erlebt, ist etwas, das man nicht beschreiben kann, sondern selbst erfahren muß. Eine liebevolle und unterstützende Gruppe kann Wunder wirken und uns auf leichtere Weise helfen, mit unseren tieferen Gefühlen in Berührung zu kommen. Unsere Gefühle mit einer Gruppe zu teilen, bedeutet auch, viel mehr Liebe zu erhalten. Das innere Wachstumspotential wird durch die Größe der Gruppe vervielfältigt. Selbst wenn Sie selbst nicht zur Gruppe sprechen, kann sich Ihr Bewußtsein und Ihre Einsicht erweitern, wenn Sie zuhören, wie jemand offen und ehrlich vor der Gruppe über seine Gefühle spricht.

In meinen Gruppenseminaren erlebe ich immer wieder tiefere Schichten meiner Persönlichkeit, die darauf gewartet haben, gehört und verstanden zu werden. Steht jemand auf und erzählt von sich, erinnere ich mich plötzlich selbst an etwas aus meinem eigenen Leben, und Gefühle steigen in mir auf. Ich gewinne wertvolle Einsichten über mich und meine Mitmenschen. Im allgemeinen fühle ich mich nach jedem Seminar viel leichter und voller Liebe.

Die Unterstützung durch eine Gruppe kann besonders dann wichtig sein, wenn wir uns als Kinder nicht sicher genug gefühlt haben, um uns in Gruppen oder in der Familie auszudrücken. Jede positive Gruppenaktivität kann Ihnen Kraft geben. Indem Sie in Gruppen von Menschen, die Sie mögen, sprechen oder auch nur zuhören, wie jemand spricht, kann das für Sie persönlich sehr heilsam sein.

Ich treffe mich regelmäßig mit einer kleinen Männergruppe und meine Frau Bonnie mit einer Gruppe von Frauen. Die Unterstützung von außen bekommt unserer Beziehung ausgezeichnet. Es befreit uns von dem Druck, der damit verbunden ist, wenn man für den Partner die einzige Quelle der Unterstützung in einer Beziehung darstellt. Darüber hinaus schrumpfen die eigenen Probleme auf ein vernünftiges Maß, wenn man hört, wie andere von ihrem Scheitern und von ihren Erfolgen berichten.

Ob Sie für sich allein Ihre Gedanken und Gefühle aufschreiben oder ob Sie sie in der Therapie, in Ihrer Beziehung oder in einer Gruppe preisgeben – immer ist es ein wichtiger Schritt für Sie selbst. Wenn Sie sich die Zeit nehmen, und auf Ihre eigenen Gefühle hören, ist es so, als würden Sie Ihrem inneren Kind sagen: »Du bist wichtig für mich. Du hast es verdient, angehört zu werden, und ich will dir gern zuhören.«

Ich hoffe, Sie werden von der Liebesbrieftechnik Gebrauch machen, denn ich konnte beobachten, wie durch diese Technik das Leben vieler Menschen – einschließlich meines eigenen – verwandelt wurde. Je mehr Liebesbriefe Sie schreiben, desto leichter und desto besser wird es funktionieren. Es erfordert einige Übung, aber es lohnt sich.

ZWÖLFTES KAPITEL

Wie man um Unterstützung bittet und sie auch erhält

Wenn Sie in Ihrer Beziehung nicht die Unterstützung erhalten, die Sie sich wünschen, kann das hauptsächlich daran liegen, daß Sie nicht genug oder auf die falsche Weise darum bitten. Um Liebe und Unterstützung zu bitten, ist eine wesentliche Voraussetzung für die Qualität einer Beziehung. Wenn Sie etwas wollen, müssen Sie danach fragen.

Sowohl Männer als auch Frauen haben Schwierigkeiten, um Hilfe zu bitten. Frauen jedoch haben es in dieser Hinsicht viel schwerer als Männer und sind öfter Frustrationen und Enttäuschungen ausgesetzt. Ich beziehe dieses Kapitel daher hauptsächlich auf Frauen. Natürlich sollten es auch die Männer lesen, allein um die weibliche Psyche besser verstehen zu lernen.

Warum Frauen nicht fragen

Frauen machen oft den Fehler anzunehmen, daß sie nicht um Unterstützung zu bitten brauchen. Weil sie selbst intuitiv ein Gefühl für die Bedürfnisse ihrer Mitmenschen haben und sie erfüllen, wann immer sie können, nehmen sie irrtümlicherweise an, daß es den Männern genauso geht. Freudig und begeistert läßt die Frau sich keine Möglichkeit entgehen, anderen ihre Hilfe anzubieten. Je mehr sie jemanden ins Herz geschlossen hat, desto mehr ist sie motiviert, ihm ihre Liebe zu schenken. Auf der Venus unterstützte man sich von Natur aus gegenseitig. Es bestand überhaupt kein Anlaß, um Hilfe zu bitten. Im Gegenteil, dadurch daß man gar nicht erst lange bitten mußte, wußte man, daß man sich wirklich liebt. Auf der Venus galt die Regel: »Wenn man sich liebt, braucht man um nichts zu bitten.«

Diese Regel ist für die Frau noch heute gültig. Sie geht davon aus, wenn ihr Partner sie liebt, wird er ihr seine Unterstützung anbieten, und sie braucht nicht erst danach zu fragen. Es kann sogar sein, daß sie *absichtlich* nicht fragt, um zu testen, ob er sie wirklich liebt. Damit der Mann den Test besteht, verlangt sie, daß er ihre Wünsche von den Augen abliest und von sich aus seine Hilfe anbietet.

Das funktioniert jedoch leider bei Männern nicht. Männer sind vom Mars, und wer auf dem Mars Hilfe braucht, muß ausdrücklich darum bitten. *Männer bieten nicht freiwillig ihre Hilfe an, sie müssen darum gebeten werden.* Das kann sehr verwirrend sein, denn wenn man einen Mann auf die falsche Weise um Hilfe bittet, stößt ihn das ab, und wenn man überhaupt nicht fragt, bekommt man ohnehin nichts oder nur wenig.

Wenn eine Frau am Anfang einer Beziehung nicht die Unterstützung erhält, die sie braucht, geht sie davon aus, daß der Mann ihr nichts gibt, weil er nichts zu geben hat. Sie aber fährt geduldig und treu weiter fort, ihm zu geben und zu geben, in der Annahme, daß er früher oder später alles wiedergutmachen wird. Er jedoch sonnt sich in der Gewißheit, daß er immer noch genug beiträgt, sonst würde sie ja nicht weiterhin unvermindert geben.

Er sieht nicht, daß sie darauf wartet, daß er sich irgendwann revanchiert. Er glaubt, daß sie schon aufhören wird zu geben, wenn sie selbst mehr braucht oder wünscht. Weil sie aber von der Venus kommt, erwartet sie von ihm, daß er seine Hilfe *anbietet,* ohne daß sie ihn erst fragen muß. Er jedoch wartet darauf, daß sie dann um Unterstützung bittet, wenn sie sie wirklich braucht. *Fragt sie nicht, geht er davon aus, daß er seinen Teil getan hat.*

Irgendwann wird sie vielleicht einmal um Hilfe bitten, aber dann wird sie bereits so viel gegeben haben und so sauer auf ihn sein, daß ihre Bitte eher eine Forderung ist. Einige Frauen werden einen Mann allein schon deswegen verachten, weil sie ihn um Hilfe bitten müssen. Auch dann, wenn sie ihn schon längst gefragt hat und er ihr bereits seine Hilfe gibt, wird sie ihm innerlich immer noch grollen, weil sie ihn überhaupt fragen mußte. Sie denkt sich: »Seine Hilfe zählt nicht, wenn ich erst darum betteln muß.«

Männer reagieren nicht gut auf die Forderungen und den Groll einer Frau. Selbst wenn ein Mann willens ist, seine Unterstützung zu geben, kann ihre Forderung oder ihr Groll ihn letztlich dazu bewegen, nein zu sagen. Forderungen sind für Männer etwas sehr Abstoßendes. Die Chancen einer Frau, Unterstützung zu erhalten, vermindern sich radikal, wenn aus ihrer Bitte eine Forderung wird. In manchen Fällen wird er sogar weniger geben, als er eigentlich wollte, wenn er merkt, daß sie mehr verlangt.

Diese Zwickmühle macht Beziehungen mit Männern besonders schwierig, wenn sich die Frau darüber nicht im klaren ist. Das Problem ist jedoch nicht so unüberwindlich, wie es auf den ersten Blick erscheint. Wenn Sie daran denken, daß Männer vom Mars sind, können Sie neue Möglichkeiten erlernen, um das zu erbitten, was Sie wollen – Möglichkeiten, die funktionieren.

Ich habe in meinen Seminaren viele Frauen in der Kunst des Fragens unterrichtet. Sie haben teilweise sofort in ihren Beziehungen davon profitieren können. In diesem Kapitel werden wir drei Stufen vorstellen, wie man richtig fragt und damit bekommt, was man will.

Erster Schritt:
Um das bitten, was Sie bereits bekommen

Der erste Lernschritt, wie Sie in Ihrer Beziehung mehr Unterstützung finden, besteht darin, daß Sie es sich zur Gewohnheit machen, nach Dingen zu fragen, die Sie bereits bekommen.

Werden Sie sich dessen bewußt, was Ihr Partner bereits für Sie tut; besonders die kleinen Dinge, wie Kartons tragen, Sachen reparieren, aufräumen, Anrufe erledigen und andere lästige Alltäglichkeiten.

Auf dieser Stufe ist es wichtig, die kleinen Dinge, die er bereits für Sie tut, nicht einfach hinzunehmen. Geben Sie ihm reichlich Lob und Anerkennung für seinen Einsatz. Hören Sie auf, von ihm zu erwarten, daß er Ihnen unaufgefordert kleine Gefälligkeiten erweist.

Zunächst müssen Sie ihm die Möglichkeit geben, sich daran zu gewöhnen, daß Sie ihn auf eine Weise um etwas bitten, die nicht wie eine Forderung klingt.

Merkt er jedoch, daß etwas von ihm gefordert wird, spielt es keine Rolle, wie nett Sie Ihre Forderung vorbringen. Er wird lediglich hören, daß Sie mit ihm nicht zufrieden sind, und er wird sich ungeliebt und nicht entsprechend gewürdigt vorkommen. Sein Beitrag verkleinert sich in der Folge mehr und mehr, es sei denn, Sie wenden das Blatt, und es gelingt Ihnen, ihm für das, was er bereits gibt, Anerkennung zu schenken.

Vielleicht ist er durch Ihr früheres Verhalten (oder durch das seiner Mutter) darauf konditioniert worden, auf all Ihre Forderungen mit Nein zu reagieren. Zunächst müssen Sie ihn also rekonditionieren, damit er positiv auf Ihre Anfragen reagieren kann. Wenn ein Mann allmählich merkt, daß er anerkannt und geschätzt wird und seine Leistungen nicht als selbstverständlich gelten, wird er nach Möglichkeit auf Ihre Bitten positiv reagieren. Er wird irgendwann automatisch anfangen, seine Hilfe anzubieten. Das ist jedoch schon die zweite Stufe, und es kann eine Weile dauern, bis es soweit ist.

Es gibt jedoch noch einen weiteren Grund, aus dem Sie anfangen sollten, ihn um Dinge zu bitten, die Sie bereits von ihm bekommen. Sie müssen lernen, ihn auf die richtige Weise zu fragen, das heißt so, daß er es hört und darauf reagieren kann. Und das will geübt sein.

Wie motiviere ich einen Mann?

Es gibt fünf ungeschriebene Regeln, wie man einen Marsmann auf die richtige Art um Hilfe bitten kann. Wenn man sich nicht an diese Regeln hält, kann es leicht sein, daß er sich abgestoßen fühlt.

▷ Im richtigen Moment fragen.
▷ Keine fordernde Haltung einnehmen.
▷ Kurz und bündig fragen.
▷ Direkt fragen.
▷ Die richtigen Worte benutzen.

Schauen wir uns diese Regeln einmal genauer an.

Im richtigen Moment fragen

Achten Sie darauf, daß Sie ihn nicht um etwas bitten, was er ohnehin gerade tun will. Wenn er zum Beispiel meistens derjenige ist, der den Müll entsorgt, fragen Sie ihn nicht: »Könntest du bitte mal den Müll wegbringen?« Er wird das Gefühl haben, Sie wollen ihm sagen, was er zu tun hat. Das richtige Timing ist wichtig.

Keine fordernde Haltung einnehmen

Denken Sie daran, eine Bitte ist keine Forderung. Wenn Sie eine abweisende oder fordernde Haltung einnehmen, ist es völlig gleichgültig, wie sorgfältig Sie Ihre Worte wählen. Er wird sich immer für das, was er für Sie getan hat, schäbig behandelt fühlen und wahrscheinlich Ihr Ansinnen ablehnen.

Kurz und bündig fragen

Vermeiden Sie es unbedingt, ihm eine ganze Reihe von Gründen aufzuzählen, warum er Ihnen helfen sollte. *Gehen Sie davon aus, daß er nicht erst überzeugt werden muß.* Je länger Sie sich erklären, desto größer wird sein Widerstand. Lange Erklärungen, die Ihre Anfrage unterstützen sollen, führen nur dazu, daß er das Gefühl bekommt, Sie vertrauen nicht darauf, daß er Sie unterstützen wird. Er wird sich überrumpelt fühlen, anstatt Ihnen freiwillig seine Unterstützung zu geben.

Genauso wie eine Frau, die sich ärgert, keine lange Liste von Gründen und Erklärungen hören will, warum sie sich nicht ärgern sollte, will ein Mann keine Liste von Gründen und Erklärungen hören, warum er die Bitten einer Frau erfüllen sollte.

Frauen machen oft den Fehler, Gründe anzuführen, um ihre Bedürfnisse zu rechtfertigen. Sie glauben, es hilft ihm einzusehen, daß ihr Wunsch berechtigt ist und motiviert ihn von daher stärker. Der Mann hört jedoch nur: »... und darum mußt du es tun.« Je länger die Liste ist, desto mehr wird es ihm widerstreben, Ihnen zu helfen. Nur wenn er Sie ausdrücklich danach fragt, sollten Sie ihm die Gründe aufzählen, aber selbst dann fassen Sie sich möglichst kurz. Üben Sie sich darin, ihm zu vertrauen, daß er es tut, wenn er es kann. Seien Sie so kurz und bündig wie möglich.

Fragen Sie direkt!
Frauen meinen oft, daß sie jemanden um Hilfe fragen, wenn sie es in Wirklichkeit gar nicht tun. Wenn sie Unterstützung brauchen, schildern sie, worum es geht, aber bitten den Mann nicht ausdrücklich um Hilfe. Sie erwarten, daß er sie von sich aus anbietet.

Eine indirekte Anfrage »durch die Blume« kann zwar eine Bitte beinhalten, die aber unausgesprochen bleibt. Solche indirekten Fragen geben einem Mann den Eindruck, daß man ihn für selbstverständlich nimmt und seine Leistungen nicht würdigt. Der gelegentliche Gebrauch indirekter Bitten mag hingehen, aber wenn sie das öfter tut, ist der Mann allmählich immer weniger bereit, ihr Hilfe zu geben. Vielleicht weiß er noch nicht einmal, warum das so ist. Die folgenden Sätze sind Beispiele für indirekte Bitten und wie ein Mann sie verstehen könnte:

Was er hört, wenn sie nicht direkt fragt

Was sie sagen sollte (kurz und direkt)	Was sie nicht sagen sollte (indirekt)	Was er hört, wenn sie indirekt fragt
»Holst du bitte die Kinder ab?«	»Die Kinder müssen abgeholt werden, ich habe dazu keine Zeit.«	»Wenn du die Kinder abholen kannst, dann tu es, andernfalls fühle ich mich von dir alleingelassen und entziehe dir meine Zuneigung.« (Forderung)
»Bringst du noch die Sachen aus dem Auto mit?«	»Es sind noch Sachen im Auto.«	»Es ist deine Pflicht, die Sachen aus dem Auto zu holen, ich habe sie ja schließlich schon eingekauft.« (Erwartung)
»Bringst du bitte den Abfall weg?«	»Der Abfalleimer ist randvoll. Es paßt kein bißchen mehr hinein.«	»Du hast den Abfall nicht weggebracht. Du solltest nicht so lange damit warten.« (Kritik)
»Fegst du bitte den Hof?«	»Der Hof ist total verdreckt.«	»Du hast schon wieder vergessen, den Hof zu fegen. Du solltest dich mehr verantwortlich fühlen. Ich habe keine Lust, dich dauernd daran zu erinnern.« (Zurückweisung)
»Würdest du bitte die Post wegbringen?«	»Die Post ist noch nicht weggebracht worden.«	»Du hast vergessen, die Post wegzubringen. Du solltest daran denken!« (Mißbilligung)

Was sie sagen sollte (kurz und direkt)	Was sie nicht sagen sollte (indirekt)	Was er hört, wenn sie indirekt fragt
»Lädst du mich heute abend zum Essen ein?«	»Ich habe heute abend keine Zeit zum Kochen.«	»Ich habe soviel gearbeitet, das mindeste, was du für mich tun könntest, wäre, mich zum Essen einzuladen.« (Unzufriedenheit)
»Gehen wir diese Woche mal aus?«	»Seit Wochen sind wir nicht mehr zusammen aus gewesen.«	»Du vernachlässigst mich. Ich bekomme nicht, was ich brauche. Du solltest öfter mit mir ausgehen.« (Verstimmung)
»Kannst du etwas Zeit erübrigen, um mit mir zu reden?«	»Wir müssen reden.«	»Es ist dein Fehler, daß wir nicht genug miteinander reden. Du solltest öfter mit mir reden.« (Schuldzuweisung)

Gebrauchen Sie die richtigen Worte!

Einer der häufigsten Fehler beim Fragen um Unterstützung ist der Gebrauch des Wortes »können«, anstelle von »werden« oder »wollen«. »*Könntest* du den Müll wegbringen?« ist lediglich eine informative Frage. »*Würdest* du den Müll wegbringen?« ist eine Aufforderung.

Frauen sagen häufig: »Könntest du?«, statt: »Würdest du?« und bitten damit indirekt. Wie erwähnt, ist das ein Anlaß für ihn, sich abzuwenden. Gegen einen gelegentlichen Gebrauch ist nichts einzuwenden, ein permanentes »Könntest du?« trägt garantiert dazu bei, daß der Mann sich verunsichert fühlt.

Wenn ich Frauen ermuntere, ihre Partner um Hilfe zu bitten, geraten sie manchmal in Panik, weil sie bereits gewöhnt sind, daß er ihr antwortet: »Laß mich in Ruhe« oder »Kannst du mich nicht mal was anderes fragen?« oder: »Hör auf, mir Vorschriften zu machen« oder: »Ich weiß schon, was ich zu tun habe« oder: »Das brauchst du mir nicht extra zu sagen.«

Ganz egal, wie das für eine Frau klingen mag, aber was ein Mann dadurch wirklich zum Ausdruck bringen will, ist: »Ich mag deine Art, mich zu fragen, nicht.« Wenn eine Frau nicht versteht, wie wichtig die richtigen Worte sind, muß sie damit rechnen, von ihrem Partner angeknurrt zu werden. Mit der Zeit verliert sie den Mut zu fragen, und fängt an zu sagen: »Kannst du?«, weil sie glaubt, das sei höflicher. Auf der Venus würde das vielleicht funktionieren, aber nicht auf dem Mars.

Auf dem Mars gilt es als eine Beleidigung, einen Mann zu fragen: »*Kannst* du den Müll wegbringen?« Natürlich *kann* er das! Die Frage ist nicht, ob er es *kann*, sondern ob er es *will*. Nachdem ein Mann ein paarmal auf diese Weise beleidigt worden ist, wird er wahrscheinlich sagen: »Nein, nicht mit mir!«

Um was Männer gebeten werden wollen

Wenn ich in meinen Seminaren auf die Unterscheidung der K-Wörter (können) und der W-Wörter (werden, wollen) zu sprechen komme, glauben die Frauen meistens, daß ich aus einer Mücke einen Elefanten mache. Vielen Frauen scheint es so, als sei da »kein so großer Unterschied«, tatsächlich erscheint einigen das »kannst du?« sogar viel höflicher zu sein. Für Männer jedoch *ist* es ein großer Unterschied. Um das zu illustrieren, zitiere ich im folgenden mehrere Männer, die an meinen Seminaren teilgenommen haben:

▷ »Wenn ich gefragt werde ›*Kannst* du den Hof kehren?‹, dann nehme ich das wörtlich. Ich sage: ›Sicherlich bin ich dazu imstande.‹ Ich sage nicht: ›Ja, gerne.‹ Ich habe dann keine Lust, irgendwelche Verpflichtungen einzugehen. Wenn ich dagegen gefragt werde: ›*Würdest* du bitte den Hof fegen?‹, muß ich mich entscheiden und bin oft gewillt zu helfen. Wenn ich zusage, sind die Chancen, daß ich es nicht vergesse, viel größer, weil ich eine Verpflichtung eingegangen bin.«

▷ »Wenn ich von meiner Frau gefragt werde: ›*Würdest* du mir bitte helfen?‹ gibt mir das die Gelegenheit, sie zu unterstützen. Aber wenn ich höre: ›*Kannst* du mir helfen?‹, fühle ich mich gleich wie mit dem Rücken zur Wand, so, als hätte ich gar keine andere Wahl. In der Art: wenn er schon helfen *kann*, dann *muß* er es auch tun. So fühle ich mich ausgebeutet.«

▷ »Vorige Woche fragte mich meine Frau: ›*Kannst* du heute die Blumen pflanzen?‹ Ohne Zögern antwortete ich mit ja. Als sie dann am Abend nach Hause kam, fragte sie mich: ›Hast du dich um die Pflanzen gekümmert?‹ Ich sagte nein. Sie sagte: ›*Kannst* du es morgen tun?‹, worauf ich wiederum mit einem Ja antwortete. Das ging so ein paarmal hin und her, aber die Blumen wurden nicht eingepflanzt. Ich glaube, wenn sie mich gefragt hätte: ›*Würdest* du morgen die Blumen einpflanzen?‹, hätte ich kurz überlegt, und wenn ich dann ja gesagt hätte, wären sie mit Sicherheit eingepflanzt worden.«

▷ »Wenn ich einfach nur sage: ›Ja, ich *kann* das tun‹, gehe ich damit keine wirkliche Verpflichtung ein. Ich sage lediglich, daß ich es tun *kann*. Ich habe noch nicht zugesagt, es zu tun. Wenn sie dann sauer auf mich wird, weil ich es nicht tue, fühle ich mich ungerecht behandelt. Wenn ich sage, ich *werde* etwas tun, kann ich verstehen, warum sie sich ärgert, wenn ich es nicht tue.«

▷ »Wenn eine Frau mich fragt: ›Würdest du das tun?‹, habe ich das Gefühl, ich kann dafür einen Punkt bei ihr bekommen. Ich fühle mich anerkannt und bin glücklich, daß ich etwas geben kann.«

▷ »Wenn ich ein ›Würdest du?‹ höre, fühle ich, daß sie mir zutraut, daß ich ihr helfen kann. Wenn sie ›Kannst du?‹ oder ›Könntest du?‹ fragt, höre ich immer eine Frage hinter der Frage. Sie fragt mich, ob ich den Müll ausleeren kann, wenn es doch offensichtlich ist, daß ich es kann. Aber hinter ihrer Frage ist die Anfrage, die sie nicht direkt an mich richtet, weil sie mir nicht genügend traut.«

▷ »Für mich ist: ›Würdest du?‹ eine persönliche Frage, und ich möchte dann gern helfen. ›Kannst du?‹ macht es unpersönlich, und ich werde nur darauf reagieren, wenn es gerade paßt oder wenn ich nichts anderes zu tun habe.«

Eine Möglichkeit, um einer Frau leicht den gewaltigen Unterschied zwischen »werden« und »können« zu verdeutlichen, besteht darin, ihr eine romantische Szene zu schildern. Sie soll sich einmal vorstellen, wie ein Mann einer Frau einen Heiratsantrag macht. Sein Herz ist zum Überlaufen voll, wie der Vollmond am Himmel. Er kniet vor ihr nieder und nimmt ihre Hände. Dann blickt er ihr in die Augen und sagt mit sanfter Stimme: »*Kannst* du mich heiraten?«

Sofort ist die Romantik dahin. Das K-Wort läßt ihn wie einen Schwächling erscheinen. In dem Moment riecht es förmlich nach Unsicherheit und mangelndem Selbstvertrauen. Wenn er statt dessen sagen würde: »*Würdest* du mich heiraten?«, ist sowohl seine Stärke als auch seine Verletzlichkeit erkennbar. *So* macht man einen Antrag.

Ebenso sieht es der Mann gern, wenn ihn die Frau auf entsprechende Weise um einen Gefallen bittet. Nehmen Sie das W-Wort. Das K-Wort klingt mißtrauisch, indirekt, schwach und manchmal sogar hinterlistig.

Wenn sie sagt: »*Kannst* du den Müll entleeren?«, hört er: »*Wenn* du den Müll entleeren *kannst, dann solltest* du es besser tun. *Sonst* mach' ich es.« Aus seiner Perspektive ist es offensichtlich, daß er es kann. Dadurch daß sie auf diese Weise vermieden hat, ihn direkt um seine Unterstützung zu bitten, hat er das Gefühl, sie will ihn zwingen oder nimmt seine Hilfe als selbstverständlich hin. Er hat nicht das Gefühl, daß sie darauf vertraut, daß er da ist, wenn sie ihn braucht.

Ich erinnere mich an eine Frau in einem Seminar, die diesen Unterschied aus venusianischer Perspektive erläuterte. Sie sagte: »Zuerst hatte ich kein Gefühl für den Unterschied zwischen diesen beiden Arten zu fragen. Aber dann plötzlich dämmerte es mir. Für mich ist es etwas völlig anderes, wenn er

sagt: ›Nein, ich *kann* nicht‹, als wenn er sagt: ›Nein, ich *will*
nicht.‹ Das ›Ich *will* nicht‹ ist eine persönliche Zurückweisung.
Wenn er sagt: ›Ich *kann* es nicht‹, dann hat das mit mir nichts zu
tun, sondern sagt lediglich, daß er es nicht kann.«

Häufige Fehler beim Fragen

Die größte Schwierigkeit, wenn man lernt, richtig zu fragen,
liegt darin, daß man nicht vergißt und sich zur gegebenen Zeit
daran erinnert, wie es geht. Versuchen Sie möglichst immer, die
W-Wörter zu benutzen. Das erfordert einige Übung. Die folgende Tabelle zeigt eine Reihe von Beispielen, wie man fragen
sollte und wie lieber nicht:

Wie man einen Mann richtig um Hilfe bittet	Wie man einen Mann nicht um Hilfe bitten sollte
Seien Sie direkt!	*Zu indirekt.*
Fassen Sie sich kurz!	*Zu umständlich.*
Sagen Sie »Würdest du?« oder: »Willst du?«	*Falsche Wortwahl: »Könntest du?« oder: »Kannst du?«*
»Würdest du bitte den Müll aus-leeren?«	»Diese Küche ist ein Schweine-stall. In diesen Mülleimer paßt nichts mehr rein. Er muß runter-gebracht werden. Kannst du das machen?«
»Würdest du mir helfen, diesen Tisch woanders hinzustellen?«	»Ich kann diesen Tisch nicht be-wegen. Ich muß vor heute abend alles umgeräumt haben. Kannst du mir helfen?«
»Würdest du die Sachen aus dem Auto holen?«	»Ich habe noch vier Einkaufs-tüten im Auto. Ich brauche die Sachen, um das Abendessen vorzubereiten. Kannst du sie hereinholen?«
»Würdest du heute die Katze zum Tierarzt bringen?«	»Die Katze muß geimpft werden. Hast du nicht Lust, sie zum Tier-arzt zu bringen?«

Wie man einen Mann richtig um Hilfe bittet	Wie man einen Mann nicht um Hilfe bitten sollte
»Würdest du eine Flasche Milch auf dem Heimweg mitbringen?«	»Du gehst doch in den Laden. Wir brauchen eine Flasche Milch. Ich schaffe es nicht mehr, noch einmal rauszugehen. Ich bin so müde. Heute war ein furchtbarer Tag. Könntest du sie mitbringen?«
»Wirst du Julie von der Schule abholen?«	»Julie braucht eine Mitfahrgelegenheit heute von der Schule. Ich kann sie nicht abholen? Hast du Zeit? Meinst du, du kannst sie abholen?«
»Lädst du mich heute abend zum Essen ein?«	»Ich bin viel zu müde, um Essen zu machen. Wir sind schon so lange nicht mehr Essen gewesen. Möchtest du nicht lieber essen gehen?«
»Würdest du mich diese Woche ins Kino ausführen?«	»Möchtest du diese Woche ins Kino gehen?«

Wie Sie sicherlich mittlerweile gemerkt haben, ist das, was Sie immer für Fragen gehalten haben, für einen Marsianer etwas ganz anderes. So klein und unscheinbar die Veränderungen im Tonfall sind, wenn Sie um Hilfe bitten, so schwierig ist es, sie im Alltag durchzusetzen. Es ist ratsam, sich mindestens drei Monate Zeit zu nehmen, in denen Sie sich selbst beobachten und korrigieren können, bevor Sie zur zweiten Stufe übergehen.

Beginnen Sie mit dem ersten Schritt. Achten Sie darauf, wie oft Sie nicht um Hilfe bitten, wenn Sie sie nötig hätten. Werden Sie sich dessen bewußt, *wie* Sie fragen, wenn Sie es tun. Üben Sie sich erst einmal darin, nach Dingen zu fragen, die er Ihnen bereits gibt. Denken Sie daran: Fassen Sie sich kurz und seien Sie direkt. Anschließend vergessen Sie nicht, ihm ausreichend Anerkennung und Dank zu geben.

Der erste Schritt kann sehr schwierig sein. Hier sind ein paar häufige Fragen, die Aufschluß über Schwierigkeiten und Widerstände geben, die Frauen damit haben können:

Frage: Eine Frau könnte sich denken: »Warum soll ich ihn eigentlich um Hilfe bitten? Schließlich erwarte ich von ihm ja auch nicht, daß er das tut.«
Antwort: Männer sind anders. Wenn Sie das akzeptieren, werden Sie bekommen, was Sie brauchen. Wenn Sie ihn aber ändern wollen, wird er sich hartnäckig widersetzen. Es liegt zwar nicht in der Natur von Venusfrauen, um etwas zu bitten, aber sie können es trotzdem tun, ohne sich dabei zu verleugnen. Wenn er sich dadurch geliebt und anerkannt fühlt, wird er allmählich immer bereitwilliger sein, Ihnen seine Unterstützung anzubieten, ohne daß man ihn erst lange darum bitten muß.

Frage: Vielleicht denkt sich eine Frau: »Warum sollte ich das, was er tut, auch noch loben, wenn ich sowieso viel mehr tue?«
Antwort: Marsmänner geben weniger, wenn man sie nicht lobt. Wenn er mehr beitragen soll, braucht er mehr Anerkennung. *Männer werden durch Anerkennung motiviert.* Wenn Sie viel mehr geben als er, ist es vielleicht nicht einfach für Sie, ihn auch noch zu loben. Geben Sie auf taktvolle Weise weniger, damit Sie ihn leichter loben können. Sie helfen ihm, sich mehr geliebt zu fühlen, und erhalten auch selbst die erwünschte Unterstützung.

Frage: Eine Frau sagt sich vielleicht: »Wenn ich von ihm Hilfe nur bekomme, wenn ich darum bitte, meint er vielleicht noch, daß er mir damit einen besonderen Gefallen tut.«
Antwort: So sollte er sich auch fühlen. Eine freiwillige Hilfestellung ist ein besonderer Gefallen. Wenn ein Mann das Gefühl hat, er tut Ihnen einen Gefallen, kommt sein Geschenk von Herzen. Vergessen Sie nicht, daß er Marsianer ist und daher für ihn die Dinge ein anderes Gewicht haben. Wenn er das Gefühl hat, er ist verpflichtet, Ihnen etwas zu geben, wird sein Herz sich verschließen, und er wird immer weniger geben.

Frage: Eine Frau denkt sich vielleicht: »Wenn er mich liebt, sollte er mir einfach seine Hilfe anbieten. Ich sollte ihn nicht erst darum bitten müssen.«

Antwort: Vergessen Sie nicht, daß Männer vom Mars kommen. Sie sind anders. *Männer wollen gebeten werden.* Anstatt zu denken: »Wenn er mich liebt, wird er mir seine Hilfe anbieten«, sollten Sie sich sagen: »Wenn er eine Venusfrau wäre, würde er einfach seine Hilfe anbieten, aber er kommt ja nun einmal vom Mars.« Wenn Sie diesen Unterschied akzeptieren, wird er viel eher bereit sein, Ihnen seine Unterstützung zu geben, und allmählich von sich aus seine Hilfe anbieten.

Frage: Vielleicht fragt sich eine Frau: »Wenn ich ihn immer bitten muß, denkt er vielleicht, daß ich nicht soviel tue wie er. Ich habe Angst, er bekommt das Gefühl, daß er mir nichts mehr zu geben braucht.«

Antwort: Ein Mann ist großzügiger, wenn er das Gefühl hat, er muß nicht unbedingt geben. Außerdem: Wenn ein Mann von einer Frau in respektvoller Weise um Unterstützung gebeten wird, ist für ihn klar, daß ihr diese Unterstützung zusteht. Er denkt dann nicht, daß sie weniger gegeben hat. Im Gegenteil, er geht davon aus, daß sie eigentlich mehr tut als er oder zumindest gleichviel und deswegen ein gutes Gefühl hat, wenn sie ihn fragt.

Frage: Eine Frau könnte sich denken: »Wenn ich um Unterstützung bitte, fällt es mir schwer, mich ganz kurz zu fassen. Ich möchte erklären, warum ich seine Hilfe brauche. Ich möchte nicht fordernd erscheinen.«

Antwort: Wenn ein Mann von seiner Partnerin um etwas gebeten wird, kann er sich darauf verlassen, daß sie gute Gründe dafür hat. Wenn sie ihm jede Menge Gründe aufzählt, warum er ihre Bitte erfüllen sollte, hat er das Gefühl, er kann nicht mehr nein sagen und fühlt sich überrumpelt. Geben Sie ihm die Chance, Ihnen ein Geschenk zu machen, anstatt seine Unterstützung als selbstverständlich zu betrachten. Wenn er Erklärungen braucht, wird er danach fragen. Dann können Sie sie ihm geben. Aber auch wenn er fragt, sollten Sie nicht zu kompliziert antworten. Geben Sie ihm einen oder zwei gute Gründe. Wenn er immer noch mehr Informationen will, wird er es Sie wissen lassen.

Frage: Vielleicht denkt sich eine Frau: »Wenn ich um Hilfe bitte, erscheine ich schwach, machtlos und unwürdig. Das möchte ich nicht.«
Antwort: Wirkliche Stärke besteht darin, in der Lage zu sein, zu fragen und zu bekommen, was man will. Das Gefühl der Schwäche entsteht nur, wenn Sie sich mit Ihrer schwachen, verletzbaren, venusianischen Seite noch nicht angefreundet haben. Wenn Sie ein Gefühl für Ihre Bedürfnisse bekommen, merken Sie, daß Sie keineswegs schwach und unwürdig sind, wenn Sie um Hilfe bitten. Das Bitten zwingt Sie dazu, Ihre Verletzlichkeit zu spüren, Ihre weibliche Natur. Wenn Ihr Partner auf Ihr Ansinnen eingeht, wird sich das Gefühl von Schwäche und Unwürdigkeit sehr schnell legen.

Zweiter Schritt: Üben Sie, um mehr zu bitten

Bevor Sie einen Mann um mehr bitten, vergewissern Sie sich, daß er sich für das, was er gibt, bereits entsprechend gewürdigt fühlt. Wenn es Ihnen gelingt, ihn weiterhin um seine Unterstützung zu bitten, ohne ihn durch Ihre Erwartungshaltung unter Druck zu setzen, wird er sich nicht nur gewürdigt, sondern auch als Mensch akzeptiert fühlen.

Wenn er daran gewöhnt ist, daß Sie ihn um seine Hilfe bitten, ohne ihn zu bedrängen, fühlt er sich geliebt. Er merkt, daß er sich nicht ändern *muß*, um Ihre Liebe zu bekommen. Erst dann ist er bereit, sich zu ändern und seine Fähigkeit, sich um Sie zu sorgen, auf andere Bereiche zu erweitern. Jetzt können Sie es riskieren, ihn um mehr zu bitten, ohne daß er darin eine Kritik sieht, daß er vielleicht nicht gut genug ist.

Der zweite Schritt besteht darin, daß Sie ihm die Sicherheit vermitteln, daß er nein sagen darf, ohne deshalb Ihre Liebe zu verlieren. Das gibt ihm die Freiheit, sowohl mit Ja als auch mit Nein zu antworten. *Vergessen Sie nicht, daß Männer viel eher bereit sind, ja zu sagen, wenn sie auch die Freiheit haben, nein zu sagen.*

Es ist wichtig, daß Frauen lernen, auf ihre Bitte ein Nein zu akzeptieren. In den meisten Fällen kennt die Frau die Antwort schon intuitiv, bevor sie die Frage stellt. Wenn sie das Gefühl hat, er könnte ihre Bitte abschlagen, fragt sie meistens gar nicht erst. Statt dessen fühlt sie sich von ihm schlecht behandelt. Er wird natürlich überhaupt nicht wissen, was los ist, denn alles ist »nur« in ihrem Kopf passiert.

Im zweiten Schritt sollten Sie in all den Situationen um Hilfe bitten, in denen Sie zwar fragen wollten, es aber nicht getan haben, weil Sie diesen Widerstand fühlten. Geben Sie sich einen Ruck und bitten Sie um Hilfe, selbst wenn Sie seinen Widerstand spüren. Tun Sie es sogar, wenn Sie *wissen*, daß er nein sagen wird.

Wenn zum Beispiel eine Frau ihrem Mann, der gerade die Nachrichten im Fernsehen sieht, sagt: »Könntest du bitte mal kurz in den Laden gehen und etwas Lachs zum Abendessen kaufen?«, dann ist sie innerlich darauf vorbereitet, daß er nein sagt. Er ist vielleicht völlig überrascht, weil sie es noch nie gewagt hat, ihn wegen einer solchen Bitte während der Nachrichten zu stören. Wahrscheinlich wird er sagen: »Du siehst doch, daß ich gerade dabei bin, die Nachrichten zu sehen. Kannst du nicht selbst schnell rüberlaufen?«

Sie möchte dann am liebsten sagen: »Sicherlich kann ich das, aber ich bin immer diejenige, die so was tut. Ich möchte nicht deine Dienerin sein. Ich würde es gern einmal sehen, daß du mir hilfst.«

Wenn Sie fragen und das Gefühl haben, Sie bekommen einen Korb, seien Sie auf das Nein gefaßt und haben Sie eine Antwort bereit, wie: »In Ordnung. Wenn du Wert darauf legst, dich als ein echter Marsmann zu beweisen...« Ein einfaches »In Ordnung« ist jedoch wahrscheinlich unproblematischer.

Es ist auf jeden Fall wichtig zu fragen und, wenn er nein sagt, so zu tun, als sei alles in Ordnung. Sie müssen es für ihn gefahrlos machen, nein zu sagen. Das können Sie jedoch nur in Situationen, in denen es wirklich kein Problem ist, wenn er nein sagt. Suchen Sie sich Situationen aus, in denen Sie sich sehr über seine Unterstützung freuen würden, aber sich mit einem Nein gut abfinden können.

Hier einige Beispiele:

Wann Sie fragen können	*Was Sie sagen können*
Er arbeitet an irgend etwas, und Sie möchten, daß er die Kinder abholt. Normalerweise würden Sie ihn einfach in Ruhe lassen und es selber machen.	Sie sagen: »Würdest du Julie abholen? Sie hat gerade angerufen.« Wenn er dann nein sagt, können Sie schlicht und würdevoll sagen: »Gut.«
Normalerweise kommt er nach Hause und erwartet, daß Sie das Abendessen vorbereiten. Sie möchten, daß er es auch einmal tut, aber fragen ihn nie. Sie haben das Gefühl, es widerstrebt ihm, sich in die Küche zu stellen.	Sie sagen: »Würdest du mir helfen die Kartoffeln zu schälen?« oder: »Würdest du heute abend das Abendessen zubereiten?« Wenn er dann nein sagt, sagen Sie schlicht und würdevoll: »Gut.«
Normalerweise sieht er nach dem Abendessen fern, und Sie machen den Abwasch. Sie sähen es gern, wenn er sich einmal um den Abwasch kümmern oder Ihnen zumindest helfen würde, aber Sie fragen ihn nie. Sie haben das Gefühl, er haßt es zu spülen. Vielleicht macht es ihm gar nichts aus. Fragen Sie ihn doch einmal.	Sagen Sie: »Würdest du mir heute abend beim Abwaschen helfen?« oder: »Würdest du den Tisch abräumen?« An einem lockeren Abend können Sie auch fragen: »Würdest du heute abend abwaschen?« Wenn er dann nein sagt, sagen Sie schlicht und würdevoll: »Gut.«
Er möchte ins Kino gehen, und Sie wollen lieber tanzen. Normalerweise haben Sie ein Gespür für seine Vorlieben und fragen gar nicht erst, ob er vielleicht lieber tanzen gehen möchte.	Sie sagen: »Würdest du mich heute abend zum Tanz ausführen? Ich tanze so gern mit dir.« Wenn er dann nein sagt, sagen Sie schlicht und würdevoll: »Gut.«

Sie sind müde und würden gern ins Bett gehen. Am nächsten Morgen kommt die Müllabfuhr. Sie spüren, daß er ebenfalls müde ist, also fragen Sie ihn nicht, ob er die Mülltonne rausstellt.	Sie sagen: »Würdest du die Mülltonne rausstellen?« Wenn er nein sagt, sagen Sie schlicht und würdevoll: »Gut.«
Er ist sehr beschäftigt und arbeitet an einem wichtigen Projekt. Sie möchten ihn nicht unterbrechen, denn Sie merken, wie konzentriert er ist. Andererseits würden Sie gern mit ihm sprechen. Normalerweise würden Sie seinen Widerstand spüren und ihn gar nicht erst fragen.	Sie sagen: »Würdest du mir ein wenig Zeit schenken?« Wenn er nein sagt, sagen Sie schlicht und würdevoll: »Gut.«
Er ist sehr konzentriert und geschäftig, aber Sie müssen das Auto aus der Werkstatt holen. Normalerweise sehen Sie im voraus, wie schwierig es für ihn ist, seinen Terminplan umzuwerfen, und bitten ihn gar nicht erst, Sie in die Werkstatt zu bringen.	Sie sagen: »Würdest du mich heute bitte in die Werkstatt fahren. Mein Auto ist fertig und muß abgeholt werden.« Wenn er nein sagt, sagen Sie schlicht und würdevoll: »Gut.«

Bei jedem der erwähnten Beispiele sollten Sie darauf gefaßt sein, daß er nein sagt, und sich darin üben, tolerant und vertrauensvoll zu sein. *Akzeptieren Sie sein Nein und vertrauen Sie darauf, daß er Sie unterstützen würde, wenn er es könnte.* Jedesmal wenn Sie einen Mann um Hilfe bitten und ihm kein schlechtes Gewissen verursachen, wenn er nein sagt, erhalten Sie von ihm fünf bis zehn Punkte. Das nächste Mal, wenn Sie ihn fragen, wird er sich schon aufgeschlossener zeigen.

Eine ehemalige Mitarbeiterin hat mir damals die Augen dafür geöffnet. Wir arbeiteten zusammen an einem gemeinnützigen Projekt und brauchten noch freiwillige Helfer. Sie wollte gerade Tom, einen Freund von mir, anrufen. Ich sagte ihr, sie solle sich keine Mühe machen, denn ich wußte bereits, daß er diesmal keine Zeit hatte zu helfen. Sie sagte, sie möchte trotzdem gern anrufen. Ich fragte warum, und sie sagte: »Wenn ich ihn anrufe, werde ich ihn um seine Hilfe bitten. Wenn er nein sagt, werde ich sehr höflich und verständnisvoll sein. Das nächste Mal, wenn ich ihn wegen eines anderen Projekts anrufe, wird er dann vielleicht leichter ja sagen können. Er wird mich positiv in Erinnerung behalten.« Sie hatte recht.

Wenn Sie einen Mann um Hilfe bitten und ihn nicht zurückweisen, wenn er nein sagt, wird er sich das merken und das nächste Mal viel bereitwilliger sein. Wenn Sie jedoch in aller Stille Ihre Bedürfnisse opfern und gar nicht erst fragen, wird er keinerlei Vorstellung davon haben, wie oft er gebraucht wird. Wie sollte er auch, wenn Sie ihn nicht fragen?

Wenn Sie ihn vorsichtig immer öfter fragen, wird Ihr Partner irgendwann einmal den Bereich, in dem er sich sicher fühlt, erweitern und ja sagen können. An diesem Punkt ist es gefahrlos für Sie, um mehr zu bitten. Das ist *eine* Methode, um eine gesunde Beziehung aufzubauen.

Eine Beziehung kann als »gesund« bezeichnet werden, wenn beide Partner sich jederzeit um alles bitten können, was sie brauchen und wollen, und beide jederzeit nein sagen dürfen.

Ich kann mich erinnern, wie ich eines Tages mit einer Freundin der Familie in unserer Küche stand. Unsere Tochter Lauren war gerade fünf Jahre alt. Sie war zu der Zeit ganz wild darauf, von mir hochgenommen und in die Luft geworfen zu werden. An diesem Tag aber mußte ich sie enttäuschen. Ich sagte: »Nein, heute nicht. Heute bin ich zu müde.«

Lauren aber bestand spielerisch darauf und sagte immer wieder: »Bitte Daddy, bitte Daddy, nur einmal!«

Unsere Freundin meinte: »Lauren, dein Vater ist müde. Er hat heute schwer gearbeitet. Du solltest ihn nicht fragen.«

Lauren reagierte sofort und sagte zu ihr: »Ich frage ja nur.«

»Aber du weißt doch, daß dein Vater dich lieb hat«, sagte sie zu Lauren. »Er kann niemals nein sagen.«

(Das wäre dann jedoch das Problem des Vaters, nicht ihres.)

Sofort sagten meine Frau und unsere drei Töchter: »Das kann er sehr wohl!«

Ich war sehr stolz auf meine Familie. Es war ein ganzes Stück Arbeit, aber allmählich haben wir gelernt, uns gegenseitig um Hilfe zu bitten und auch einmal ein Nein zu akzeptieren.

Dritter Schritt: Positives Fragen

Wenn Sie den zweiten Schritt getan haben und würdevoll ein Nein akzeptieren können, sind Sie bereit für den dritten Schritt, in dem Sie Ihre ganze Kraft einsetzen, um das zu bekommen, was Sie wollen. Auf dieser Stufe sagen Sie, wenn er anfängt, sich zu entschuldigen und Ihre Bitte ablehnt, nicht: »gut« wie auf der vorangegangenen. Statt dessen üben Sie sich darin, es zwar erst einmal hinzunehmen, daß er nein sagt, aber nicht aufzuhören, auf sein Ja zu warten.

Nehmen wir an, er befindet sich auf dem Weg ins Bett, und Sie fragen ihn: »Würdest du noch in den Laden gehen und eine Flasche Milch holen?«, und er antwortet: »Ich bin wirklich müde, ich möchte lieber gleich ins Bett gehen.«

Anstatt ihn einfach mit einem »Gut« gehenzulassen, sagen Sie diesmal gar nichts. Bleiben Sie stehen und akzeptieren Sie, daß er sich Ihrer Bitte widersetzt. Indem Sie seinem Widerstand keinen Widerstand entgegensetzen, verschaffen Sie sich eine viel bessere Chance, daß er schließlich doch noch ja sagt.

Die Kunst des positiven Fragens besteht darin, still zu stein, nachdem Sie Ihre Bitte vorgebracht haben. Wenn Sie gefragt haben, können Sie ein Brummen, ein Räuspern, ein Grummeln und ein Murmeln erwarten. Ich nenne den Widerstand, den Männer manchmal zeigen, wenn man eine Bitte an sie richtet, das »Knurren«. Je konzentrierter ein Mann ist, desto lauter wird er knurren. Sein Knurren hat nichts mit seiner Hilfsbereitschaft zu tun, es ist lediglich ein Symptom dafür, wie stark er in irgend etwas vertieft war, als Sie die Frage an ihn richteten.

Frauen interpretieren das Knurren des Mannes oft falsch. Sie gehen irrtümlicherweise davon aus, daß er ihrer Bitte nicht nachkommen will. Das ist jedoch nicht der Fall. *Sein Knurren ist ein Zeichen dafür, daß er Ihre Bitte überdenkt. Wenn er sich schon dagegen entschieden hätte, würde er nicht mehr knurren, sondern hätte schon längst höflich, aber bestimmt nein gesagt.* Wenn ein Mann knurrt, ist das ein gutes Zeichen. In seinen Gedanken versucht er, Ihre Bitte mit seinen eigenen Bedürfnissen in Übereinstimmung zu bringen.

Er wird einige innere Widerstände überwinden müssen, um seine Aufmerksamkeit von dem Gegenstand, auf den er sich gerade konzentriert, auf Ihre Bitte zu lenken. Es ist, als wolle man eine Tür mit eingerosteten Scharnieren öffnen. Seltsame Geräusche können dabei auftreten. Wenn Sie sein Knurren ignorieren, wird es schnell wieder vergehen.

Oft ist ein Mann, wenn er knurrt, nahe daran, ja zu sagen. Weil die meisten Frauen diese Reaktion falsch verstehen, vermeiden sie entweder, ihn um Unterstützung zu bitten, oder sie nehmen es persönlich und weisen ihn als Gegenreaktion zurück.

In unserem Beispiel, in dem er gerade ins Bett will und Sie ihn noch einmal auf die Straße schicken wollen, ist es sehr wahrscheinlich, daß er erst einmal knurren wird.

»Ich bin müde«, sagt er in einem leicht gereizten Ton. »Ich möchte lieber ins Bett.«

Wenn Sie diese Reaktion fälschlicherweise als Ablehnung interpretieren, könnten Sie darauf reagieren, indem Sie sagen: »Ich habe dir das Abendessen auf den Tisch gestellt, habe Geschirr gespült, habe die Kinder ins Bett gebracht, und alles, was du getan hast, war, dich auf dieses Sofa zu pflanzen. Ich verlange ja gar keinen großen Gefallen von dir, aber wenigstens solltest du mir ein wenig helfen. Ich bin so erschöpft. Ich habe das Gefühl, ich bin die einzige, die hier etwas tut.« – Dann beginnt der Streit.

Wenn Sie jedoch wissen, daß ein Knurren eben nur ein Knurren ist und daß es nichts anderes zu bedeuten hat, als daß er es sich noch einmal überlegen will, aber auf dem besten Wege ist, ja zu sagen, werden Sie am besten schweigen. Mit Ihrem Schweigen signalisieren Sie ihm Ihr Vertrauen darauf, daß er über seinen Schatten springen und ja sagen kann.

Wenn man den Widerstand eines Mannes gegen die Bitten einer Frau verstehen will, ist es wichtig zu sehen, daß er sich jedesmal selbst überwinden muß. Immer wenn Sie ihn um mehr bitten, muß er ein wenig über sich hinauswachsen. Wenn er das nicht kann, bleibt ihm nichts anderes übrig, als nein zu sagen. Sie sollten ihn langsam zu einem Ja hinführen, indem sie die ersten beiden Schritte gründlich durchgehen und dann erst den dritten tun.

Achten Sie außerdem darauf, daß es auch für Männer morgens nicht leicht ist, sich selbst zu überwinden. Später am Tag ist das wesentlich leichter zu erreichen. Wenn ein Mann knurrt, stellen Sie sich einfach vor, daß er gerade dabei ist, über sich selbst hinauszuwachsen. Wenn er es dann endlich geschafft hat, ist alles in bester Ordnung. Er muß nur immer erst mal knurren.

Wie Sie einen Mann dazu bringen, ja zu sagen

Erstmals durchschaute ich diesen Mechanismus, als meine Frau mich bat, eine Flasche Milch zu holen, obwohl ich gerade ins Bett gehen wollte. Ich kann mich erinnern, daß ich laut vor mich hin knurrte. Anstatt sich mit mir zu streiten, hörte sie mir einfach zu, in der Annahme, daß ich es schließlich doch tun würde. Nach einer Weile stob ich tatsächlich los, knallte unterwegs noch mit ein paar Türen, stieg ins Auto und fuhr in einen Laden, der noch geöffnet hatte.

Dann geschah etwas, das irgendwann jedem Mann passiert, etwas, das Frauen so nicht kennen. Während ich mich immer mehr auf mein Ziel – die Milch – zubewegte, verschwand mein Groll allmählich. Ein Gefühl von Liebe und Hilfsbereitschaft für meine Frau machte sich in mir breit. Ich fühlte mich wieder wie der edle Ritter. Das fühlte sich gut an.

Als ich den Laden endlich erreichte, war ich schon richtig glücklich, daß ich meiner Frau den Gefallen tun konnte, ihr noch die Milch zu bringen. Als ich meine Hand nach der Milch ausstreckte, hatte ich mein Ziel erreicht. Jeder Mann fühlt sich gut, wenn er etwas erreicht hat.

Als ich mit der Milch zu Hause ankam, war meine Frau glücklich. Sie gab mir einen dicken Kuß und sagte: »Vielen, vielen Dank. Ich bin so froh, daß ich mich nicht noch einmal anziehen mußte.«

Wenn sie mich in dem Moment ignoriert hätte, wäre ich wahrscheinlich ziemlich sauer geworden. Das nächste Mal, wenn sie mich gebeten hätte, Milch zu holen, hätte ich wahrscheinlich noch viel lauter geknurrt. Aber sie hat mich nicht ignoriert, statt dessen hat sie mir jede Menge Zuneigung geschenkt.

Ich dachte mir insgeheim: »Was für eine wundervolle Frau ich doch habe. Sogar nachdem ich so störrisch war und beinahe nicht gefahren wäre, ist sie trotzdem noch so liebevoll und weiß meinen kleinen Gefallen wirklich zu schätzen.«

Das nächste Mal, als sie mich bat, noch einmal loszufahren und etwas einzukaufen, knurrte ich schon viel weniger. Als ich zurückkam, ließ sie mich wieder spüren, wie sehr sie meinen Gefallen zu schätzen wußte. Das dritte Mal, sagte ich schon fast automatisch: »Na klar.«

Eine Woche später merkte ich, sie hatte wieder keine Milch mehr. Diesmal bot ich ihr von mir aus an, welche zu holen. Sie sagte, sie müßte sowieso noch in den Laden fahren. Zu meinem größten Erstaunen war ich direkt ein wenig enttäuscht. Ich wollte ihr die Milch holen. Ihre Liebe hatte mich programmiert, ja zu sagen. Bis auf den heutigen Tag sagt ein Teil von mir glücklich ja, immer wenn meine Frau mich bittet, spätabends noch mal loszufahren und eine Flasche Milch zu holen.

Ich habe mich tatsächlich verändert. Dadurch daß sie meinen inneren Groll akzeptiert und meine Gefälligkeit gewürdigt hat, als ich wieder zurückkam, hat sie mich von meinem Widerstand geheilt. Von dem Moment an, als sie begonnen hatte, *positiv zu fragen,* fiel es mir viel leichter, ihren Bitten nachzukommen.

Die schöpferische Pause

Eines der wichtigsten Elemente beim positiven Fragen ist es, still zu sein, nachdem man um Unterstützung gebeten hat. Lassen Sie Ihrem Partner die Möglichkeit, seinen inneren Widerstand *allmählich* zu überwinden. Verübeln Sie ihm sein Knurren nicht. Solange Sie gar nichts tun und schweigen, haben Sie gute Chancen, seine Unterstützung zu erhalten. Wenn Sie das Schweigen brechen, verlieren Sie Ihre Macht.

Frauen brechen oft unbewußt ihr Schweigen und verlieren dadurch ihre Macht, indem sie etwa sagen:

»Ach, vergiß es...«

»Kaum zu glauben! Du sagst tatsächlich nein...«

»Es ist nicht viel, was ich von dir verlange...«

»Es wird nicht mehr als eine Viertelstunde dauern...«

»Ich bin enttäuscht. Du tust mir sehr weh...«

»Meinst du wirklich, du kannst mir nicht einmal diesen kleinen Gefallen tun?«

»Warum kannst du denn nicht...?«

Und so weiter. Sie wissen schon. Wenn er knurrt, hat sie das Gefühl, sie muß ihre Bitte verteidigen, und begeht den Fehler, ihr Schweigen zu brechen. Sie fängt mit ihrem Partner einen Streit an und will ihn davon überzeugen, daß er es tun sollte. Ob er es dann tut oder nicht, jedenfalls wird er das nächste Mal, wenn sie ihn um Hilfe bittet, noch mehr Widerstand zeigen.

Um ihm eine Chance zu geben, Ihre Bitte zu erfüllen, fragen Sie und machen Sie eine Pause. Lassen Sie ihn knurren und reden. Hören Sie einfach zu. Irgendwann wird er Ihnen ein Ja geben. Haben Sie keine Angst, daß er Ihnen einen Vorwurf machen wird. Er kann es und will es auch nicht, solange Sie nicht auf Ihrer Bitte bestehen. Selbst wenn er knurrend wegläuft, ist das kein Drama, solange Sie sich sicher sind, daß es seine Entscheidung ist, ob er es tun will oder nicht.

Manchmal wird er jedoch vielleicht nicht ja sagen. Oder er versucht, sich herauszureden, indem er Ihnen irgendwelche Fragen stellt. Seien Sie vorsichtig! In Ihrer Pause fängt er vielleicht an, Fragen zu stellen wie:

»Warum tust du es eigentlich nicht selbst?«

»Ich habe wirklich keine Zeit. Kannst du es nicht tun?«

»Ich bin so beschäftigt. Ich habe gar keine Zeit. Was hast du eigentlich vor?«

Manchmal sind das nur rhetorische Fragen, und Sie können beruhigt weiter schweigen. Sagen Sie nichts, solange es nicht klar ist, daß er tatsächlich eine Antwort von Ihnen erwartet. Wenn er eine Antwort will, geben Sie ihm eine, aber fassen Sie sich sehr kurz, und fragen Sie dann noch einmal. *Positives Fragen heißt, zuversichtlich zu sein und darauf zu vertrauen, daß er Ihnen helfen wird, wenn er es kann.*

Wenn er Ihnen Fragen stellt oder nein sagt, geben Sie ihm kurz zu verstehen, daß Ihr Bedürfnis genauso groß ist wie seins. Dann fragen Sie noch einmal. Hier sind einige Beispiele:

Was er aus Widerstand gegen ihre Bitte vorbringt	*Wie sie darauf mit positivem Fragen reagieren kann*
Er sagt: »Ich habe keine Zeit. Kannst du es nicht selbst tun?«	Sie sagt: »Ich habe es ebenfalls eilig. Würdest du es bitte tun?« Dann schweigt sie wieder.
Er sagt: »Nein, ich möchte das nicht machen.«	Sie sagt: »Ich würde mich wirklich darüber freuen. Würdest du es bitte für mich tun?« Dann schweigt sie wieder.
Er sagt: »Ich habe soviel zu tun. Was machst du eigentlich?«	Sie sagt: »Ich habe auch zu tun. Wirst du es bitte machen?« Dann schweigt sie wieder.
Er sagt: »Nein, ich habe überhaupt keine Lust.«	Sie sagt: »Ich habe auch keine Lust. Würdest du es bitte tun?« Dann schweigt sie wieder.

Achten Sie darauf, daß Sie nicht versuchen, ihn zu überreden, sondern sich lediglich seinem Widerstand entgegenstellen. Wenn er müde ist, sollten Sie nicht versuchen, ihn zu überzeugen, daß Sie noch müder sind und er Ihnen deshalb helfen sollte. Wenn er meint, daß er zuviel zu tun hat, versuchen Sie auf keinen Fall, ihn davon zu überzeugen, daß Sie noch mehr zu tun haben. Vermeiden Sie, ihm Gründe anzuführen, warum er es tun sollte. *Vergessen Sie nicht, daß Sie lediglich fragen und keine Forderungen stellen.*

Wenn er sich immer noch weigert, sollten Sie einen Schritt weitergehen und in Würde seine Ablehnung hinnehmen. Sie können sicher sein, wenn Sie diesmal loslassen, wird er nicht vergessen, wie liebevoll Sie waren, und das nächste Mal bereitwilliger sein, Sie zu unterstützen.

Je weiter Sie vorankommen, desto erfolgreicher werden Sie ihn um Hilfe bitten können und sie auch erhalten. Selbst wenn Sie die Kunst der schöpferischen Pause beherrschen, müssen Sie immer noch den ersten und den zweiten Schritt beachten. Es ist immer wichtig, daß Sie nicht nachlassen, auf die richtige Weise nach den kleinen Dingen zu fragen, und mit Würde seine Ablehnung hinnehmen können.

Warum Männer so empfindlich sind

Vielleicht fragen Sie sich, warum Männer so empfindlich sind, wenn sie um Hilfe gebeten werden. Nicht etwa, weil sie faul sind, sondern weil sie so ein großes Bedürfnis haben, akzeptiert zu werden. Jede Aufforderung, mehr zu sein oder mehr zu geben, kann ebensogut den Eindruck bei ihm vermitteln, daß er so, wie er ist, nicht akzeptiert wird. Ebenso wie eine Frau empfindlich darauf reagiert, wenn sie ihre Gefühle mitteilt und nicht angehört oder verstanden wird, ist ein Mann sensibel, wenn es darum geht, daß er so akzeptiert wird, wie er ist. Jeder Versuch, ihn zu verbessern, gibt ihm das Gefühl, daß man ihn ändern will, weil er nicht gut genug ist.

Auf dem Mars lautet das Motto: »Repariere nie etwas, was

funktioniert!« Wenn ein Mann das Gefühl hat, eine Frau will mehr von ihm und versucht ihn zu ändern, glaubt er, sie will ihm damit zu verstehen geben, daß er nicht mehr richtig funktioniert. Natürlich hat er dann den Eindruck, sie liebt ihn nicht so, wie er ist.

Die Kunst, um Hilfe zu bitten, ist eine Bereicherung jeder Beziehung. Wenn Sie die Liebe und Unterstützung bekommen, die Sie brauchen, wird auch Ihr Partner sehr glücklich sein. Männer sind am glücklichsten, wenn sie das Gefühl haben, sie machen die Menschen, um die sie sich sorgen, froh und zufrieden. Wenn Sie lernen, richtig um Hilfe zu bitten, können Sie nicht nur Ihrem Mann helfen, sich mehr geliebt zu fühlen, sondern Sie stellen auch sicher, daß Sie die Liebe erhalten, die Sie brauchen und verdienen.

Im letzten Kapitel werden wir das Geheimnis erforschen, wie man den Zauber der Liebe lebendig erhalten kann.

DREIZEHNTES KAPITEL

Den Zauber der Liebe lebendig erhalten

Offenbar gehört es zu einer Liebesbeziehung, daß man irgendwann plötzlich merkt, wie man sich seinem Partner gegenüber verschließt oder lieblos auf ihn reagiert, obwohl man eben noch den Eindruck hatte, alles ist in bester Ordnung, und man versteht sich prächtig. Vielleicht entdecken Sie sich in einem der folgenden Beispiele wieder:

▷ Am Abend sind Sie noch voller Liebe für Ihren Partner, aber wenn Sie am nächsten Morgen aufwachen, haben Sie nur noch Ärger und negative Gefühle für ihn übrig.

▷ Sie sind liebevoll, geduldig und tolerant. Von einem Tag auf den anderen werden Sie fordernd und unzufrieden.

▷ Sie können sich nicht vorstellen, wie Sie jemals Ihren Partner nicht mehr lieben könnten. Am nächsten Tag haben Sie einen Streit und denken plötzlich über eine Trennung oder Scheidung nach.

▷ Ihr Partner tut etwas Liebevolles für Sie, trotzdem sind Sie sauer auf ihn wegen der vielen Male, in denen er Sie ignoriert hat.

▷ Sie sind von Ihrem Partner angezogen, doch plötzlich fühlen Sie sich in seiner Gegenwart völlig taub und gefühllos.

▷ Sie sind mit Ihrem Partner sehr glücklich, doch plötzlich sind Sie sich völlig unsicher über Ihre Beziehung oder haben das Gefühl, Sie bekommen nicht, was Sie brauchen.

▷ Sie fühlen sich zuversichtlich und sind sicher, daß Ihr Partner Sie liebt. Plötzlich empfinden Sie sich als völlig verzweifelt und schwach.

▷ Sie sind geradezu verschwenderisch großzügig mit Ihrer Liebe, doch plötzlich werden Sie zurückhaltend, kritisch, übervorsichtig, ärgerlich oder herrschsüchtig.

▷ Sie fühlen sich sehr zu Ihrem Partner hingezogen, und in dem Moment, in dem er sich binden möchte, verliert er seine Anziehungskraft auf Sie oder Sie finden plötzlich einen anderen Menschen viel attraktiver.

▷ Sie möchten mit Ihrem Partner schlafen, wenn er dann jedoch auch will, wollen Sie nicht mehr.

▷ Sie sind glücklich miteinander und Ihrem gemeinsamen Leben, fühlen sich aber plötzlich schlecht, einsam oder fehl am Platz.

▷ Es ist ein wundervoller Tag für Sie, und Sie freuen sich darauf, Ihren Partner zu sehen. Wenn Sie ihm dann aber gegenüberstehen, fühlen Sie sich durch irgend etwas, was er sagt, enttäuscht, vor den Kopf gestoßen, angewidert, gelangweilt oder emotional distanziert.

Vielleicht ist Ihnen aufgefallen, daß Ihr Partner ebenfalls durch einige dieser Verwandlungen gegangen ist. Nehmen Sie sich einen Moment Zeit. Lesen Sie noch einmal die Liste durch und denken Sie darüber nach, wie Ihr Partner plötzlich seine Fähigkeit verliert, Ihnen die Liebe zu geben, die Sie verdient haben. Vielleicht haben Sie zu bestimmten Zeiten plötzliche Verschiebungen beobachtet. Es ist nichts Ungewöhnliches, wenn zwei Menschen, die über beide Ohren ineinander verliebt sind, sich von einem Tag auf den anderen plötzlich zutiefst verabscheuen.

Solche plötzlichen Veränderungen sind verwirrend. Sie sind jedoch – in verschiedenen Varianten – relativ häufig. Wenn wir nicht verstehen, warum sie auftreten, könnten wir glauben, wir sind nicht mehr normal. Vielleicht meinen wir auch, unsere Liebe ist endgültig gestorben. Glücklicherweise gibt es dafür eine einfache Erklärung.

Warum Beziehungen manchmal »verrückt spielen«

Wenn unsere Gefühle verletzt wurden, brauchen wir Liebe, um sie wieder zu heilen. Wir müssen über unsere Verletzung sprechen. Wir brauchen jemanden, der uns versteht und unterstützt. Negative Emotionen – Ärger, Trauer, Angst und Reue – dürfen nicht verdrängt werden. Sie müssen liebevoll und respektvoll darüber reden. Nur dann werden sie geheilt und verschwinden restlos, und wir können wieder lieben. Wenn wir unfähig sind, auf diese heilsame und gesunde Weise mit unserem Schmerz umzugehen, werden unsere unverarbeiteten Gefühle automatisch unterdrückt.

Unverarbeiteter Schmerz wird in unser Unterbewußtsein verdrängt. Dies geschieht, weil wir nicht genug Liebe haben, um ihn zu heilen. Wir können uns vorstellen, daß jeder unverarbeitete Schmerz und jedes verdrängte Gefühl im Unterbewußtsein eingelagert wird, mit einem Etikett, auf dem steht: »Zur späteren Verarbeitung – sobald ausreichend Liebe vorhanden ist.«

Wenn wir uns dann später von unserem Partner angenommen und geliebt fühlen, taucht ein Teil unseres unverarbeiteten Schmerzes wieder aus unserem Unterbewußtsein auf, um geheilt zu werden. Er kommt wieder hoch, um sich die Liebe zu holen, die er braucht, um geheilt zu werden.

Liebe holt unsere unverarbeiteten Gefühle hervor. An einem Tag fühlen wir Liebe, und am nächsten haben wir schon wieder Angst, unserer Liebe zu vertrauen. Die schmerzlichen Erinnerungen an Zeiten, in denen wir von unserem Partner zurückgestoßen wurden, kommen wieder an die Oberfläche, sobald wir mit einer Situation konfrontiert werden, in der wir die Liebe unseres Partners vertrauensvoll annehmen sollen.

Immer wenn wir mit uns selbst im reinen sind, uns lieben können oder von anderen geliebt werden, kommen unterdrückte Gefühle wieder an die Oberfläche und überschatten zeitweise unsere Liebe. Es kann dann passieren, daß wir reizbar werden, defensiv, kritisch, ärgerlich, taub, gefühllos, wütend und so weiter. Gefühle, die wir in unserer Vergangenheit nicht ausdrücken konnten, überfluten unser Bewußtsein, wenn wir, da wir lieben, keine Angst vor ihnen haben. Die Liebe taut unsere unterdrückten Gefühle auf, die dann allmählich an die Oberfläche unserer Beziehung kommen.

Die Mülleimertheorie

Stellen Sie sich vor, jedesmal wenn Sie sich nicht sicher genug fühlten, um zu weinen oder Ihre negativen Emotionen auf irgendeine Weise auszuleben, wurden sie in einen Mülleimer geworfen. Dieser Mülleimer ist ein Teil Ihres Unterbewußtseins, in dem verdrängte Gefühle und Verletzungen gespeichert werden. Von der ersten Minute Ihres Lebens bis auf den heutigen Tag wurde jedes Gefühl, das ausgedrückt werden wollte und nicht angehört oder liebevoll verstanden wurde, in Ihren Mülleimer gestopft. *Alle* Ihre schmerzlichen Erfahrungen befinden sich in diesem Mülleimer.

Diese Anhäufung Ihrer verletzten Gefühle im Mülleimer ist ein wichtiger Teil Ihres Selbst, den Sie Ihr Leben lang vernachlässigt haben. Je voller Ihr Mülleimer, desto mehr ist Ihre Fähigkeit blockiert, liebevoll und kreativ zu sein. Stellen Sie sich vor, Sie halten eine Taschenlampe in Ihren Mülleimer. Alles, was Sie sehen, sind Berge von verletzten Gefühlen, die Ihnen die Sicht versperren. Sie müssen diese Berge erst einmal sorgfältig abtragen, bevor das Licht Ihrer Kreativität und Liebe hindurchscheinen kann.

Ihre unverarbeiteten Gefühle warten ständig darauf, daß Sie sich geliebt und sicher fühlen, damit sie an die Oberfläche kommen können, um geheilt zu werden. Wir alle tragen die Last unserer verdrängten Gefühle, die Wunden unserer Vergangenheit, mit uns herum. Sie bleiben solange in uns verborgen, bis die Zeit kommt, in der wir uns geliebt fühlen. Nur wenn wir uns sicher genug fühlen, um ganz wir selbst zu sein, öffnet sich der Deckel unseres Mülleimers, und unsere verletzten

Gefühle werden sichtbar. Wenn wir erfolgreich mit diesen Gefühlen umgehen, fühlen wir uns viel besser und erwecken mehr von unserem kreativen, liebevollen Potential. Wenn wir uns jedoch in einen Streit verwickeln und unseren Partner für alles verantwortlich machen, anstatt unsere Vergangenheit zu heilen, werden wir nur wütend und stopfen unsere Gefühle postwendend wieder zurück in unseren Mülleimer.

Das Problem ist, daß unsere Gefühle sich nicht etwa höflich bei uns melden und sagen: »Guten Tag, hier sind wir, die verdrängten Gefühle deiner Vergangenheit.« Wenn die Gefühle von Einsamkeit oder Ablehnung aus Ihrer Kindheit wieder hervorkommen, werden Sie sich von Ihrem Partner verlassen und abgelehnt fühlen. *Die Schmerzen der Vergangenheit werden auf die Gegenwart projiziert.* Dinge, die normalerweise gar nicht so schlimm sind, tun plötzlich sehr weh.

Jahrelang haben wir unsere schmerzlichen Gefühle unterdrückt. Wir haben sie so, wie sie kamen, in unseren Mülleimer gesteckt und den Deckel zugemacht. Eines Tages jedoch verlieben wir uns, und der Deckel geht auf. Die Liebe führt dazu, daß wir uns sicher genug fühlen, um uns zu öffnen und unsere Gefühle zu spüren. Liebe öffnet, und wir spüren unsere Schmerzen.

Nicht nur wenn wir uns frisch verlieben, steigen plötzlich alte Gefühle wieder auf, sondern auch wenn wir uns gut, glücklich und voller Liebe fühlen. Paare geraten auch in den positivsten Zeiten, wenn sie eigentlich glücklich sein sollten, in Streit.

Oft gerät sich ein Paar in die Haare, wenn sie in eine neue Wohnung ziehen, zu einer Abschlußfeier gehen, renovieren, an einer Hochzeit teilnehmen, einen Urlaub oder eine lange Autofahrt antreten, ein Projekt beenden, Weihnachten feiern, sich entschließen, eine negative Angewohnheit aufzugeben, ein neues Auto kaufen, den Beruf wechseln, im Lotto gewinnen, sich entschließen, viel Geld auszugeben, oder nach einer gelungenen Liebesnacht.

Nach all diesen besonderen Gelegenheiten gerät einer der

beiden oder beide Partner vielleicht plötzlich in unerklärliche Stimmungen und hat seltsame Reaktionen. Der innere Aufruhr kommt vor, während oder direkt nach dem Ereignis zum Ausbruch. Es kann sehr aufschlußreich sein, die Liste der Ereignisse daraufhin zu überprüfen, wie Ihre Eltern diese Zeiten erlebt haben, und sich dann klarzumachen, wie Sie selbst diese Gelegenheiten in Ihrer Beziehung erleben.

Stellen Sie sich einen Mülleimer vor, mit einem Fußpedal, welches den Deckel öffnet, wenn man es betätigt. Die Liebe ist das Fußpedal. Sie öffnet den Deckel. Am Boden des Mülleimers ist eine große Sprungfeder, die unsere aufgestauten Gefühle an die Oberfläche drängt. Sobald sich der Deckel öffnet, springt ein Teil unserer verdrängten Gefühle heraus. Unsere Schmerzen der Vergangenheit werden aktiv und stellen sich unserer Fähigkeit, unseren Partner zu lieben, in den Weg.

Vielleicht kennen Sie die Furcht davor, jeden Moment zu explodieren. So fühlen wir uns, wenn unsere Gefühle nach oben kommen wollen und wir versuchen, den Deckel draufzuhalten. Wenn wir verstehen, wie der Heilungsprozeß funktioniert, können wir lernen, ihn zu unserem Vorteil zu nutzen.

Wenn die Schmerzen der Vergangenheit an die Oberfläche kommen, haben wir die Gelegenheit, uns selbst zu heilen. Wir sollten dann einen Liebesbrief schreiben oder unsere Gefühle einem Freund mitteilen, mit dem wir uns gut verstehen. Indem wir unsere negativen Gefühle mit Liebe und Verständnis annehmen, heilen wir sie und fühlen uns dann wesentlich besser.

Die Neunzig-Prozent-Regel

Wenn wir die Mülleimertheorie verstehen, ist es kein Rätsel mehr, warum wir so leicht von unserem Partner verletzt werden können. Wenn wir uns angegriffen fühlen, kommen 90 Prozent unserer Verunsicherung aus unserer Vergangenheit wieder hervor und haben überhaupt nichts mit dem zu tun, worüber wir meinen, uns aufregen zu müssen. Normalerweise rühren nur etwa zehn Prozent unseres Ärgers aus unserem gegenwärtigen Erleben.

Wenn es uns so scheint, daß unser Partner uns kritisiert, so kann das unsere Gefühle verletzen. Aber schließlich sind wir ja erwachsene Menschen und verstehen, daß unser Partner es gar nicht so meint. Vielleicht hatte er auch ganz einfach einen schlechten Tag. Wenn wir das sehen, sind wir vielleicht nicht mehr ganz so verletzt. Wir nehmen es nicht so persönlich.

Ein anderes Mal kann seine Kritik jedoch sehr schmerzhaft sein. An diesem Tag sind unsere verwundeten Gefühle aus der Vergangenheit auf dem Weg an die Oberfläche unseres Bewußtseins. Wir sind dadurch wesentlich empfänglicher für die Kritik unseres Partners.

Oft sind wir sehr verletzt, weil wir als Kinder häufig kritisiert worden sind. Die Kritik unseres Partners tut mehr weh, weil sie auch die alten Wunden wieder aufreißt.

Als Kind konnten wir nicht verstehen, daß wir unschuldig waren und daß die Negativität unserer Eltern ihr eigenes Problem war. In der Kindheit nehmen wir Kritik, Ablehnung und Vorwürfe persönlich.

Wenn unverarbeitete Gefühle aus der Kindheit hochkommen, neigen wir dazu, die Bemerkungen unseres Partners persönlich zu nehmen und als Kritik Zurück- oder Schuldzuweisung zu verstehen. Paare haben es in diesen Zeiten schwer, sich wie erwachsene Menschen zu verständigen. Wenn unser Partner kritisch ist, basieren zehn Prozent unserer Reaktion auf der tatsächlichen Wirkung und 90 Prozent auf unserer Vergangenheit.

Stellen Sie sich vor, jemand streift Ihren Arm oder stößt Sie auf der Straße aus Versehen an. Es tut nicht besonders weh. Jetzt stellen Sie sich vor, Sie haben eine offene Wunde oder eine wunde Stelle, und jemand streift sie dort oder stößt Sie an. Das tut weh. Genauso sind wir, wenn ungelöste Emotionen aus der Vergangenheit in unser Leben treten, besonders durch die normalen Reibereien einer Beziehung verletzlich.

Vielleicht sind wir am Anfang einer Beziehung noch nicht so

empfindlich. Es braucht einige Zeit, bis unsere vergangenen Gefühle hochkommen. Wenn sie dann jedoch da sind, reagieren wir anders auf unsere Partner. In den meisten Fällen wären 90 Prozent der Dinge, die uns verletzen, völlig harmlos, wenn sie nicht etwas mit verdrängten Gefühlen unserer Vergangenheit zu tun hätten.

Wenn die Vergangenheit eines Mannes hochkommt, ist es meistens Zeit für ihn, sich in seine Höhle zurückzuziehen. Er ist zu solchen Zeiten überempfindlich und braucht sehr viel Akzeptanz. Wenn die verdrängten Gefühle einer Frau an die Oberfläche kommen, bricht oft ihr Selbstbewußtsein zusammen. Sie steigt in das Wellental ihrer Gefühle herab und braucht viel liebevolle Fürsorge.

Diese Einsicht hilft Ihnen, Ihre Gefühle zu kontrollieren, wenn sie an die Oberfläche kommen. Wenn Sie auf Ihren Partner sauer sind, bevor Sie sich Ihren alten Gefühlen gestellt haben, schreiben Sie sie auf ein Blatt Papier. Indem Sie sich Ihre Gefühle in einem Liebesbrief von der Seele schreiben, wird Ihre Negativität automatisch aufgelöst und Ihre Verletzung geheilt. Liebesbriefe haben nicht nur die Funktion, Ihre Verletzungen zu heilen, sondern sie helfen Ihnen auch, in der Gegenwart Ihre Mitte zu finden. Sie sind dann eher imstande, Ihrem Partner auf vertrauensvolle, tolerante, verständnisvolle und nachsichtige Weise zu begegnen.

Die 90-Prozent-Regel kann Ihnen auch helfen, wenn Ihr Partner sehr heftig auf Sie reagiert. Sie wissen dann, daß er stark von seiner eigenen Vergangenheit beeinflußt ist. Sie verstehen ihn dann besser und können ihm helfen.

Sagen Sie jedoch niemals Ihrem Partner, daß er zu heftig reagiert, wenn Sie den Eindruck haben, daß Teile aus seiner Vergangenheit hochkommen. Das würde ihn noch mehr verletzen. Wenn Sie jemandem mitten in seine Wunden fassen, würden Sie ja auch nicht sagen, daß er zu heftig reagiert, wenn er schreit.

Indem wir verstehen, wie die Gefühle der Vergangenheit an die Oberfläche kommen, gewinnen wir eine neue Einsicht in

die Reaktionsweise unseres Partners. Es ist Teil eines Heilungsprozesses. Lassen Sie Ihrem Partner genügend Zeit, um sich
abzukühlen und wieder zu sich zu finden. Ermuntern Sie ihn,
einen Liebesbrief zu schreiben, und sprechen Sie darüber, was
ihn eigentlich so verärgert hat.

Ein heilender Brief

Sie können Ihre Gefühle heilen, wenn Sie verstehen, wie Ihre
Vergangenheit Ihre gegenwärtigen Reaktionen beeinflußt.
Wenn Sie sich über Ihren Partner ärgern, schreiben Sie ihm
einen Liebesbrief und fragen Sie sich, während Sie schreiben,
was das mit *Ihnen* und mit *Ihrer* Vergangenheit zu tun hat.
Während des Schreibens kommen vielleicht alte Erinnerungen
aus Ihrer Vergangenheit hoch, und Sie entdecken, daß Sie sich
in Wirklichkeit über Ihren Vater oder Ihre Mutter ärgern. Wenn
Sie das merken, schreiben Sie noch einen Brief, aber jetzt an
Ihren Vater oder Ihre Mutter. Hören Sie auf die Stimme des
Kindes in Ihnen, und lassen Sie das Kind Ihren Brief diktieren.
Dann schreiben Sie einen liebevollen Antwortbrief. Lesen Sie
diesen Brief gemeinsam mit Ihrem Partner. Sie werden ihm
damit eine große Freude bereiten. Es ist ein wunderbares Gefühl, wenn ein Partner für 90 Prozent seiner Verletzung, die aus
seiner Vergangenheit stammen, die Verantwortung selbst übernimmt. Ohne dieses Verständnis unserer Vergangenheit machen wir allzuleicht unseren Partner für unseren Schmerz verantwortlich.

Wenn Sie möchten, daß Ihr Partner mehr auf Ihre Gefühle
Rücksicht nimmt, lassen Sie ihn an den schmerzhaften Gefühlen Ihrer Vergangenheit teilhaben. Dann kann er Ihre empfind-
lichen Stellen besser verstehen. Liebesbriefe sind dazu hervor-
ragend geeignet.

Der Grund für Ihren Ärger liegt nie dort, wo Sie ihn vermuten

Indem Sie sich im Schreiben von Liebesbriefen üben und Ihre Gefühle erforschen, werden Sie entdecken, daß Ihr Ärger meistens Ursachen hat, die woanders liegen, als Sie es auf Anhieb vermuten. Erforschen und erfühlen Sie die tieferliegenden Gründe, und die Negativität wird sich auflösen. So schnell wie wir von den negativen Gefühlen gefangengenommen wurden, können wir sie auch wieder loslassen. Hier sind einige Beispiele:

▷ Jim wachte eines Morgens auf und ärgerte sich schrecklich über seine Partnerin. Alles, was sie tat, störte ihn. Er schrieb ihr einen Liebesbrief und entdeckte dabei, daß er sich in Wirklichkeit über seine Mutter aufregte, weil sie ihn immer herumkommandiert hatte. Diese Gefühle kamen einfach hoch. Also schrieb er einen kurzen Liebesbrief an seine Mutter. Er stellte sich dabei vor, er sei noch einmal Kind und erlebe die Dominanz seiner Mutter. Nachdem er den Brief geschrieben hatte, verschwand auch sein Ärger auf seine Partnerin.

▷ Nachdem Lisa monatelang vor Verliebtheit im siebten Himmel geschwebt war, wurde sie plötzlich ihrem Partner gegenüber sehr kritisch. Als sie einen Liebesbrief schrieb, entdeckte sie, daß sie in Wirklichkeit Angst hatte, nicht gut genug für ihn zu sein. Außerdem fürchtete sie, daß er sich nicht mehr für sie interessieren könnte. Indem sie sich ihrer tiefen Ängste bewußt wurde, konnte sie ihre Liebe wieder fühlen.

▷ Bill und Jean hatten einen romantischen Abend miteinander verbracht. Am nächsten Tag gerieten sie in einen furchtbaren Streit. Es fing an, als Jean ein wenig wütend wurde, weil Bill etwas vergessen hatte. Bill geriet völlig außer sich. Das ging so weit, daß er sich sogar scheiden lassen wollte. Später schrieb er einen Liebesbrief und sah ein, daß er in Wirklichkeit nur Angst hatte, alleingelassen zu werden. Er erinnerte sich daran, wie es als Kind war, wenn seine Eltern sich stritten. Er schrieb einen weiteren Brief an seine Eltern, und konnte sich plötzlich wieder liebevoll seiner Frau zuwenden.

▷ Susans Mann, Tom, war sehr beschäftigt, weil er bis zu einem bestimmten Termin mit seiner Arbeit fertig sein mußte. Als er nach Hause kam, traten bei Susan starke Gefühle von Haß und Wut an die Oberfläche. Ein Teil von ihr verstand den Streß, unter dem er stand, aber emotional war sie immer noch wütend. Sie schrieb ihm einen Liebesbrief und entdeckte, daß sie in Wirklichkeit auf ihren Vater wütend war, weil er sie mit ihrer Mutter alleingelassen hatte, die sie schlecht behandelte. Als Kind hatte sie sich hilflos und einsam gefühlt, und jetzt kamen diese Gefühle wieder nach oben, um geheilt zu werden. Sie schrieb einen Liebesbrief an ihren Vater, und plötzlich war sie nicht mehr wütend auf Tom.

Wenn Sie anfangen, Liebesbriefe zu schreiben, gelingt es Ihnen vielleicht noch nicht immer, das Kind in sich und die Erinnerungen und Gefühle aus der Vergangenheit zu fühlen. Aber je mehr Sie sich öffnen und je tiefer Sie sich auf Ihre Gefühle einlassen, desto klarer wird es, daß ein Großteil Ihres Ärgers auch aus vergangenen Erfahrungen stammt.

Der Spätzünder

Ebenso wie die Liebe kann auch die Erfüllung Ihrer Wünsche unverarbeitete Gefühle aus Ihrer Vergangenheit hervorrufen. Ich habe das zum erstenmal gemerkt, als ich vor vielen Jahren mit meiner damaligen Partnerin schlafen wollte, aber sie war nicht in der Stimmung. In Gedanken hatte ich mich bereits damit abgefunden. Am nächsten Tag zeigte ich ihr wieder mein Verlangen. Sie war jedoch immer noch nicht interessiert. Dieses etwas stereotype Muster wiederholte sich viele Tage.

Als zwei Wochen vergangen waren, nahm mein Ärger bedrohliche Formen an. Damals wußte ich jedoch noch nicht, wie man negative Gefühle zum Ausdruck bringen kann, ohne jemanden zu verletzen. Anstatt über meine Gefühle und meine Frustration zu sprechen, tat ich so, als sei alles in Ordnung. Ich verdrängte meine negativen Gefühle und versuchte, trotzdem liebevoll zu sein. Wochenlang staute sich mein Ärger auf.

Ich tat alles, um ihr zu gefallen und sie glücklich zu machen. Innerlich verabscheue ich mich selbst dafür, daß ich wütend auf sie war. Zwei Wochen später kaufte ich ihr ein wunderschönes Negligé. Ich brachte es am Abend mit nach Hause und schenkte es ihr. Sie öffnete die Schachtel und war freudig überrascht. Ich bat sie, es doch einmal auszuprobieren, aber die Antwort war eindeutig: Sie war nicht in Stimmung.

An diesem Punkt gab ich es auf. Ich ließ den Sex Sex sein. Ich vergrub mich bis über beide Ohren in meine Arbeit und gab meine sexuellen Wünsche auf. Im Kopf war soweit alles in Ordnung, denn ich unterdrückte ja meinen Ärger.

Zwei Wochen später kam ich nach Hause, und sie hatte ein romantisches Abendessen vorbereitet. Sie trug das Negligé, das ich ihr vor zwei Wochen gekauft hatte. Sie hatte das Licht ausgemacht, Kerzen auf den Tisch gestellt, und sanfte Musik spielte im Hintergrund.

Sie können sich meine Reaktion leicht vorstellen. Plötzlich verspürte ich innerlich eine starke Ablehnung. Ich bekam Rachegelüste. Ich sagte mir: »Na warte, jetzt lasse ich dich zwei Wochen lang schmoren.« All der Ärger, den ich in den vergangenen Wochen unterdrückt hatte, kam plötzlich an die Oberfläche.

Es gelang mir jedoch, mit ihr darüber zu sprechen. Wir stellten gemeinsam fest, daß die plötzliche Erfüllung meines langgehegten Wunsches den gesammelten Ärger meiner Vergangenheit ausgelöst hatte.

Ich begann, dieses Muster in vielen anderen Situationen wiederzuerkennen. Oft stieß ich in meiner Beratungspraxis darauf. Wenn ein Partner schließlich bereit war, sich zum Besseren zu wenden, wurde der andere plötzlich teilnahmslos und ablehnend.

Sobald ein Partner bereit war, dem anderen zu geben, worum er bat, zeigte sich eine ablehnende Reaktion, wie: »Jetzt ist es zu spät!«

Mehrfach waren Paare in meiner Beratung, die schon seit über 20 Jahren verheiratet waren. Ihre Kinder waren mittlerweile erwachsen und wohnten längst nicht mehr zu Hause. Plötzlich wollte die Frau sich scheiden lassen. Der Mann fiel aus allen Wolken und merkte plötzlich, daß sie Hilfe brauchte und sich verändern wollte. Er fing an, sich zu ändern, und gab ihr die Liebe, die sie 20 Jahre zu bekommen versuchte, aber ihre Reaktion war ablehnend und kalt. Es war, als wolle sie ihn nun ebenfalls 20 Jahre lang leiden lassen, so wie er es mit ihr getan hatte. Glücklicherweise begann sie über ihre aufgestauten Gefühle zu sprechen. Er hörte und verstand, daß sie sich lange vernachlässigt gefühlt hatte. Sie konnte allmählich seine innere Wandlung akzeptieren.

Das ganze kann auch unter umgekehrten Vorzeichen geschehen: Der Mann will die Beziehung abbrechen. Die Frau ist bereit, sich zu ändern, doch er widersetzt sich.

Beispiele für solche »Spätzünder« finden sich auch auf gesellschaftlicher Ebene. In der Soziologie nennt man dieses Phänomen die »Erwartungsspirale«. Diese Erscheinung wurde unter der Präsidentschaft von Lyndon B. Johnson deutlich, als in den Vereinigten Staaten eine Anzahl gesellschaftlicher und rassistischer Ungerechtigkeiten abgeschafft wurden. Die Erfüllung dieser dringenden gesellschaftlichen Bedürfnisse aktivierte die Bürgerrechtsbewegung. Der aufgestaute Zorn jahrhundertelang unterdrückter Minderheiten entlud sich in Demonstrationen und Unruhen, die nicht immer gewaltlosen Charakters waren.

Das ist ein gutes Beispiel für den Mülleimereffekt auf gesellschaftlicher Ebene. Als die Minderheiten merkten, daß sie in breiten Kreisen der Bevölkerung Unterstützung fanden, öffnete sich der Deckel, der unterdrückte Haß und die aufgestaute

Wut wurden freigesetzt. Die unverarbeiteten Gefühle der Vergangenheit fingen an, lebendig zu werden. Eine ähnliche Reaktion findet man in Ländern, die nach langer Zeit der Unterdrückung in die Freiheit gehen.

Warum wir süchtig sind

Wenn es uns nicht gelingt, die aufsteigenden Gefühle zu heilen, kann es passieren, daß wir, um unseren Schmerz zu betäuben, ein Suchtverhalten entwickeln. Die Sucht nach bestimmten Dingen hält den Deckel auf unseren Gefühlen geschlossen. Wenn unsere Gefühle an die Oberfläche kommen wollen, können wir sie durch unser Suchtverhalten wieder in den Mülleimer zurückdrängen.

Alles kann, wenn es im Übermaß praktiziert wird, zur Sucht werden. Essen, Arbeiten, Schlafen, Fitneß, Meditation, Fernsehen und Sex. Darüber hinaus gibt es noch negativere und zerstörerischere Formen von Sucht wie Alkohol und andere Drogen. Auch sie sind häufig der verzweifelte Versuch, die wahren Gefühle zu unterdrücken und zu vermeiden. Eine Sucht kann unser Bewußtsein so verändern, daß wir unsere wahren Gefühle nicht mehr wahrnehmen.

Aus diesem Grund ist es so schwer, eine Sucht aufzugeben. Wenn Sie den Teufelskreis der Sucht unterbrechen, können Sie spüren, wie die schmerzhaften Gefühle nach oben kommen. Erst wenn ein Alkoholiker das Trinken einstellt, kann die Heilung seiner Gefühle beginnen. Solange er trinkt, bleibt das Gefühl verdrängt.

Auch indem man der Liebe völlig aus dem Weg geht, kann man Gefühle vermeiden. Viele Menschen laufen vor Beziehungen davon, weil sie sofort anfangen, schmerzhafte Gefühle zu bekommen, wenn sie sich auf jemanden einlassen. Sie werden zu Einzelgängern oder können sich nicht binden. Andere werden zwanghaft von Partnern angezogen, die sie nicht wirklich lieben, die außerhalb ihrer Reichweite sind oder sich ihrerseits nicht binden wollen. Einige bleiben in lieblosen Beziehungen gefangen, um die Konfrontation mit ihrer Angst vor dem Alleinsein zu vermeiden, die sofort da wäre, wenn sie die Beziehung verlassen würden.

Indem wir allmählich unser Suchtverhalten oder unsere lieblosen Beziehungen aufgeben, können wir unsere Gefühle heilen. Das Geheimnis besteht darin, daß man mit allen Gefühlen, die an die Oberfläche kommen, aufrichtig umgeht und sich bei der Verarbeitung helfen läßt. Wenn man so lernt, sich selbst zu heilen, wird es immer leichter, der Liebe zu trauen.

Ich würde den Versuch nicht empfehlen, alle Süchte auf einmal aufzugeben, nachdem Sie gemerkt haben, daß Sie Ihre Gefühle unterdrücken – zumindest nicht ohne professionelle Hilfe. Eine plötzliche Veränderung kann den Deckel in die Luft sprengen und Sie mit schmerzhaften Gefühlen überfluten. Ihre Sucht ist da, um Sie vor zuviel Schmerz zu schützen.

Anstatt zu versuchen, alle Süchte auf einmal aufzugeben, geben Sie erst einmal die zerstörerischsten auf und ersetzen Sie sie durch weniger zerstörerische. Haben Sie Mitgefühl mit sich selbst und verstehen Sie, daß Sie in Wirklichkeit nach Liebe suchen, aber noch nicht wissen, wie Sie sie bekommen sollen. Wenn Sie lernen, Ihren Schmerz zu teilen und Unterstützung anzunehmen, wird es Ihnen viel leichter fallen, Ihre Süchte, eine nach der anderen, loszuwerden.

Wenn Sie und Ihr Partner sich in Ihrer Beziehung allmählich immer näher kommen, wächst auch Ihre Liebe zueinander. Die Folge ist, daß tiefere, aber auch schmerzhaftere Gefühle aufsteigen, die geheilt werden müssen. Tiefsitzende Gefühle wie Scham und Angst erscheinen. Oft wissen wir nicht, wie wir mit diesen Gefühlen umgehen sollen, und geraten in eine Sackgasse.

Um unsere Gefühle zu heilen, müssen wir über sie reden. Aber wir haben zuviel Angst und schämen uns, das, was uns bewegt, mitzuteilen. Zu solchen Zeiten können Sie in Depressionen geraten, Angstzustände bekommen, gelangweilt, wütend oder ohne erkennbaren Grund furchtbar müde werden. All diese Symptome zeigen an, daß Ihre verborgenen Gefühle hervorkommen und gleich darauf blockiert werden.

Instinktiv werden Sie entweder weglaufen wollen oder sich noch tiefer in Ihr Suchtverhalten verstricken. Jetzt ist es höchste Zeit, daß Sie an Ihren Gefühlen arbeiten und nicht mehr davonlaufen. Wenn die tiefen Gefühle hochkommen, ist es immer ein kluger Schritt, sich an einen Therapeuten zu wenden.

Wenn tiefe Gefühle an die Oberfläche kommen, projizieren wir leicht unsere Empfindungen auf unseren Partner. Wenn Sie sich in der Vergangenheit nicht sicher genug gefühlt haben, um Ihre Gefühle Ihren Eltern oder einem früheren Partner gegenüber auszudrücken, finden Sie zu Ihren Gefühlen im Beisein Ihres *gegenwärtigen* Partners auf einmal keinen Kontakt mehr. An diesem Punkt werden Sie sich, ganz gleich wie kooperativ Ihr Partner ist, in seiner Gegenwart nicht mehr sicher fühlen können. Ihre Gefühle sind blockiert.

Es ist paradox: Sobald Sie sich bei Ihrem Partner sicher fühlen, können Ihre tiefsitzenden Gefühle an die Oberfläche kommen. Wenn die Gefühle aber dann da sind, bekommen Sie Angst und können nicht darüber reden, was Sie bewegt. Ihre Angst kann so stark werden, daß Sie völlig gelähmt sind. Wenn das geschieht, geraten Sie mit ihren aufkeimenden Gefühlen in eine Sackgasse.

An dieser Stelle kann ein Therapeut unschätzbare Hilfe leisten. Wenn Sie sich in Gegenwart von jemandem, auf den Sie Ihre Ängste nicht projizieren, aussprechen können, fällt es Ihnen leichter, die Gefühle, die hochkommen, zu verarbeiten. *Aus diesem Grund brauchen auch Menschen mit sehr liebevollen Beziehungen oft dringend eine Therapie.*

Liebevolle Unterstützung kann eine enorm befreiende Wirkung haben. In der Gegenwart einer Person oder einer Gruppe zu sein, die wir nicht intim kennen, die uns aber aufrichtig unterstützt, schafft eine Öffnung, und wir können über unsere verwundeten Gefühle reden. Wenn wir in unserer Beziehung an einem Punkt angelangt sind, an dem wir unsere unverarbeiteten Gefühle auf unseren Partner projizieren, können wir von ihm keine Hilfe mehr erwarten. Das einzige, was er für uns tun kann, ist, uns zu ermutigen, uns helfen zu lassen. Erst wenn wir verstehen, wie die Vergangenheit unsere gegenwärtige Beziehung beeinflußt, können wir uns aus ihrem hemmenden Zugriff lösen. Höhen und Tiefen unserer Liebe sind uns dann wieder offen. *Um den Zauber der Liebe lebendig zu halten, müssen wir flexibel sein und das Auf und Ab, das unsere Beziehungen prägt, annehmen.*

Der Wechsel der Jahreszeiten in der Liebe

Eine Beziehung ist wie ein Garten. Wenn der Garten erblühen soll, muß er regelmäßig bewässert werden. Besondere Sorgfalt erfordert der Wechsel der Jahreszeiten und die Unbillen des Wetters. Neue Saat muß in die Erde gebracht und unerwünschte Kräuter und Pflanzen gejätet werden. Auf ähnliche Weise müssen wir, wenn wir den Zauber unserer Liebe lebendig erhalten wollen, den Wechsel der Jahreszeiten in der Liebe verstehen und uns darauf einstellen.

Sich verlieben ist wie der Frühling. Wir haben das Gefühl, unser Glück kann niemals enden. Wir können uns nicht vorstellen, wie wir jemals unseren Partner nicht mehr lieben könnten. Es ist eine Zeit der Unschuld. Die Liebe scheint unvergänglich. Es ist eine magische Zeit, in der alles vollkommen zu sein scheint und mühelos gelingt. Unser Partner scheint unsere vollkommene Ergänzung zu sein. Wir tanzen in himmlischer Leichtigkeit und erfreuen uns unseres Glücks.

Während des Sommers unserer Liebe merken wir, daß unser Partner nicht immer so vollkommen ist, wie wir am Anfang gedacht hatten. Wir müssen anfangen, an unserer Beziehung zu arbeiten. Unser Partner stammt nicht nur von einem anderen Planeten, sondern ist auch noch menschlich. Er macht Fehler und hat bestimmte Unvollkommenheiten. Frustration und Enttäuschung liegen am Weg. Das Unkraut muß gezupft werden, und die Pflanzen brauchen unter der brennenden Sonne eine Extraportion Wasser. Es ist nicht mehr ganz so leicht, Liebe zu geben und entgegenzunehmen. Wir entdecken, daß wir nicht immer glücklich sind und die Liebe uns manchmal verläßt. Das Idealbild der Liebe verblaßt.

Viele Paare werfen an dieser Stelle das Handtuch. Sie möchten an ihrer Beziehung nicht arbeiten. Sie verfallen dem Irrtum, daß es einen ewigen Frühling der Liebe gibt. Sie machen ihren Partner verantwortlich und geben auf. Sie erkennen nicht, daß die Liebe nicht immer leicht ist. Manchmal erfordert sie harte Arbeit bei Wind und Wetter. Im Sommer der Liebe müssen wir die Bedürfnisse unseres Partners pflegen und gleichzeitig um die Liebe, die wir brauchen, bitten und sie uns holen. Nichts geht von selbst.

Wenn wir im Sommer den Garten in Ordnung halten, können wir im Herbst eine reiche Ernte einfahren, die Frucht unserer harten Arbeit. Der Herbst ist die goldene Jahreszeit, reich und erfüllt. Wir erleben eine gereifte Liebe, die sowohl die Unvollkommenheiten des Partners als auch die eigenen akzeptiert. Es ist die Zeit des Dankens und des Teilens. Wenn wir im Sommer nicht faul waren, können wir uns nun entspannen und die Liebe, die wir gepflegt haben, genießen.

Dann wechselt das Wetter wieder, und der Winter beginnt. Während der kalten, unfruchtbaren Monate des Winters zieht sich die Natur in sich selbst zurück. Es ist eine Zeit der Ruhe, der Reflektion und der inneren Erneuerung. Es ist eine Zeit, in der wir in unseren Beziehungen unseren eigenen unverarbeiteten Schmerz – unseren Schatten – verstehen lernen. Es ist die Zeit, in der der Deckel gehoben wird und unsere schmerzlichen Gefühle hervorkommen. Es ist die Zeit einsamen Wachstums, in der wir mehr auf uns selbst als auf unsere Partner achten müssen, um Liebe und Erfüllung zu finden. Es ist die Zeit des Heilens. Es ist die Zeit, in der der Mann sich zum Überwintern in seine Höhle verkriecht und die Frau in der Tiefe ihres Wellentales versinkt.

Nachdem wir uns im dunklen Winter der Liebe selbst lieben und heilen gelernt haben, können wir uns darauf verlassen, daß der Frühling wiederkommen wird. Aufs Neue werden wir mit dem Gefühl der Hoffnung, der Liebe und mit einem Überreichtum an Möglichkeiten beschenkt. Auf der Grundlage unserer inneren Heilung und der Suche der Seele können wir auf unserer Winterreise unser Herz öffnen und den Frühling der Liebe aufs Neue auskosten.

Dieses Buch ist im Grunde ein Handbuch zum Erlernen guter Kommunikationsformen. Wenn Sie es richtig benutzen, können Sie lernen, in Ihrer Beziehung zu bekommen, was Sie brauchen. Sie sind dann gut gerüstet, um eine erfolgreiche Beziehung zu pflegen. Sie haben guten Grund zur Hoffnung. Sie werden den Stürmen des Lebens standhalten und in den Jahreszeiten der Liebe innerlich wachsen und reifen.

Ich habe mehrere tausend Paare beobachten können, wie sie sich in ihren Beziehungen gewandelt haben, einige davon buchstäblich über Nacht. Sie tauchen am Samstag in einem meiner Workshops über Beziehungen auf, und schauen sich beim Abendessen am Sonntag schon wieder verliebt in die Augen. Wenn Sie die Einsichten, die in diesem Buch vermittelt werden, für sich anwenden und dabei nicht vergessen, daß Männer vom Mars und Frauen von der Venus kommen, können Sie dasselbe Wunder erleben.

Aber ich warne Sie: Die Liebe hat ihre Jahreszeiten. Im Frühling ist sie leicht, aber im Sommer harte Arbeit. Im Herbst fühlen Sie sich vielleicht sehr großzügig und erfüllt, aber im Winter leer und kalt. Die Informationen, die Sie brauchen, um durch den Sommer zu kommen und an Ihrer Beziehung zu arbeiten, sind leicht zu vergessen. Die Liebe, die Sie im Herbst verspüren, ist im Winter leicht zu verlieren.

Wenn die Dinge im Sommer der Liebe schwierig werden, wenn Sie nicht bekommen, was Sie brauchen, kann es passieren, daß Sie mit einem Mal *alles,* was Sie in diesem Buch gelernt haben, wieder vergessen. In einem Augenblick kann alles vergessen sein. Vielleicht machen Sie dann Ihren Partner wieder für alles verantwortlich und vergessen, wie Sie seine Bedürfnisse erfüllen können.

Wenn die Leere des Winters einsetzt, fühlen Sie vielleicht die Hoffnung dahinschwinden. Sie machen sich Vorwürfe und vergessen, wie Sie sich selbst lieben und nähren können. Vielleicht zweifeln Sie an sich selbst und an Ihrem Partner. Vielleicht werden Sie zynisch und möchten am liebsten aufgeben. All das ist Teil des Kreislaufs der Liebe. Am dunkelsten ist es immer, bevor die Sonne aufgeht.

Um in unseren Beziehungen erfolgreich zu sein, müssen wir den Wechsel der Jahreszeiten akzeptieren und verstehen. Manchmal ist die Liebe ein ruhiger, natürlicher Fluß. Manchmal müssen wir alles tun, um sie am Leben zu erhalten. Manchmal ist unser Herz voll, und manchmal ist es kalt und leer. Wir dürfen nicht erwarten, daß unser Partner uns immer in der gleichen Intensität liebt. Vielleicht vergißt er sogar, wie man es anstellt, jemanden zu lieben. Wir müssen auch uns selbst verstehen und dürfen nicht von uns erwarten, daß wir alles, was wir über die Liebe gelernt haben, auch jederzeit parat haben.

Der Lernprozeß besteht nicht nur aus Hören und Anwenden, sondern auch aus Vergessen und Wiedererinnern. In diesem Buch haben Sie Dinge gelernt, die Ihre Eltern Sie nie lehren konnten, weil sie sie nicht kannten. Sie sollten jedoch realistisch sein. Erlauben Sie sich, Fehler zu machen. Viele der neugewonnenen Einsichten werden Sie wieder vergessen, zumindest für eine gewisse Zeit.

Die Lernforschung hat gezeigt, daß wir etwas Neues ungefähr zweihundertmal hören müssen, um es zu lernen. Wir können nicht von uns selbst (oder unserem Partner) erwarten, sich an alle neuen Einsichten in diesem Buch zu erinnern. Wir müssen geduldig sein und jeden kleinen Schritt anerkennen. Es dauert seine Zeit, bis wir mit den neuen Gedanken arbeiten und sie in unser Leben integrieren können.

Es reicht nicht, wenn wir uns die neuen Gedanken in diesem Buch zweihundertmal vergegenwärtigen, wir müssen auch noch vieles, was wir in der Vergangenheit gelernt haben, wieder verlernen. Schließlich sind wir ja keine unschuldigen Kinder mehr, die zum erstenmal lernen, wie man eine erfolgreiche Beziehung eingeht. Wir sind von unseren Eltern, von der Kultur, in der wir aufgewachsen sind, und von unseren eigenen schmerzhaften Erfahrungen programmiert worden. Diese neuen Erkenntnisse über liebevolle Beziehungen in unser Leben zu integrieren, ist eine große Herausforderung. Sie betreten damit in Ihrem Leben völliges Neuland. Sie müssen damit rechnen, sich bisweilen zu verirren. Auch Ihr Partner wird sich verirren. Nehmen Sie dieses Buch als einen Reiseführer, den Sie auf Ihrem Weg durch das Neuland Ihrer Beziehung immer wieder zur Hand nehmen können.

Das nächste Mal, wenn Sie vom anderen Geschlecht frustriert sind, denken Sie daran, daß Männer vom Mars und Frauen von der Venus kommen. Selbst wenn Sie alles andere, was in diesem Buch steht, vergessen haben, werden Sie in der Lage sein, mehr Liebe in Ihrem Leben zu verwirklichen, wenn Sie daran denken, daß es durchaus seine Richtigkeit hat, daß wir grundverschieden sind. Hören Sie allmählich damit auf, sich gegenseitig die Schuld in die Schuhe zu schieben und den anderen zu verurteilen. Bitten Sie Ihren Partner um alles, was Sie brauchen. Dann werden Sie die liebevolle Beziehung, die Sie wollen, brauchen und verdient haben, bekommen.

Sie haben viel vor sich, auf das Sie sich freuen können. Ich wünsche Ihnen, daß Ihre Liebe immer weiter wächst und Licht in Ihr Leben bringt. Ich danke Ihnen, daß Sie mir Gelegenheit gegeben haben, etwas in Ihrem Leben zu bewirken.

Seit 1996 gibt es das von Dr. John Gray gegründete Mars Venus Institut, Mill Valley, Kalifornien. Mehr als 200 speziell ausgebildete und persönlich autorisierte Trainer, die Facilitators, bieten in den USA und weltweit Workshops zu den Themen an, die in diesem Buch behandelt wurden und darüber hinaus zum gesamten »Mars-Venus-Ansatz« im Bereich der Kommunikation zwischen Mann und Frau.

In Deutschland erhalten Sie weitere Informationen über Themen, Termine, Orte und Kosten unter folgender Kontaktadresse

MARS VENUS
W O R K S H O P S

DEUTSCHLAND

Hans-Joachim von Malsen
Postfach 1525 · D-82178 Puchheim

Service-Telefon: 0 18 05 / 22 55 68
[0 18 05 / CALL MV]

http://www/MarsVenusDeutschland.com
e-mail: service@marsvenus.de